GUÍA OFICIAL DE
FAHRENHEIT 9/11

MICHAEL MOORE

EDICIONES B
GRUPO ZETA %

Barcelona • Bogotá • Buenos Aires • Caracas • Madrid • México D.F. • Montevideo • Quito • Santiago de Chile

Título original: *The Official Fahrenheit 9/11 Reader*

Traducción: Gabriel Dols

1.ª edición: enero 2005

© 2004 by Michael Moore
© Ediciones B, S.A., 2005
   Bailén, 84 - 08009 Barcelona (España)
   www.edicionesb.com

Printed in Spain
ISBN: 84-666-2046-X
Depósito legal: B. 46.444-2004

Impreso por DOMINGRAF, S.L.
             IMPRESSORS

GUÍA OFICIAL DE
FAHRENHEIT 9/11

MICHAEL MOORE

A Elmer Bernstein

PREFACIO:
«LA OBRA DE UN PATRIOTA»

Fahrenheit 9/11 es excepcional.

El largometraje de Moore conmovió profundamente a los artistas del jurado del Festival de Cine de Cannes, que le concedieron la Palma de Oro por unanimidad. Desde entonces ha emocionado a muchos millones de personas. Durante las primeras seis semanas posteriores a su estreno en Estados Unidos las recaudaciones de taquilla ascendieron a más de 100 millones de dólares, cifra increíble que supone casi la mitad de lo que recaudó *Harry Potter y la piedra filosofal* en el mismo periodo.

La gente no ha visto nunca una película como *Fahrenheit 9/11*. Sólo los llamados líderes de opinión de la prensa y los medios de comunicación parecen molestos con ella.

Creo que la película, considerada como acto político, supone un hito histórico, aunque para apreciarlo se requerirá cierta perspectiva temporal. Vivir pegado a la última noticia, como hacen la mayoría de líderes de opinión, reduce la perspectiva: todo es ruido, y nada más. La película, en cambio, cree que quizá esté realizando una muy pequeña contribución para cambiar la historia del mundo. Es una obra inspirada por la esperanza.

Lo que la convierte en acontecimiento es el hecho de que sea una intervención eficaz e independiente en la política mundial inmediata. Es raro que un artista de hoy en día (y Moore lo es) consiga efectuar con éxito una intervención de ese tipo e interrumpa las declaraciones preparadas y evasivas de los políticos. Su objetivo inmediato es reducir las probabilidades de que el presidente Bush sea reelegido el próximo noviembre. Invita de principio a fin al debate político y social.

Denigrarla como «propaganda» es un acto de candidez o perversión, y un olvido (¿deliberado?) de lo que nos enseñó el siglo pasado. La propaganda requiere una red permanente de comunicación para poder sofocar la reflexión de manera sistemática con eslóganes emocionales o utópicos. La propaganda suele poseer un ritmo rápido y sirve de manera invariable a los intereses a largo plazo de alguna elite.

Esta única película inconformista resulta en ocasiones reflexivamente lenta, y no teme a los silencios. Insta a la gente a pensar por su cuenta y establecer relaciones meditadas. Se identifica con quienes normalmente no son escuchados y habla por ellos.

Defender una tesis con fuerza no es lo mismo que saturar con propaganda. La cadena Fox TV hace esto último, Michael Moore lo primero.

Desde las tragedias griegas los artistas se han preguntado qué influencia pueden ejercer sobre los sucesos políticos de su tiempo. Una cuestión peliaguda, puesto que atañe a dos tipos muy distintos de poder. Muchas teorías de ética y estética giran en torno al tema. Para los que viven sometidos a tiranías políticas, el arte ha sido con frecuencia una forma de resistencia encubierta, y los tiranos suelen buscar modos de controlarlo. Todo eso, sin embargo, es hablar en términos generales y sobre un campo muy amplio. *Fahrenheit 9/11* es algo diferente. Ha conseguido intervenir en un programa político desde el propio terreno de ese programa.

Para que tal cosa sucediese era necesaria una serie de factores. El premio de Cannes y el mal calculado intento de evitar la distribución de la película han desempeñado un importante papel en la creación del «acontecimiento».

Señalar esto no es en modo alguno decir que la película como tal no se merezca la atención que está recibiendo, sino sencillamente recordarnos que en el reino de los medios de masas las obras rompedoras (que derriban el muro diario de mentiras y medias verdades) están condenadas a escasear. Y es esa escasez la que ha hecho ejemplar la película. Sienta un ejemplo para millones..., como si lo hubieran estado esperando.

La película parte de la idea de que la Casa Blanca y el Pentágono fueron tomados en el primer año del milenio por una pandilla de matones —y su testaferro cristiano renacido— para que en adelante el poder de Estados Unidos sirviera, como prioridad, a los intereses globales de las corporaciones. Una hipótesis cruda que se acerca más a la verdad que la mayoría de editoriales matizados. Pero más importante que la hipótesis de fondo es el modo en que se pronuncia la película. Demuestra que, pese a todo el poder manipulador de los expertos en comunicación, los discursos presidenciales mentirosos y las ruedas de prensa insulsas, una sola voz independiente que señale unas cuantas verdades, que un sinfín de estadounidenses ya están descubriendo por su cuenta, puede atravesar la conspiración de silencio, la atmósfera prefabricada de miedo y la soledad que supone sentirse políticamente impotente.

Es una película que habla de obstinados deseos remotos en un periodo de desilusión. Una película que cuenta chistes mientras la banda toca al Apocalipsis. Una película en la que millones de americanos reconocen su situación y los modos exactos en que se les estafa. Una película sobre sorpresas, la mayoría malas pero algunas buenas, que se comentan en su conjunto. *Fahrenheit 9/11* recuerda al espectador que cuando el coraje es compartido se puede luchar contra los elementos.

En más de un millar de cines de todo el país Michael Moore se convierte con esta película en un tribuno del pueblo. ¿Y qué es lo que vemos? Bush es a todas luces un cretino político, cuya ignorancia del mundo es sólo comparable a su indiferencia hacia él. Mientras tanto, el tribuno, que bebe de la experiencia popular, adquiere credibilidad política, no como político propiamente dicho, sino como voz de la ira y la voluntad de resistir de una multitud.

Existe otro elemento excepcional. El objetivo de *Fahrenheit 9/11* es impedir que Bush amañe las elecciones como hizo con las anteriores. Su caballo de batalla es la guerra totalmente injustificada en Irak. Sin embargo, su conclusión va más allá que cualquiera de esos dos elementos. Afirma que una economía política que crea una riqueza en vertiginoso ascenso rodeada de una pobreza en abismal aumento necesita —para sobrevivir— una guerra continua con algún enemigo extranjero inventado para mantener el orden y la seguridad internos. Requiere una guerra ininterrumpida.

Así, quince años después de la caída del comunismo, décadas después de que se dictaminara el Fin de la Historia, una de las principales tesis de la interpretación que hizo Marx de la historia se convierte de nuevo en un tema de debate y una posible explicación de las catástrofes que se viven.

Siempre son los pobres los que hacen los mayores sacrificios, se declara en los últimos minutos de *Fahrenheit 9/11*. ¿Hasta cuándo?

No hay futuro para ninguna civilización de ninguna parte del mundo actual que no haga caso de esta pregunta. Y por eso la película fue rodada y se convirtió en lo que se ha convertido. Es un documental que quiere de corazón que América sobreviva.

JOHN BERGER

INTRODUCCIÓN

Mientras escribo estas líneas, mi película *Fahrenheit 9/11* sigue en la cartelera de centenares de cines de todo Estados Unidos. Aunque a menudo he oído el manido cliché de «estar en el ojo del huracán», nunca supe lo que significaba hasta que hice esta película.

Y es demasiado pronto para que posea la perspectiva necesaria para explicar la fiebre que ha desatado *Fahrenheit 9/11*. Los récords empezaron a caer horas después del estreno de la película:

Mejor día de estreno de cualquier película en las dos salas de Nueva York.

Primer documental en alcanzar el número 1 en su debut.

Documental más taquillero de la historia, superando al anterior poseedor del récord *(Bowling for Columbine)* en un 600 %.

Una encuesta de Gallup reveló que más de la mitad del público americano tenía intención de ver el documental, fuera en el cine o en vídeo. Nadie recuerda cuándo otra película alcanzó cifras semejantes.

El deseo intenso de ver *Fahrenheit 9/11* nació de una serie de acontecimientos que comenzaron a finales de abril de 2004, cuando nuestra distribuidora recibió de su empresa matriz, Walt Disney Company, la orden de no distribuir nuestra película. Michael Eisner, el jefe de Disney, dijo que no quería que su estudio sacara una película política partidista susceptible de ofender a las familias que van a sus parques de atracciones. Por supuesto, no mencionó que les supusiera ningún problema emitir el programa de radio de Sean Hannity (cosa que hacen), o tener a Rush Limbaugh en sus emisoras propiedad de la ABC (cosa que hacen), o emitir el *700 Club* de Pat Robertson en el Disney Family Channel (cosa que...). En fin, ya me entendéis. Lo que Eisner quería decir era que si mi película hubiese sido un artículo de propaganda derechista llena de odio que respaldase hasta el último gesto de la administración Bush, le habría parecido bien.

Cuando la historia salió a la luz, Disney hizo todo lo que pudo por maquillarla, pero no funcionó y sólo consiguieron que la gente tuviera más ganas de ver la película.

Entonces nos fuimos sin distribuidora al Festival de Cannes. Siendo sólo el tercer documental de la historia del festival que entraba en competición (los otros dos habían sido *El mundo del silencio* de Louis Malle y Jacques Cousteau y *Bowling for Columbine*), *Fahrenheit 9/11* se llevó el premio más importante, la Palma de Oro.

Pero volvimos a casa sin distribuidora. La Casa Blanca puso la directa y la oficina de Karl Rove empezó a hacer llamadas para animar a los periodistas a que despellejaran una película que no habían visto. Un grupo republicano emprendió una campaña para acosar a cualquier propietario de cine que dijera que pensaba pasar *Fahrenheit 9/11*. Al menos tres cadenas, y decenas de salas, se asustaron y anunciaron que no proyectarían nuestra película en ninguna de sus pantallas. Otro grupo presentó una queja ante la Comisión Electoral Federal (FEC) para que impidieran que anunciáramos nuestra película por la televisión, afirmando que los tráilers eran «propaganda electoral» que contravenía la ley. Para cuando la FEC se pronunció a favor nuestro, nuestra distribuidora ya había retirado todos los anuncios.

Rove soltó a los perros de presa para que criticaran la película; la declaración oficial de la Casa Blanca fue que «no necesitamos verla para saber que está mal». El papá de Bush me llamó de todo menos guapo, y sus portavoces que actúan de expertos en los medios aparecieron en todos los programas de entrevistas para ponerme verde a mí y de paso a la película.

Pero nada de eso funcionó. Sólo consiguieron que la gente quisiera ver *Fahrenheit 9/11*. Y cuando esos millones de americanos salieron de las salas de cine, estaban profundamente impresionados. Encargados de cine de todo el país hablaban de multitudes llorosas, públicos que se ponían en pie y vitoreaban a una pantalla en blanco al final de la proyección. Había tanta gente que se quedaba en el cine para hablar con los desconocidos que les rodeaban que las salas tuvieron que programar más tiempo entre sesiones.

Llegó a nuestra página web un aluvión de mensajes, una media de 6.000 al día. Algunos días nuestra página recibía más de 20 millones de visitas. Espectador tras espectador nos contaba su experiencia al ver la película. Muchas de las cartas empezaban con una de estas dos frases: «No he votado nunca, pero este año voy a votar» o «Soy republicano y ahora no sé qué hacer».

En un año de elecciones en el que la presidencia puede decidirse por unos pocos miles de votos, tales comentarios adquirían un significado profundo, y aterrador para la Casa Blanca de Bush. Según la encuesta de Harris, cerca de un 10 % de las personas que veían la película eran republicanas y un 44 % de ellas decían que se la recomendarían a otros republicanos. Un 30 % declaraba que en su opinión la película trataba a Bush «con justicia».

Otro sondeo reveló que un 13 % de los votantes indecisos había visto la película. Un encuestador republicano me dijo, después de realizar su propio estudio informal viendo la película con público de tres ciudades diferentes, que «es posible que un ochenta por ciento de la gente que entra a ver *Fahrenheit 9/11* sea votante de Kerry, pero el cien por cien de los que salen son votantes de Kerry. Fui incapaz de encontrar a nadie que me dijera "Estoy seguro de que votaré a Bush" después de tragarse las dos horas de tu película».

En Pensilvania, un estado bisagra clave, una encuesta de Keystone reveló que un 4 % del voto de Kerry se debía a personas influidas o motivadas por *Fahrenheit 9/11* (y un 2 % se atribuía a los incesantes ataques a Bush de Howard Stern, firme defensor de nuestra película).

Mientras escribo estas líneas meses antes de las elecciones, nadie sabe qué supondrá todo eso. Lo que sí sabemos es que *Fahrenheit 9/11* ha sacudido el país de un modo en que las películas rara vez lo logran. Por ese privilegio todos los que la hicimos nos sentimos extremadamente agradecidos. Un 50 % de esta nación no vota. Si tenemos algo que ver en que esa cifra se reduzca en apenas unos puntos porcentuales, todo habrá valido la pena.

A fin de cuentas, si bien esperamos que *Fahrenheit 9/11* realice su contribución, somos, ante todo, gente del cine. Trabajamos al límite de nuestras fuerzas para crear una obra de cine que conmoviera a la gente no sólo en lo político, sino también en un plano emocional y visceral. Espero que hayamos efectuado una contribución a la forma artística que tanto amamos. ¿A quién de nosotros no le encanta ir al cine y partirse de risa, verse sorprendido, asombrado, vencido por las lágrimas, arrastrado, estupefacto; salir de la sala con ganas de volver a entrar? Los que hacemos películas, las hacemos por eso. Eso es lo que espero que hayamos conseguido.

Puesto que tantos de vosotros nos habéis pedido que publiquemos el guión de la película —y todas las pruebas de apoyo que tenemos—, hemos decidido ofreceros este libro. «Guión» parece una palabra rara para un documental, pero la no ficción puede ser una forma de guionización, igual que la ficción (la Writers Guild lo dejó claro en 2002 al proclamar mejor guión del año al de *Bowling for Columbine*). Aparte del hecho de que los documentales por lo general no utilizan actores, son un estilo de hacer películas que se diferencia de la ficción en que se escriben una vez terminado el rodaje. Entras en la sala de edición con centenares de horas de metraje y debes decidir cuál es tu historia y construirla, es decir, escribirla. Se trata sin duda de un sistema estilo «la casa por el tejado», lo cual lo hace en ciertos sentidos mucho más complicado que las películas de ficción, en las que el guionista les dice a todos lo que tienen que decir y punto. Nosotros no podemos decirle a George Bush lo que tiene que decir ni a John Ashcroft lo que tiene que cantar. Pero lo que hacemos con lo que sí se dice requiere un auténtico encaje de bolillos para determinar dónde cuadra todo en la historia básica que tratamos de contar. Finalmente, se entreteje con la narración que escribo yo. Es un proceso arduo que lleva meses, a veces años.

Así pues, en estas páginas he publicado el guión para que podáis leer la película y redescubrir la montaña de información y hechos que presenta *Fahrenheit 9/11*. Se hace difícil quedarse con todo a la primera, de modo que espero que contar con este guión os ayude a encontrar el tesoro que tal vez estuviera enterrado bajo aquellas estupendas imágenes de los huevos lanzados contra la limusina presidencial.

A aquellos de vosotros que habéis sido intimidados por vuestro cuñado conservador, que os ha repetido las líneas argumentales sobre *Fahrenheit 9/11* que la Fox le ha proporcionado, este libro os aporta la munición que necesitáis para refutar todos y cada uno de sus desquiciados comentarios sobre la película. A los conservadores les cuesta creer que su líder tal vez se meta en la cama con quien no toca, de modo que aquí dentro encontraréis todas las pruebas que necesitáis para aclararles las ideas. Al fin y al cabo, un amigo de verdad no deja que su amigo vote a los republicanos.

También he reproducido varios de los mejores ensayos y críticas sobre la película de personas más listas que yo, que descubrieron lo que pretendía antes de que yo lo supiera. Os proporcionarán varios análisis acertados sobre lo que significa la película y el lugar que ahora ocupa en los anales del cine.

Otro capítulo os ofrece una serie de textos relacionados con los temas de la película. Los he seleccionado personalmente porque quiero que el debate vaya más allá de la mera película y estudie lo que vamos a hacer a continuación. Los documentos os ofrecen una perspectiva más en profundidad de la conexión entre Bush y los saudíes (incluida nueva información sobre los vuelos fletados para los Bin Laden después del 11-S), las razones con las que nos estafaron para meternos en Irak y por qué los medios de comunicación no hicieron su trabajo. Y un artículo publicado hace diez años en el *L. A. Times* tal vez ofrezca la historia real que se oculta tras la negativa de Disney a distribuir *Fahrenheit 9/11*.

Por último, quería compartir con vosotros algunos de los mensajes de correo electrónico de espectadores de la película que he recibido. Todavía me conmueven cuando los leo y creo que a vosotros os pasará lo mismo. También incluimos algunas de nuestras viñetas de prensa favoritas aparecidas en los periódicos de mayor tirada.

No creo que ninguno de los que trabajamos en *Fahrenheit 9/11* tuviese ni idea de que el documental iba a convertirse en un momento fundamental de este histórico año de elecciones. Sólo queríamos hacer una buena película. Espero que lo hayamos conseguido. Y espero que vosotros disfrutéis de este libro que la acompaña.

Algún día, cuando todo esto haya pasado y tenga tiempo de meditar sobre lo que significó, compartiré esa historia con vosotros. Pero eso no puede hacerse ahora mismo. Ahora mismo, se trata de una película que, si bien está acabada, sigue siendo una obra en curso, cuyo auténtico final se escribirá el 2 de noviembre de 2004 y en los meses siguientes. Eso os convierte a todos en mis coautores.

MICHAEL MOORE
Nueva York, agosto de 2004

PARTE I

FAHRENHEIT 9/11: EL GUIÓN

NARRADO POR MICHAEL MOORE

Fuegos artificiales y confeti surcan el aire mientras un Al Gore triunfante saluda desde el estrado con una cartel de VICTORIA EN FLORIDA de fondo; está rodeado de celebridades.

NARRACIÓN
¿Fue todo sólo un sueño?

AL GORE
¡Que Dios te bendiga, Florida! Gracias.

NARRACIÓN
¿No han sucedido en realidad los últimos cuatro años? Mirad, allí está Ben Affleck, lo veo a menudo en mis sueños. Y el tío de *Taxi Driver* también estaba allí, y el bueno de Stevie Wonder, parecía... parecía tan feliz, como... como si se hubiera producido un milagro. ¿Fue un sueño?
¿O fue real?
Era la noche de las elecciones de 2000, y todo parecía salir como estaba previsto.

Montaje de informativos.

TOM BROKAW (NBC NEWS)
En Nueva York pronosticamos una victoria de Al Gore.

DAN RATHER (CBS NEWS)

Nueva Jersey es para Gore.

Pronosticamos que Gore será el ganador en Delaware. Este estado ha votado por el ganador.

Disculpa un segundo, siento interrumpirte, Mike, sabes que no lo haría si no fuera algo importante. Florida va para Gore.

JUDY WOODRUFF (CNN NEWS)

CNN anuncia que situamos Florida en la columna de Gore.

NARRACIÓN

Entonces algo llamado Fox News decantó el resultado de las elecciones a favor del otro tipo.

BRIT HUME (FOX NEWS)

Te interrumpo, Fox News pronostica ahora una victoria de George W. Bush en Florida y por tanto parece el ganador de la presidencia de Estados Unidos.

NARRACIÓN

De repente, el resto de cadenas dijeron: «¡Oye! ¡Si lo ha dicho la Fox, debe de ser cierto!»

TOM BROKAW (NBC NEWS)

Todas las cadenas hemos cometido un error y proyectado Florida en la columna de Al Gore. Ha sido fallo nuestro.

Plano de John Ellis trabajando a los teléfonos y monitores de la Noche de Elecciones.

NARRACIÓN

Ahora bien, lo que la mayoría no sabe es que el hombre a cargo de la mesa de decisiones de la Fox esa noche, el que cantó la victoria de Bush, no era otro que el primo hermano de Bush John Ellis. ¿Cómo le sale bien a alguien como Bush una jugada como ésa?

Fragmento de noticias de Bush soltando una risilla.

NARRACIÓN
Los hermanos Bush sentados en un avión.
Bueno, para empezar, ayuda que tu hermano sea gobernador del estado en cuestión.

GEORGE W. BUSH
Sabéis una cosa, vamos a ganar Florida. Fijaos en lo que os digo. Podéis ponerlo por escrito.

NARRACIÓN
Imágenes de Katherine Harris, Database Technologies y votantes ante las urnas.
En segundo lugar, asegúrate de que la directora de tu campaña sea también la que cuenta los votos y de que su estado haya contratado a una compañía que sacará de los censos a los electores que probablemente no te vayan a votar. Se les suele reconocer por el color de la piel. Después, asegúrate de que tu bando luche a vida o muerte.

JAMES BAKER (EX SECRETARIO DE ESTADO,
ABOGADO DE BUSH)
Creo que todo este parloteo sobre la legitimidad es una exageración.

MULTITUD PROTESTANDO CONTRA EL RECUENTO
DE FLORIDA
¡Bush presidente! ¡Bush presidente!

NARRACIÓN
Líderes demócratas del Congreso, congresista Richard Gephardt y senador Tom Daschle sentados mirando el teléfono.
Y confía en que el otro bando se quede esperando a que suene el teléfono sin hacer nada.
E incluso si numerosas investigaciones independientes prueban que Gore obtuvo más votos...

JEFF TOOBIN (ANALISTA DE CNN NEWS)

Si hubiera un recuento en todo el estado, bajo todas y cada una de las hipótesis, Gore ganaría las elecciones.

NARRACIÓN

Dará igual, siempre y cuando todos los amigos de tu papá en el Tribunal Supremo voten como toca.

AL GORE

Discurso de reconocimiento de la victoria de Bush.

Si bien discrepo seriamente de la decisión del tribunal, la acepto.

SENADOR TOM DASCHLE

Comunicando a los medios la respuesta demócrata a la decisión del tribunal.

Lo que necesitamos ahora es aceptar la realidad. Tenemos un nuevo presidente electo.

NARRACIÓN

Regreso al metraje de la victoria de Florida; Al y Tipper Gore saludan.

Resulta que nada de esto fue un sueño. Es lo que sucedió en realidad.

FUNDIDO EN NEGRO.

Al Gore preside la Sesión Conjunta del Congreso que certifica los resultados de las elecciones.

El día en que la sesión conjunta de la Cámara de Representantes y el Senado debía certificar los resultados de las elecciones, Al Gore, en su doble papel de vicepresidente saliente y presidente del Senado, presidió el acontecimiento que ungiría de manera oficial a George W. Bush como nuevo presidente.

Miembros del Caucus *Negro del Congreso presentan objeciones a los resultados de Florida en la sesión.*

Si algún congresista quería presentar una objeción, las reglas insistían en que necesitaba el apoyo firmado de un senador.

CONGRESISTA ALCEE HASTINGS

Señor presidente —y me enorgullezco mucho de llamarlo así— debo objetar a causa de las pruebas abrumadoras de falta de ética oficial, fraude deliberado e intento de reprimir la participación de votantes...

AL GORE

La Presidencia debe recordar a los diputados que en virtud de la Sección 18 del Título 3 del Código de Estados Unidos, no se permite ningún debate en la sesión conjunta.

CONGRESISTA ALCEE HASTINGS

Gracias, señor presidente. Para responder a su pregunta, señor presidente, la objeción está por escrito y firmada por una serie de miembros de la Cámara de Representantes, pero no por un miembro del Senado.

Música ominosa, mientras varios congresistas negros son rechazados por todos los miembros del Senado.

CONGRESISTA CORRINE BROWN

Esto, señor presidente, consta por escrito y está firmada por varios colegas de la Cámara —y por mí misma— en representación de los veintisiete mil votantes del condado de Duval, de los que dieciséis mil son afroamericanos que fueron privados del derecho a votar en estas últimas elecciones.

AL GORE

¿Está firmada la objeción por algún miembro del Senado?

CONGRESISTA CORRINE BROWN

No está firmada por un miembro del Senado. El Senado no está.

CONGRESISTA BARBARA LEE

Señor presidente, consta por escrito y está firmada por mí misma, en representación de los muy diversos electores de nuestro país, en particular los del distrito Noveno del Congreso, y todos los votantes americanos que reconocen que el

Tribunal Supremo, y no el pueblo de los Estados Unidos, ha decidido estas elecciones.

AL GORE
¿Está... está la objeción firmada por un senador?

CONGRESISTA BARBARA LEE
Por desgracia, señor presidente, no está firmada por un solo senador.

CONGRESISTA PATSY MINK
Por desgracia, no tengo autoridad sobre el Senado de Estados Unidos, y ningún senador ha firmado.

CONGRESISTA CARRIE MEEK
Señor presidente, consta por escrito y está firmada por mí misma y varios de mis elec... electores de Florida; se necesita un senador, pero no lo hay.

AL GORE
¿Está la objeción por escrito y firmada por un diputado y un senador?

CONGRESISTA MAXINE WATERS
La objeción consta por escrito, y no me importa que no esté... que no esté firmada por un miembro del Senado.

AL GORE
La... La Presidencia hace saber que las normas sí que importan. Y... la... la firma de un senador...

NARRACIÓN
Ni un solo senador acudió en ayuda de los afroamericanos del Congreso. Uno tras otro, les dijeron que se sentaran y cerraran el pico.

CONGRESISTA JESSE JACKSON JR.
Es un día triste para América, señor presidente, cuando no

podemos encontrar un senador que firme una objeción, nueva... No piensan firmar objeciones... Objeto.

AL GORE

Su señoría... su señoría suspenderá... su señoría... su señoría suspenderá...

FUNDIDO A LA COBERTURA DEL LLUVIOSO DÍA DE LA INVESTIDURA.

VOZ EN OFF DE PETER JENNINGS (ABC NEWS)

Seguimiento de la investidura, 2001, en Washington, en un día desagradable pero que podría ser peor.

MULTITUD

Manifestantes que marchan con pancartas y megáfonos.

¿Qué queremos? ¡Justicia! ¿Cuándo la queremos? ¡Ya!

NARRACIÓN

Grandes multitudes avanzan a lo largo del trayecto presidencial, la policía intenta controlarlas.

El día en que fue investido George W. Bush, decenas de miles de americanos se lanzaron a las calles de Washington en un último intento de reclamar lo que les habían arrebatado.

MULTITUD

¡Salve al ladrón! ¡Salve al ladrón!

NARRACIÓN

Plano de la limusina de Bush de camino a la toma de posesión, rodeada de manifestantes, alcanzada por huevos.

Lanzaron huevos contra la limusina de Bush...

POLICÍA

Retrocedan, apártense.

NARRACIÓN

Y detuvieron el desfile de investidura. Se descartó el plan de sacar a Bush de la limusina para el tradicional paseo hasta la Casa Blanca.

Unos manifestantes se sublevan y la policía se los lleva; la limusina de Bush acelera mientras los guardias de seguridad, huyendo de la multitud furiosa, corren para que no se les escape.

El chófer de la limusina de Bush aceleró para evitar disturbios aún mayores. Ningún presidente había presenciado algo así en su Día de Investidura.

Entrada de música.

Fragmentos de noticias: planos de un Bush agobiado; los índices de popularidad cayeron casi un 10 % entre el 3 de mayo y el 5 de septiembre de 2001.

Y, durante los ocho meses siguientes, la cosa no mejoró para George W. Bush. No conseguía que se nombrara a sus jueces, tenía problemas para lograr que se aprobasen sus leyes y perdió el control republicano del Senado. Sus índices de popularidad comenzaron a hundirse en las encuestas. Empezaba a ponérsele cara de ex presidente. Viendo que todo le salía mal, hizo lo que haría cualquiera de nosotros: se fue de vacaciones.

MÚSICA

Vacation, All I ever wanted.
Vacation, Have to get Hawai.
Vacation, Meant to be spent alone.

Fragmentos de noticias: imágenes de George W. Bush jugando al golf, pescando y jugando con perros.

GEORGE W. BUSH

Al dar un mal golpe de golf.
¡Oh, no!

NARRACIÓN

En sus primeros ocho meses en el cargo antes del 11 de Septiembre, George W. Bush pasó de vacaciones, según el *Washington Post*, un cuarenta y dos por ciento del tiempo.

GEORGE W. BUSH

Reacción a la prensa que ha visto su mal golpe.
Si le hubiera dado bien la gente diría que no trabajo.

— 28 —

NARRACIÓN

Sobre plano de Bush con sombrero de vaquero serrando un árbol.

No era de extrañar que el señor Bush necesitara algo de tiempo libre. Ser presidente da mucho trabajo.

PERIODISTA SIN IDENTIFICAR

Fuera de cámara.
Bush firmando autógrafos rodeado de periodistas y niños, 8 de agosto de 2001.

¿Qué dice de esa gente que opina que está haraganeando aquí en Tejas, que se está tomando unas vacaciones demasiado largas?

GEORGE W. BUSH

En ese caso, no entienden la definición de trabajo. Estoy sacando muchas cosas adelante. En segundo lugar, no hace falta estar en Washington para trabajar. Es, eh, maravilloso, eh, lo que puede hacerse con teléfonos y faxes y eh... [inaudible]

OTRO PERIODISTA

Fuera de cámara.
¿Qué va a hacer el resto del día?

GEORGE W. BUSH

Va a venir Karen Hughes. Estamos trabajando en unas cosas y, eh, ella estará por aquí, trabajaremos en unas cuantas cosas, unas cuantas cuestiones. Estoy trabajando en algunas iniciativas... vamos a eh... ya verán. Es decir... que las he hecho mientras estoy aquí, y las anunciaremos a su debido tiempo.

NARRACIÓN

Michael Moore y su equipo en la gala «Bush para gobernador»...
La primera vez que nos vimos, tuvo un buen consejo para mí.

GEORGE W. BUSH

Pórtese bien, ¿de acuerdo? Búsquese un trabajo de verdad.

NARRACIÓN

Sesión de fotos: Bush sirve sémola y sonríe para las cámaras.
Y el trabajo era algo de lo que él sabía un montón.

GEORGE W. BUSH

¿Alguien quiere sémola?

NARRACIÓN

Imágenes de Bush en varios lugares de vacaciones.
Relajándose en Camp David. Navegando en Kennebunkport.

GEORGE BUSH

A un perro en el rancho.
¿Cómo estás?

NARRACIÓN

O haciendo el vaquero en el rancho de Tejas.

GEORGE W. BUSH

*Sesión de fotos: tras serrar el árbol caído. A los periodistas, 25 de
agosto de 2001.*
Me encanta la naturaleza. Me encanta subirme a la camioneta con mis perros.

GEORGE W. BUSH

Al perro, en su camioneta, en el rancho.
Hey, hola.

NARRACIÓN

George Bush pasó el resto de agosto en el rancho. Donde la
vida era menos complicada.

GEORGE W. BUSH

Misma entrevista con el árbol serrado, 25 de agosto de 2001.
A los armadillos les encanta escarbar en el suelo para buscar
bichos. Y... pues... salí fuera el otro día y allí estaba Barney enterrado en un agujero, persiguiendo a un armadillo.

NARRACIÓN
Bush suelta una risilla pensando en Barney.

Fue un verano para recordar. Y cuando acabó, cambió Tejas por su segundo lugar favorito.

George W. Bush se encuentra con Jeb Bush en el aeropuerto de Florida y posan para las cámaras antes de que G. W. Bush le estreche la mano a los hombres que le esperan en fila.

El 10 de septiembre fue a ver a su hermano a Florida, donde miraron archivos y se encontraron con destacados residentes. Esa noche se fue a dormir en una cama hecha con finas sábanas francesas.

FUNDIDO EN NEGRO.

Títulos de crédito: Bush y miembros del gabinete durante el maquillaje, momentos antes de discursos/entrevistas en televisión.

Créditos:
LIONS GATE FILMS
Y
IFC FILMS
Y
THE FELLOWSHIP ADVENTURE GROUP
PRESENTAN

DONALD RUMSFELD
Fragmento de sonido entre créditos, a un asesor fuera de plano.

¿Te parece que está seguro sobre esas cifras de las fuerzas de seguridad iraquíes?

UNA PRODUCCIÓN DE
DOG EAT DOG FILMS
FAHRENHEIT 9/11
MÚSICA: JEFF GIBBS • PRODUCTOR DE ARCHIVO: CARL DEAL • CÁMARA: MIKE DESJARLAIS • SONIDO: FRANCISCO LATORRE • EDITORES: KURT ENGFEHR/CHRISTOPHER SEWARD/T. WOODY RICHMAN • COPRODUCTORES: JEFF GIBBS/KURT ENGFEHR

JOHN ASHCROFT

¡Haz que parezca más joven! *(risas)*

Sí, me llega un poquito de ruido de aire. Sí, pero no lo subas demasiado que no quiero que me estalle la cabeza.

SUPERVISORA DE PRODUCCIÓN: TIA LESSIN

VOZ FUERA DE PLANO

Sobre plano del presidente Bush en la mesa del Despacho Oval, a punto de pronunciar un discurso por la tele.

Tengo un... Tengo un micrófono aquí, si quieren oírlo. Probando, uno, dos, aquí el Despacho Oval. Estamos probando, uno, dos. Probando, uno, dos, aquí el Despacho Oval. Probando, uno, dos, tres, cuatro, cinco...

PRODUCTORES EJECUTIVOS: HARVEY WEINSTEIN/ BOB WEINSTEIN/AGNES MENTRE • *PRODUCTORES*: JIM CZARNECKI/KATHLEEN GLYNN • *ESCRITA, PRODUCIDA Y DIRIGIDA POR*: MICHAEL MOORE

PANTALLA EN NEGRO y audio de los aviones al estrellarse contra las torres.

PERIODISTA

Sólo sonido sobre pantalla en negro.

Tenemos algo que ha sucedido aquí en el World Trade Center. Hemos visto un avión y un montón de humo.

GENTE

Sólo sonido sobre pantalla en negro.

Oh, Dios mío. Oh, Señor. Vámonos. Vámonos. Venga. Vámonos.

VUELVE LA IMAGEN: La gente mira desde abajo horrorizada.

MUJER ENTRE LA MULTITUD

Salva sus almas, Señor. Salva sus almas, Señor.

GENTE

¡Oh, están saltando!

Caras de espanto, gente que mira arriba y grita de incredulidad, se abraza y reza. El aire se llena de polvo mientras la gente corre a cámara lenta para alejarse de los escombros que caen.

NARRACIÓN

Fotos de los carteles de muertos y desaparecidos, vigilias a la luz de las velas.

El 11 de septiembre de 2001, casi tres mil personas, entre ellas un colega mío, Bill Weems, fueron asesinadas en el mayor ataque extranjero sobre suelo americano. Los objetivos fueron las sedes financieras y militares de Estados Unidos.

MUJER SIN IDENTIFICAR

Fragmento de noticias: sostiene foto, suplica ayuda, llora.

Si alguien tiene alguna idea, o lo ha visto o sabe dónde está, que nos llame. Tiene dos hijos pequeños. Dos hijos pequeños.

NARRACIÓN

La limusina de Bush aparca delante del colegio.

Mientras se producía el atentado, Bush iba de camino a un colegio de Florida. Cuando le informaron de que el primer avión se había estrellado contra el World Trade Center, donde los terroristas habían golpeado sólo ocho años antes, Bush decidió seguir adelante con su caza de fotos.

MAESTRA

Bush entra en el aula.

Buenos días niños y niñas.

NIÑOS

Buenos días...

GEORGE W. BUSH

Buenos días.

MAESTRA

Leed esta palabra rápido. ¡Preparados!

NIÑOS

Estera.

MAESTRA

Sí, estera, ¡preparados!

NIÑOS

Gato.

GEORGE W. BUSH

Aplaudiendo a los alumnos.
Sí.

MAESTRA

Muy bien, preparaos para leer las palabras de esta página sin cometer ni un error.

NARRACIÓN

El jefe de gabinete entra y le habla a Bush al oído.

Cuando el segundo avión se estrelló contra la torre, su jefe de gabinete entró en el aula y le dijo a Bush: «Están atacando la nación.» Sin saber qué hacer, sin nadie que le dijera qué hacer y ningún servicio secreto que se lo llevara corriendo a un lugar seguro, Bush se quedó allí sentado y siguió leyendo *Mi cabrita* con los niños.

TEXTO EN PANTALLA

9.05 *Plano medio amplio de Bush mirando más allá de los niños.*

9.07 *Bush mira el libro.*

9.09 *Bush lanza una mirada nerviosa a los asesores que están a un lado de la clase.*

9.11 *Asesor susurra al oído del secretario de prensa de la Casa Blanca, Ari Fleischer.*

9.12 *Bush asiente mientras los niños siguen leyendo.*

NARRACIÓN

Bush no se mueve, sigue en la silla, con la mirada perdida.

Transcurrieron casi siete minutos sin que nadie hiciera nada. Allí sentado en esa clase de Florida, ¿pensaba Bush tal vez si debería haberse pasado por el trabajo más a menudo? ¿Debería haber tenido al menos una reunión desde que llegó a la presidencia para comentar la amenaza del terrorismo con su jefe de antiterrorismo?

Plano de Richard Clarke, director de antiterrorismo, testificando ante el Congreso.

¿O tal vez Bush se preguntaba por qué había recortado los fondos del FBI para antiterrorismo? Quizá le habría bastado con leer el informe de seguridad que le entregaron el 6 de agosto de 2001.

Imágenes de Bush en el rancho, con el informe del 6 de agosto en manos de sus asesores.

El cual decía que Ossama Bin Laden planeaba atacar Estados Unidos secuestrando aviones. Pero a lo mejor no le preocupaba la amenaza del terrorismo porque el título del informe era demasiado vago.

CONDOLEEZZA RICE (CONSEJERA DE SEGURIDAD NACIONAL)

Testificando ante la Comisión del 11-S.

Creo que el título era «Bin Laden decidido a atacar en el interior de Estados Unidos».

NARRACIÓN

Fragmentos de noticias: Bush pescando, y primer plano de él en el aula de Florida.

Un informe como ése habría sobresaltado a algunos, pero, como tantos otros días, George W. Bush se fue a pescar tan tranquilo. A medida que pasaban los minutos, seguía sentado en la clase. Acaso pensaba: ¿Me he rodeado de malas compañías? ¿Cuál de ellos me la ha jugado?

¿Habrá sido el tipo al que los amigos de papá le entregaron un montón de armas? *(Imagen de Donald Rumsfeld dándole la mano a Saddam Hussein en 1983.)*

¿Ha sido ese grupo de fundamentalistas que visitó mi estado cuando era gobernador? (*Líderes talibanes en Tejas.*)

¿O habrán sido los saudíes? (*Bush con príncipe saudí.*)

Maldición, han sido ellos. (*Ossama Bin Laden disparando.*)

Mejor le echo la culpa a este tío. (*Saddam Hussein bailando.*)

NARRACIÓN

Viajeros tirados en aeropuertos.

En los días que siguieron al 11 de Septiembre, todo el tráfico aéreo comercial y privado quedó suspendido.

Fragmento de noticias.

JEFE DE LA ADMINISTRACIÓN FEDERAL DE AVIACIÓN (FAA)

La FAA ha adoptado la medida de cerrar todos los aeropuertos de Estados Unidos.

VOZ DE PERIODISTA SIN IDENTIFICAR (NBC)

Incluso el padre del presidente se quedó en tierra.

Ex presidente Bush, en un vuelo obligado a aterrizar en Milwaukee.

VOZ DE PERIODISTA SIN IDENTIFICAR (ABC)

Millares de pasajeros se quedaron sin vuelo, entre ellos Ricky Martin, que debía aparecer en la entrega de los Grammy latinos de esta noche.

NARRACIÓN

Sobre imágenes de Ricky Martin encogiéndose de hombros ante un periodista.

Ni siquiera Ricky Martin podía volar. Pero la verdad, ¿quién quería volar? Nadie, excepto los Bin Laden.

MÚSICA

We've got to get out of this place,
If it's the last thing we ever do.

Despacho del senador Byron Dorgan (demócrata por Dakota del Norte), Subcomité de Aviación del Senado.

SENADOR BYRON DORGAN

En los más altos niveles de nuestro Gobierno se autorizó el vuelo de varios aviones para recoger a miembros de la familia Bin Laden y otros saudíes y transportarlos fuera del país.

NARRACIÓN

Titular del New York Times, *registros de vuelos, Ossama sentado ante un mapa con un rifle en la mano.*

Resulta que la Casa Blanca aprobó que unos aviones recogieran a los Bin Laden y muchos otros saudíes. Al menos seis *jets* privados y casi dos docenas de aviones comerciales sacaron a los saudíes y los Bin Laden de Estados Unidos después del 13 de septiembre. En total se permitió la salida del país de 142 saudíes, entre ellos veinticuatro miembros de la familia Bin Laden.

Entrevista: Craig Unger, autor de Los Bush y los Saud, *con la Casa Blanca de fondo.*

CRAIG UNGER

Siempre han pintado a Ossama como la manzana podrida, la oveja negra de la familia, y dicen que cortaron toda relación con él en torno a 1994. En realidad, las cosas son mucho más complicadas.

MICHAEL MOORE

Sobre imágenes de Ossama en la boda de su hijo.

¿Quieres decir que Ossama ha tenido contactos con otros miembros de la familia?

CRAIG UNGER

Eso es: en verano de 2001, justo antes del 11-S, uno de los hijos de Ossama se casó en Afganistán; varios familiares acudieron a la boda.

MICHAEL MOORE

¿De los Bin Laden?

CRAIG UNGER

Eso es; o sea que no han cortado del todo, eso en realidad es una exageración.

Fragmento de televisión: CNN, Larry King Live

LARRY KING

Damos ahora la bienvenida a *Larry King Live* —me alegro de volver a verlo—, al príncipe Bandar, embajador del Reino de Arabia Saudí en Estados Unidos.

PRÍNCIPE BANDAR

Teníamos unos veinticuatro miembros de la familia Bin Laden, y, eh...

LARRY KING

¿Aquí?

PRÍNCIPE BANDAR

En Estados Unidos, estudiantes, y a Su Majestad no le parecía justo que esas personas inocentes se expusieran a ningún daño. Por otro lado, comprendíamos que los sentimientos estuvieran a flor de piel, así que, en coordinación con el FBI, los sacamos a todos.

NARRACIÓN

Jack Cloonan entrevistado por Michael Moore.
Estamos con el agente retirado del FBI Jack Cloonan. Antes del 11-S, era oficial del grupo de trabajo conjunto de la CIA y el FBI dedicado a al-Qaeda.

JACK CLOONAN

Yo, como investigador, no habría querido que esa gente se fuera. Creo que en el caso de la familia Bin Laden habría sido prudente repartir las citaciones, hacerles presentarse, que declararan, eso es, que declararan.

MICHAEL MOORE

Ése es el procedimiento apropiado.

JACK CLOONAN

Sí. Sí, ¿a cuánta gente sacaron de las líneas aéreas después de eso, al llegar al país, y qué eran? Eran de Oriente Próximo o encajaban con unas características muy generales.

MICHAEL MOORE

Retuvimos a cientos de personas.

JACK CLOONAN

Retuvimos a cientos, y yo...

MICHAEL MOORE

Durante semanas y meses seguidos...
¿Hicieron algo las autoridades cuando los Bin Laden trataron de abandonar el país?

CRAIG UNGER

No, los identificaron en el aeropuerto. Miraron sus pas... pasaportes y los identificaron.

MICHAEL MOORE

Bueno, eso es lo que nos pasaría a ti o a mí si quisiéramos salir del país.

CRAIG UNGER

Exacto, exacto.

MICHAEL MOORE

O sea que unas cuantas preguntas, mirar el pasaporte, ¿qué más?

CRAIG UNGER

Nada.

NARRACIÓN

Sobre escenas de la serie Dragnet, *detectives buscando respuestas.*
Yo no sé vosotros, pero normalmente, cuando la policía no encuentra a un asesino, ¿no suelen querer hablar con los familiares para descubrir dónde creen que puede estar?

Escenas de Dragnet
¿No tiene ni idea de dónde puede estar su marido?

HOMBRE N.º 1
Bueno, si se entera de algo, háganoslo saber, ¿de acuerdo? ¿Está dispuesto a bajar al centro para que le tomemos declaración?

HOMBRE N.º 2
¿Tardaremos mucho?

HOMBRE N.º 1
Tiene tiempo.

HOMBRE N.º 2
El mío vale dinero, el suyo no.

HOMBRE N.º 1
Pásenos la factura.

HOMBRE N.º 2
Le he hecho una pregunta.

HOMBRE N.º 1
Está aquí para responderlas, no para hacerlas.

HOMBRE N.º 2
Escúcheme, poli, yo le pago el salario.

HOMBRE N.º 1
Pues bien, siéntese que voy a ganármelo.

NARRACIÓN
Más imágenes de Dragnet
Sí señor, así trabaja la poli. ¿Qué estaba pasando aquí?

ENTREVISTA: SENADOR BYRON DORGAN
Creo que hay que profundizar mucho más en el tema. La cuestión debe someterse a una investigación de calado. ¿Qué pasó? ¿Cómo pasó? ¿Por qué pasó? ¿Y quién lo autorizó?

ENTREVISTA: JACK CLOONAN

Intenta imaginar lo que sentían esos pobres desgraciados... cuando saltaban de ese edificio... a su muerte... esos... esos... esos jóvenes, y los policías y bomberos que entraron en ese edificio, sin hacer una sola pregunta... y están muertos. Y las vidas de sus familias están arruinadas. Y nunca... nunca conocerán la paz.

MICHAEL MOORE

Es verdad.

JACK CLOONAN

Y, si yo tuviera que incomodar a un miembro de la familia Bin Laden con una citación o un jurado de acusación, ¿crees que me quitaría el sueño? Ni por un minuto, Mike.

MICHAEL MOORE

Y nadie le pondría pegas.

JACK CLOONAN

No, para nada...

MICHAEL MOORE

Ni el mayor defensor de las libertades civiles...

JACK CLOONAN

No, no...

MICHAEL MOORE

Nadie pondría pegas...

JACK CLOONAN

No es más que... No es más que, ya sabes, ¿tiene abogado? Perfecto. ¿Una defensa? Perfecto. Señor Bin Laden, le pregunto por este motivo, no porque crea que es usted nada. Sólo quería hacerle las preguntas que le haría a cualquiera...

MICHAEL MOORE

Claro.

JACK CLOONAN
... y eso es todo.

NARRACIÓN
Planos de la Casa Blanca, el atentado de Oklahoma City, Bill Clinton y Timothy McVeigh y un jet *privado.*

Nada de aquello tenía sentido. ¿Os imagináis que en los días posteriores al atentado terrorista de Oklahoma el presidente Clinton hubiera ayudado a organizar un viaje fuera del país para la familia McVeigh? ¿Qué creéis que le habría pasado a Clinton si eso hubiera salido a la luz?
METRAJE DE PELÍCULA (de hombres quemando a alguien en la hoguera).

¡Quemadlo! ¡Quemadlo!

Fragmento de televisión: Larry King Live

LARRY KING
Príncipe Bandar, ¿conoce a la familia Bin Laden?

PRÍNCIPE BANDAR (EMBAJADOR SAUDÍ EN EE.UU.)
Sí, muy bien.

LARRY KING
¿Cómo son?

PRÍNCIPE BANDAR
Son unos seres humanos realmente encantadores. Esto, él es el único al que nunca... No lo conozco bien, sólo coincidimos una vez.

LARRY KING
¿En qué circunstancias coincidieron?

PRÍNCIPE BANDAR
Esto es irónico. A mediados de los ochenta, si lo recuerda, nosotros y Estados Unidos apoyábamos a los *muyahidin*, para que, esto, liberaran Afganistán de los soviéticos. Él vino a darme

las gracias por mis esfuerzos por traer a los americanos, nuestros amigos, a ayudarnos contra los ateos, dijo, los comunistas.

LARRY KING

Qué irónico.

PRÍNCIPE BANDAR

¿No es irónico?

LARRY KING

Vamos, en otras palabras, fue a darle las gracias por contribuir a conseguirle la ayuda de Estados Unidos.

PRÍNCIPE BANDAR

Ajá.

LARRY KING

Y ahora tal vez sea responsable de atentar contra América.

PRÍNCIPE BANDAR

Ciertamente.

LARRY KING

¿Qué le pareció al conocerlo?

PRÍNCIPE BANDAR

No me impresionó, para serle sincero...

LARRY KING

No le impresionó.

PRÍNCIPE BANDAR

No, era, me pareció que era un tipo sencillo y muy tranquilo.

Bush en clase, sigue pensando.

Vuelta a las imágenes de Bush en el aula de Florida, con mala cara.

Hummm, un tipo sencillo y tranquilo cuya familia casualmente tenía una relación de negocios con la de George W. Bush. ¿Era eso en lo que pensaba? Porque si la opinión pública se enterara, no quedaría muy bien. ¿Estaba pensando: «Lo que necesito es un gran rotulador negro»?

Imágenes de Michael Moore dando un discurso en el que acusa a Bush de desertor.

A principios de 2004, en un discurso durante las primarias de Nueva Hampshire, llamé desertor a Bush por cuando estaba en la Guardia Nacional del Aire de Tejas. En respuesta, la Casa Blanca hizo pública su hoja de servicios con la esperanza de rebatir la acusación.

Imagen de la hoja de servicios.

Lo que Bush no sabía es que yo ya tenía una copia de su hoja de servicios, sin censurar, obtenida en el año 2000, y existe una diferencia mayúscula entre el historial publicado en 2000 y el que hizo público en 2004.

Primer plano de los tachones negros sobre el texto.

Habían tachado un nombre. En 1972, dos soldados fueron suspendidos por no presentarse a sus exámenes médicos. Uno era George W. Bush (*música: riff de guitarra de «Cocaine»*) y el otro James R. Bath. En 2000 los documentos muestran ambos nombres. Pero en 2004 Bush y la Casa Blanca tacharon el nombre de Bath. ¿Por qué no quería Bush que la prensa y la opinión pública vieran el nombre de Bath en su historial? A lo mejor le preocupaba que el pueblo americano descubriera que James R. Bath fue el administrador en Tejas del dinero de los Bin Laden. Bush y Bath se habían hecho buenos amigos sirviendo juntos en la Guardia Nacional del Aire de Tejas. Una vez les dieron de baja, cuando el padre de Bush dirigía la CIA, Bath montó su propio negocio de aviación, después de venderle un avión a un hombre llamado Salem Bin Laden, heredero de la segunda mayor fortuna de Arabia Saudí, el Saudi Bin Laden Group.

JIM MOORE, PERIODISTA Y AUTOR DE INVESTIGACIÓN
En aquella época «W.» daba sus primeros pasos en el mun-

do de los negocios. Como es un tipo que siempre ha intentado emular a su padre, decidió meterse en el negocio del petróleo.

Secuencias y fotos de archivo de George W. Bush.

Fundó en el oeste de Tejas una compañía petrolera, una empresa de perforación llamada Arbusto, a la que se le daba muy pero que muy bien perforar agujeros secos de los que no salía nada. Pero la pregunta siempre ha sido: «¿De dónde venía ese dinero?» Ahora bien, su padre, su padre era rico, su padre podría haberle hecho ese favor, pero su padre no le hizo ese favor. No hay nada que indique que papá le firmó un cheque para que arrancara su compañía.

NARRACIÓN

Sobre imágenes de archivo de George Bush.

Entonces, ¿de dónde sacó su dinero George W. Bush?

GEORGE W. BUSH

Viejas imágenes de él dándole la mano a alguien.

Soy George Bush.

NARRACIÓN

Foto de James Bath y acuerdo entre Bath y Salem Bin Laden.

Alguien que sí invirtió en él fue James R. Bath. El buen amigo de Bush James Bath estaba contratado por la familia Bin Laden para administrar su dinero en Tejas e invertir en empresas. Y el propio James Bath, a su vez, invirtió en George W. Bush.

Informes financieros que verifican una inversión de 50.000 dólares en Arbusto, la empresa de Bush.

Bush llevó a Arbusto a la ruina, como hizo con todas las demás empresas en las que participó, hasta que por fin una de ellas fue comprada por Harken Energy, que le concedió un puesto en el consejo de administración.

ENTREVISTA: JIM MOORE

Muchos de nosotros hemos sospechado a lo largo de los años que... que ha habido dinero del petróleo saudí implicado en todas estas compañías: Harken, Spectrum 7, Arbusto Drilling, todas las empresas de Bush. Siempre que pasaban apuros llegaban unos inversores caídos del cielo que metían dinero a espuertas en las empresas.

ENTREVISTA: CRAIG UNGER

De modo que la pregunta es: ¿Por qué los saudíes, que tenían todo el petróleo del mundo, cruzarían medio... medio mundo para invertir en aquella desastrosa empresa petrolera? Y lo que pasa es que tenía un activo importante, Harken tenía un atractivo, que era que George W. Bush estaba en su consejo de administración en el momento en que su padre era presidente de Estados Unidos.

GEORGE W. BUSH

Entrevista televisada, agosto de 1992.

Cuando eres el hijo del presidente, y tienes acceso ilimitado, unido a unas credenciales de una anterior campaña en Washington, la gente tiende a respetarlo. Y... el acceso es poder. Y, eh, puedo encontrar a mi padre y hablar con él a cualquier hora del día.

NARRACIÓN

Fotos de George Bush en Harken Energy.

Sí, ayuda ser el hijo del presidente. Sobre todo cuando te investiga la Comisión del Mercado de Valores.

Fragmento de noticias.

VOZ EN OFF DE BILL PLANTE (PERIODISTA, CBS)

En 1990, cuando Bush era director de Harken Energy, recibió este memorándum de los abogados de la compañía, que advertían a los directores que no vendieran acciones si tenían información desfavorable sobre la empresa. Una semana después, él vendió 848.000 dólares en acciones de la Harken. Dos meses más tarde, la compañía anunció pérdidas de más de 23 millones.

NARRACIÓN

Plano de Robert Jordan y mapa de Arabia Saudí.

El abogado socio de James Baker que ayudó a Bush a escabullirse de la Comisión del Mercado de Valores era un hombre llamado Robert Jordan, quien, con la llegada a la presidencia de George W., fue nombrado embajador en Arabia Saudí. Tras la debacle de Harken, los amigos del padre de Bush le consiguieron un asiento en otro consejo de administración, el de una compañía llamada grupo Carlyle.

ENTREVISTA: DAN BRIODY,
AUTOR DE *THE HALLIBURTON AGENDA*

Queríamos echar un vistazo a las compañías que en realidad se beneficiaron del 11 de Septiembre. Dimos con esta empresa, el grupo Carlyle.

Gráficos que muestran muchas de las compañías propiedad del grupo Carlyle.

El grupo Carlyle es un conglomerado multinacional que invierte en industrias muy reguladas por los gobiernos como las telecomunicaciones, la atención sanitaria y, ante todo, la defensa. Tanto George W. Bush como George H. W. Bush trabajaron para el grupo Carlyle, la misma compañía que contaba con la familia Bin Laden entre sus inversores.

Los dos Bush en un palco privado durante un partido.

La mañana del 11 de Septiembre el grupo Carlyle celebraba su conferencia anual de inversores en el hotel Ritz-Carlton de Washington. En ese encuentro estuvieron presentes todos los fijos de Carlyle: James Baker, probablemente John Major y a ciencia cierta George H. W. Bush, aunque éste partió la mañana del 11 de Septiembre. También estaba Shafiq Bin Laden, que es hermanastro de Ossama Bin Laden y estaba en la ciudad para velar por las inversiones de su familia en el grupo Carlyle. Todos ellos, juntos en una sala, observando cómo los, eh, los aviones se estrellaban contra las torres y lo curioso es que en realidad la familia Bin Laden había invertido en uno de sus fondos de defensa, lo que irónicamente quiere decir que, um, a medida que Estados Unidos empezara a aumentar su gasto de defensa, hum, la familia Bin Laden podría obtener ganancias de esas inversiones, eh, a través del grupo Carlyle.

PRESENTADOR

Imágenes de Bush presentado en un acto de la compañía United Defense, filial de grupo Carlyle.

Nuestro comandante en jefe, el presidente George W. Bush.

NARRACIÓN

Bush en United Defense.

Con todas las compañías armamentísticas que poseía, el grupo Carlyle era, en esencia, el undécimo mayor contratista de defensa de Estados Unidos. Suya era United Defense, fabricante del carro de combate blindado Bradley. El 11 de Septiembre garantizó que United Defense iba a disfrutar de un muy buen año.

Titular del periódico Los Angeles Times.

Apenas seis semanas después del 11-S, Carlyle sacó a oferta pública United Defense y en diciembre consiguió en un solo día 237 millones de dólares de ganancias. Pero, por desgracia, con tanta atención puesta en los Bin Laden como importantes inversores de Carlyle, la familia al final se tuvo que retirar. El padre de Bush, sin embargo, permaneció otros dos años como consejero de la junta asiática de la empresa.

DAN BRIODY

Por indecoroso que parezca saber... saber que George H. W. Bush se estaba reuniendo con la familia Bin Laden cuando Ossama era un terrorista buscado desde mucho antes del 11 de Septiembre... Para los americanos resulta muy inquietante saberlo.

Imágenes de G. H. W. Bush encontrándose con saudíes.

George H. W. Bush es un hombre que posee, evidentemente, un increíble peso en la Casa Blanca. Recibe informes diarios de la CIA, a lo cual tiene derecho todo ex presidente, aunque muy pocos lo ejercen en realidad; él sí. Y creo que se están beneficiando de un modo muy real de la confusión que provoca el que George H. W. Bush visite Arabia Saudí, de parte de Carlyle, y se encuentre con la familia real y también con la familia Bin Laden. ¿Representa a Estados Unidos de América, a una empresa inversora de Estados Unidos de América, o a los dos? A la compañía le interesa el dinero. No le interesan las conspiraciones para dominar el mundo o, ya me entiendes, orquestar maniobras políticas ni nada de eso. Le interesa ganar dinero y le interesa ganar mucho dinero, y les ha ido muy muy bien.

Fragmento de noticias.
HELEN THOMAS (MIEMBRO DEL GABINETE
DE PRENSA DE LA CASA BLANCA)
Fuera de plano, en la rueda de prensa de la Casa Blanca, preguntándole al portavoz Ari Fleischer.

Me gustaría recibir una respuesta oficial a esta pregunta. Según la Casa Blanca, ¿no supone ningún conflicto ético que el ex presidente Bush y el ex secretario de Estado Jim Baker utilicen sus contactos con líderes mundiales para representar a una de las más conocidas empresas de venta de armas, el grupo Carlyle?

ARI FLEISCHER
El presidente tiene plena fe en que su familia observará todas las leyes de ética correspondientes, todas las leyes éticas, y que su conducta será la adecuada.
Bush con miembros de la realeza saudí y asociados.

NARRACIÓN
Imágenes de ciudadanos estadounidenses de a pie, yuxtapuestas con planos de la familia real saudí y confidentes de Bush.

De acuerdo, pues digamos que un grupo de personas, como sería el pueblo de Estados Unidos, te paga 400.000 dólares al año por ser su presidente, pero luego otro grupo de gente invierte en ti, tus amigos y sus empresas asociadas 1.400 millones a lo largo de una serie de años
1.400 millones, aparece en pantalla.

¿Quién te gusta más? ¿Quién es tu papá? Porque eso es lo que la familia real saudí y sus asociados han dado a la familia Bush, sus amigos y sus empresas asociadas en las últimas tres décadas.

Fragmento de noticias.

GEORGE H. W. BUSH

Saludando a saudíes.

Buenos días a todos. Hemos tenido una reunión muy agradable, entre amigos.

NARRACIÓN

¿Es una grosería sugerir que cuando los miembros de la familia Bush se despiertan por la mañana tal vez piensen en lo que es mejor para los saudíes en lugar de en lo que es mejor para vosotros o para mí? Porque 1.400 millones no compran sólo un montón de vuelos para salir del país. Compran un montón de amor.

MÚSICA
Bush y miembros del gabinete con la elite saudí, dándose la mano y sonriendo para sesiones de fotos.
Shiny happy people holding hands.
Shiny happy people holding hands.
Shiny happy people laughing.
Everyone around, love them, love them.
Put it in your hands.
Take it, take it.
There's no time to cry.
Happy, happy.
Put it in your heart.
Where tomorrow shines.
Gold and silver shine.

NARRACIÓN

Tarde o temprano, esa relación especial con un régimen que Amnistía Internacional condena por su falta de respeto generalizada a los derechos humanos, tenía que volverse en contra de los Bush.

Imágenes de una decapitación pública en Yidda, Arabia Saudí.

Después del 11-S, era algo embarazoso, y preferían que nadie hiciera ninguna pregunta.

Fragmento de noticias.
CAROL ASHLEY (MADRE DE UNA VÍCTIMA DEL 11-S)
La investigación tendría que haber empezado el 12 de septiembre, hum, no tenía por qué no empezar. Habían muerto tres mil personas. Era un asesinato. Y tendría que haber empezado de inmediato.

NARRACIÓN
Titular del Washington Post*: «Bush pretende restringir las indagaciones del Capitolio sobre el 11-S.»*
Primero, Bush trató de impedir que el Congreso organizara su propia investigación del 11-S.

Fragmento de noticias.
GEORGE W. BUSH
Es importante para nosotros, eh, no revelar cómo conseguimos información. Eso es lo que quiere el enemigo. Y luchamos contra un enemigo.

NARRACIÓN
Titular de periódico: «Bush se opone a la Comisión del 11-S.»
Cuando le resultó imposible frenar al Congreso, trató de impedir que se formara una comisión independiente del 11-S.

Fragmento de noticias.
NORAH O'DONNELL (CORRESPONSAL
DE NBC ANTE LA CÁMARA)
La posición del presidente ha roto con la historia. Se lanzaron comisiones independientes días después de Pearl Harbor y el asesinato del presidente Kennedy.

NARRACIÓN
Miembros del Congreso con el «Informe de la investigación del 11-S».
Pero cuando el Congreso hubo concluido su investigación, la Casa Blanca de Bush censuró veintiocho páginas del informe.

Fragmento de noticias.

VOZ EN OFF DE ANDREA MITCHELL
(PERIODISTA DE LA NBC)
El presidente recibe presiones de todos lados para que desclasifique el informe. Funcionarios del Gobierno cuentan a NBC News que la mayoría de fuentes secretas están relacionadas con Arabia Saudí.

GEORGE W. BUSH
Entrevistado en Meet the Press.
Hemos, eh, ofrecido, eh, una cooperación extraordinaria al, eh, presidente Kean y Hamilton.

GOBERNADOR THOMAS KEAN (PRESIDENTE DE LA
COMISIÓN DEL 11-S)
No hemos obtenido el material que necesitábamos, y desde luego no lo hemos obtenido a su debido tiempo. Las fechas tope que señalamos ya han pasado.

TIM RUSSERT (PRESENTADOR DE *MEET THE PRESS*, NBC)
¿Testificará ante la comisión?

GEORGE W. BUSH
¿Esta comisión? Sabe, yo no... yo... ¿Testificar? Vamos, me encantaría hacerles una visita.

ENTREVISTA:
ROSEMARY DILLARD (VIUDA DE UNA VÍCTIMA DEL 11-S)
Para lo que serviría es para el agujero que tengo en el corazón, y que lleva en mi corazón desde el 11 de Septiembre. Perdí a mi marido, con el que llevaba quince años. Ahora estoy sola. Necesito saber qué le pasó. Sé lo que me devolvieron, de la aut... le hicieron la autopsia. Ese hombre era mi vida, y no sé qué hacer. Estuve... Estaba en clase, y me preguntaron qué iba a hacer en los próximos cinco años. Y si no hago algo con esto, no sé qué razón tengo para vivir. Así que es muy importante. Muy importante. ¿Vale?

NARRACIÓN

Sobre imágenes de protestas de familiares del 11-S en Washington.
Desatendidos por la administración Bush, más de quinientos familiares de víctimas del 11-S demandaron a la familia real y otros saudíes. ¿Qué abogados contrató el ministro de Defensa saudí para luchar contra las familias del 11-S? El bufete del confidente de la familia Bush, James A. Baker.

Michael Moore y Craig Unger por las calles de Washington, D.C.

MICHAEL MOORE
Vale, nos encontramos en pleno centro de tres importantes enclaves americanos, eh, el hotel y edificio de oficinas Watergate, el Kennedy Center allí mismo. Y, eh, la embajada de Arabia Saudí.

CRAIG UNGER
Sí.

MICHAEL MOORE
¿Cuánto dinero han invertido los saudíes en América, más o menos?

CRAIG UNGER
Uh, he oído cifras de hasta ochocientos sesenta mil millones.

MICHAEL MOORE
Ochocientos sesenta mil millones.

CRAIG UNGER
Ochocientos sesenta mil millones.

MICHAEL MOORE
Es un montón de dinero.

CRAIG UNGER
Un montón.

MICHAEL MOORE

¿Y, eh, qué, qué porcentaje de nuestra economía supone eso? Vamos, parece un montón.

CRAIG UNGER

Mientras hablan, empiezan a parar coches del servicio secreto delante de la embajada, y se acercan a la entrevista.

Bueno, en términos de in... inversiones en Wall Street, en capital americano, supone aproximadamente un seis o un siete por ciento. Poseen una tajada bastante buena de América.

Y la mayor parte de ese dinero va a parar a las grandes compañías de mínimo riesgo. Tú, eh, Citigroup, Citibank, es, eh, el mayor accionista es saudí. AOL TimeWarner tiene grandes inversores saudíes.

Los agentes del servicio secreto hablan entre ellos y observan la entrevista desde lejos.

MICHAEL MOORE

Después, he leído no sé dónde que los saudíes tienen un billón de dólares en nuestros bancos, de su dinero. ¿Qué pasaría si, vaya, un buen día les diera por sacar su billón de dólares?

CRAIG UNGER

¿Un billón de dólares? Eso supondría un durísimo golpe para la economía.

MICHAEL MOORE

Ya veo, ya veo.

AGENTE DEL SERVICIO SECRETO

Se acerca e interrumpe la entrevista.

Señor Moore, ¿puedo hablar un momento con usted, por favor, señor?

MICHAEL MOORE

Sí. Claro.

AGENTE DEL SERVICIO SECRETO
¿Cómo está?

MICHAEL MOORE
Bien. ¿Cómo está usted?

AGENTE DEL SERVICIO SECRETO
Steve Kimball, servicio secreto. ¿Cómo está, señor?

MICHAEL MOORE
¿Cómo está, señor? Sí.

AGENTE DEL SERVICIO SECRETO
Esto, sólo estamos confirmando información. ¿Está haciendo un documental sobre la embajada de Arabia Saudí? ¿O legación?

MICHAEL MOORE
Esto, no. Estoy haciendo un documental y parte de él trata de Arabia Saudí.

NARRACIÓN
Michael Moore y el agente del servicio secreto siguen hablando.
Aunque no estábamos ni siquiera cerca de la Casa Blanca, por algún motivo el servicio secreto se había presentado para preguntarnos qué hacíamos plantados en la calle delante de la embajada saudí.

MICHAEL MOORE (AL AGENTE DEL SERVICIO SECRETO)
No hemos venido a crear problemas ni nada, ¿sabe? Es que...

AGENTE DEL SERVICIO SECRETO
Sí, no pasa nada. Sólo queríamos asegurarnos, obtener alguna información en el sentido de lo que pasaba en realidad.

MICHAEL MOORE
Lo que pasa, sí, sí, sí. No sabía que el servicio secreto protegiera embajadas extranjeras.

AGENTE DEL SERVICIO SECRETO
Uh, por lo general no. No, señor.

MICHAEL MOORE
No, no. ¿Les dan problemas? ¿Los saudíes?

AGENTE DEL SERVICIO SECRETO
No haré comentarios sobre eso, señor.

MICHAEL MOORE
Eh, vale. Muy bien, lo tomaré como un sí. De acuerdo, bien. Muchas gracias. Gracias por el trabajo que realizan.

NARRACIÓN
Agentes alejándose y en la escalera de la embajada.
Resulta que el príncipe saudí Bandar es probablemente el embajador mejor protegido de Estados Unidos. El Departamento de Estado le proporciona un destacamento de seguridad de seis hombres. Teniendo en cuenta que él, su familia y la elite saudí poseen un siete por ciento de América, probablemente no sea mala idea.
Fotos íntimas de George W. Bush y el príncipe Bandar.
El príncipe Bandar se llevaba tan bien con los Bush que lo consideraban un miembro de la familia. Incluso tenían un mote para él, «Bandar Bush». Dos noches después del 11 de Septiembre, George Bush invitó a Bandar Bush a una cena privada en la Casa Blanca. Aunque Bin Laden fuera saudí *(Ossama Bin Laden)*, al-Qaeda hubiera sido financiada con dinero saudí y quince de los diecinueve secuestradores fueran saudíes *(fotos de los secuestradores)*, allí estaba el embajador saudí, cenando tan ricamente con el presidente el 13 de septiembre. ¿De qué hablarían? *(Fotos de Bush y Bandar en pantalla dividida)* ¿Se daban el pésame? ¿O comparaban notas?
Imágenes de la policía saudí, y titular del periódico Houston Chronicle: «*Estados Unidos reacio a alterar los frágiles y peligrosos vínculos saudíes.*»
¿Por qué impediría el Gobierno de Bandar que los investigadores americanos hablaran con los familiares de los quince se-

cuestradores? ¿Por qué Arabia Saudí se mostraba reacia a congelar los activos de los secuestradores?

Salieron los dos al balcón Truman para que Bandar pudiera fumarse un puro y tomarse una copa. En la distancia, al otro lado del Potomac estaba el Pentágono, parcialmente en ruinas. *(El Pentágono en llamas.)* Me pregunto si Bush le dijo al príncipe Bandar que no se preocupara porque ya tenía en marcha un plan.

Fragmento de noticias.

CHARLES GIBSON (PRESENTADOR
DE *GOOD MORNING AMERICA*, ABC)
Entrevistando a Richard Clarke, director de antiterrorismo de Bush.

Usted llega el 12 de septiembre dispuesto a planear qué respuesta adoptamos para con al-Qaeda. Permítame hablarle a... sobre la reacción que obtuvo de los altos cargos de la administración. Ese día, ¿qué le dijo el presidente?

RICHARD CLARKE

El presidente, de un modo muy intimidatorio, nos dio a entender, a mí y a mi equipo, con mucha claridad, que quería que volviéramos a verle con la teoría de que había una mano iraquí detrás del 11-S. Porque llevaban planeando hacer algo con Irak desde antes de que llegara a la presidencia.

CHARLES GIBSON

¿Le preguntó por alguna otra nación aparte de Irak?

RICHARD CLARKE

No. No, no, no. No, para nada. Era Irak, Saddam. Enteraos, y volved a verme.

CHARLES GIBSON

¿Y le preguntó más por Irak que por al-Qaeda?

RICHARD CLARKE

Desde luego. Desde luego. No me preguntó por al-Qaeda.

CHARLES GIBSON

¿Y la reacción que se encontró ese día por parte del secretario de Defensa, Donald Rumsfeld, y su ayudante Paul Wolfowitz?

RICHARD CLARKE

Bien, Donald Rumsfeld dijo, cuando hablábamos de bombardear la infraestructura de al-Qaeda en Afganistán, dijo que no había buenos objetivos en Afganistán. Bombardeemos Irak. Y nosotros dijimos, pero si Irak no ha tenido nada que ver con esto. Y eso no pareció importar mucho.

Y el motivo de que tuvieran que encargarse primero de Afganistán fue que era obvio que al-Qaeda nos había atacado. Y era obvio que al-Qaeda estaba en Afganistán. El pueblo americano no se habría quedado tan tranquilo si no hubiéramos hecho nada sobre Afganistán.

Mapa en llamas de Afganistán... Títulos de crédito de Bonanza *con las caras de los líderes superpuestas. George W. Bush, Donald Rumsfeld, Dick Cheney y Tony Blair.*

NARRACIÓN
Sobre imágenes de noticias de la invasión de Afganistán.

Estados Unidos empezó a bombardear Afganistán sólo cuatro semanas después del 11-S. Bush dijo que lo hacía porque el gobierno talibán de Afganistán había dado cobijo a Bin Laden.

Varios fragmentos de noticias.

GEORGE W. BUSH

Los cazaré en sus madrigueras.

Vamos a cazarlos.

Cazarlo.

Cazarlo en su cueva.

Imágenes de un western rodado en los años treinta.

Vayamos a por él y cacémoslo.

NARRACIÓN

Por mucho que se las diera de duro, en realidad Bush no hizo gran cosa.

Fragmento de noticias.

RICHARD CLARKE

En Good Morning America.

Bueno, lo que hicieron fue lento y escaso. Sólo metieron once mil soldados en Afganistán. Hay más policía aquí en Manhattan —más policía aquí en Manhattan— que tropas americanas había en Afganistán.

Básicamente, la respuesta del presidente al 11-S fue chapucera. Tendría que haber ido directamente a por Bin Laden. Las fuerzas especiales tardaron dos meses en llegar a la zona donde estaba Bin Laden.

NARRACIÓN

Sesión de fotos con la prensa: imágenes de Bush cazando.

¿Dos meses? ¿Le dan a un asesino de masas que ha atacado a Estados Unidos dos meses de ventaja? ¿Quién que estuviera en sus cabales haría una cosa así?

GEORGE W. BUSH

¿Nadie dice «buen disparo»?

FUERA DE PLANO

Buen disparo, un disparo estupendo.

NARRACIÓN

¿O es que en realidad la guerra de Afganistán iba por otro camino? Tal vez la respuesta esté en Houston, Tejas.
Torres de perforación, mapa de oleoducto, imágenes de talibanes en Tejas.

En 1997, mientras George W. Bush era gobernador de Tejas, una delegación de dirigentes talibanes de Afganistán voló a Houston para reunirse con ejecutivos de Unocal y hablar de la construcción de un gasoducto a través de Afganistán para transportar gas natural desde el mar Caspio. ¿Y quién consiguió un contrato de perforación en el mar Caspio el mismo día en que Unocal firmó el acuerdo del gasoducto? Una empresa dirigida por un hombre llamado Dick Cheney. Halliburton.

ENTREVISTA:
MARTHA BRILL OLCOTT
(CONSULTORA DE PROYECTOS DE UNOCAL)

Desde el punto de vista del Gobierno estadounidense, se trataba de una especie de gasoducto mágico, eh, porque serviría para muchos fines.

NARRACIÓN
Imágenes de Kenneth Lay, y de Enron.

¿Y quién más iba a beneficiarse del gasoducto? El contribuyente número uno a la campaña de Bush, Kenneth Lay, y la buena gente de Enron. Sólo la prensa británica cubrió el viaje. Después, en 2001, sólo cinco meses y medio antes del 11-S, la administración Bush daba la bienvenida a un enviado especial de los talibanes de gira por Estados Unidos para mejorar la imagen de su Gobierno.

Imágenes de la visita del talibán a Estados Unidos; a Sayed Rahmatulá Hashimi, el ministro talibán, le interpela en una rueda de prensa una manifestante vestida con una burka.

MANIFESTANTE
Se quita la burka de la cabeza y le grita al ministro.

Habéis aprisionado a las mujeres. Es un horror, que lo sepáis.

SAYED RAHMATULÁ HASHIMI (líder talibán)

Y yo lo siento mucho por su marido. Debe de darle usted muy mala vida.

NARRACIÓN
Fragmento de noticias del 19 de marzo de 2001. Hashimi saliendo del Departamento de Estado.

Aquí tenemos al funcionario talibán visitando nuestro Departamento de Estado para reunirse con representantes de Estados Unidos. ¿Por qué demonios permitió la administración Bush que un líder talibán visitara Estados Unidos sabiendo que los talibanes cobijaban al hombre que atentó contra el *USS Cole* y nuestras embajadas africanas? Bueno, me imagino que todo eso se acabaría con el 11-S. *(Fotos de Ossama Bin Laden, los restos del* USS Cole *y una embajada africana.)*

Cuando la invasión de Afganistán estuvo completa, instalamos a su nuevo presidente, Hamid Karzai. ¿Quién era Hamid Karzai? *(Sesión de fotos de Bush y Hamid Karzai).* Karzai era un antiguo asesor de Unocal. Bush también nombró enviado a Afganistán a Zalmay Jalilzad, quien también era ex asesor de Unocal. *(Foto de Jalilzad y Bush en el Despacho Oval.)* Supongo que ya empezáis a ver por dónde va el tema.

Imágenes de Karzai firmando un acuerdo.

En menos que se tarda en decir «oro negro, té de Tejas», Afganistán firmó un acuerdo con sus países vecinos para construir un gasoducto que transportara a través del país gas natural del mar Caspio. Eh, sí, ¿y los talibanes? En su mayoría escaparon, igual que Ossama Bin Laden y la mayor parte de al-Qaeda.

GEORGE W. BUSH

Hablando con la prensa en la Casa Blanca, en referencia a Ossama Bin Laden.

El terror va más allá de una sola persona. Y, eh, él es sólo... es... es, eh, es una persona que ahora ha quedado marginada, así que no sé dónde está, ni... Verán, no es que le dedique mucho tiempo, qué caramba, para serles sincero.

NARRACIÓN

¿No le dedicaba mucho tiempo? ¿Qué clase de presidente era?

Fragmento de televisión: Entrevista para Meet the Press.

GEORGE W. BUSH

Soy un «presidente de guerra». Tomo decisiones aquí en el Despacho Oval, eh, sobre temas de política internacional, con la guerra en la cabeza.

NARRACIÓN

Bush paseando con el general Tommy Franks.

Acabada la guerra de Afganistán y olvidado Bin Laden, el «presidente de guerra» tenía un nuevo objetivo: el pueblo americano.

Grandes gráficos melodramáticos de la Fox: «Guerra contra el terror.»

Varios fragmentos de noticias.

DAVID ASMAN (PRESENTADOR DE FOX NEWS)

Tenemos que comunicarles una inusual advertencia de los federales sobre el terror. Fox News ha obtenido un boletín del FBI que avisa de que los terroristas podrían usar como armas bolígrafos-pistola, igual que en James Bond, cargados de veneno.

JOHN SIEGENTHALER (PRESENTADOR DE NBC)

Buenas noches a todos, esta noche América está en estado de alerta máxima, apenas cuatro días antes de Navidad.

WOLF BLITZER (PRESENTADOR DE CNN)

... una posible amenaza terrorista.

JOHN ROBERTS (PRESENTADOR DE CBS)

Iguales o peor que el 11-S.

VOZ EN OFF DE JOIE CHEN (PERIODISTA DE CBS)

¿Pero dónde? ¿Cómo? No hay nada concreto de que informar.

VOZ EN OFF DE PIERRE THOMAS (PERIODISTA DE ABC)

Hay que estar atentos a aviones de aeromodelismo cargados de explosivos.

MIKE EMMANUEL (PERIODISTA DE FOX NEWS)

El FBI advierte de que los transbordadores podrían ser un objetivo de secuestro especialmente vulnerable.

VOZ EN OFF DE UN REPORTERO DE NOTICIAS LOCALES
(ARCHIVOS DE CONUS)
¿Podría este ganado ser un blanco para los terroristas?

Entrevista: congresista Jim McDermott.
Psiquiatra y miembro del Congreso (demócrata, Washington).

MICHAEL MOORE
El miedo funciona.

CONGRESISTA JIM MCDERMOTT
El miedo funciona, en efecto. Si la gente tiene miedo, puedes conseguir que haga cualquier cosa.

MICHAEL MOORE
¿Y cómo les metes el miedo?

CONGRESISTA JIM MCDERMOTT
Bueno, les metes miedo creando una atmósfera de amenaza continua. Nos llevaron por donde quisieron. *(Imágenes del diagrama de alerta de terror por colores.)* Subieron a... a naranja, y después al rojo, y luego volvieron a bajarla a naranja. Quiero decir que nos transmitían esos mensajes contradictorios, que nos volvían locos.

Fragmentos de noticias de discursos.
GEORGE W. BUSH
El mundo ha cambiado después del 11-S. Ha cambiado porque ya no estamos seguros.

GEORGE W. BUSH
Vuelen y disfruten de los maravillosos destinos de América.

DONALD RUMSFELD
Hemos entrado en lo que muy bien puede resultar el entorno de seguridad más peligroso que el mundo haya conocido.

GEORGE W. BUSH
Lleven a sus familias y disfruten de la vida.

DICK CHENEY
Los terroristas están haciendo todo lo posible por procurarse medios de golpearnos más mortíferos incluso.

GEORGE W. BUSH
Vayan al Disney World de Florida.

CONGRESISTA JIM MCDERMOTT
Es como adiestrar un perro. Le dices «Siéntate», y a la vez le ordenas que dé vueltas, y el perro no sabe qué hacer. Pues bien, así estaban tratando al pueblo americano. Fue realmente muy, muy habilidoso... y reprobable... lo que hicieron.

Fragmento de noticias.
GEORGE W. BUSH
Sesión de fotos: la prensa en un campo de golf.
Debemos frenar el terror. Hago un llamamiento a todas las naciones para que hagan todo lo posible por frenar a esos asesinos terroristas. Gracias. Ahora observen qué *drive. (Golpea la pelota de golf.)*

CONGRESISTA JIM MCDERMOTT
Seguirán, en mi opinión mientras ocupe el poder esta administración, estimulando de vez en cuando a todo el mundo para que tenga miedo. Sólo por si se olvidan. *(Más imágenes del diagrama de alerta ante el terrorismo por colores.)* No va a bajar a verde o azul. En ningún momento llegará allí abajo. Está claro que no hay manera de que nadie viva constantemente con los nervios de punta de este modo.

VÍDEO PROMOCIONAL DE ZYTECH ENGINEERING
El portavoz habla directo a cámara con tono preocupado.
La dura realidad que afrontan las familias americanas de hoy en día es que no están tan seguras como en otros tiempos.

Traficantes y consumidores de droga que buscan su próximo chute, las pandillas que rondan por las calles buscando su próxima víctima y la creciente amenaza de los terroristas hacen que la necesidad de protección sea cada vez mayor. Y ahora, esa protección ha llegado. *(Plano de la «habitación segura»; parece un retrete portátil.)*

Zytech Engineering LLC ha desarrollado y probado una habitación segura, por fin al alcance del ciudadano medio americano. La clase de protección que antes sólo estaba a disposición de los ricos y poderosos.

DIRECTOR GENERAL DE ZYTECH CORP
Sentado en la «habitación segura» para mostrarle a la audiencia lo cómoda que es esa caja metálica.

Caray, podrían estar aquí sentados con una copa de su mejor burdeos y disfrutando de la vida mientras fuera se desata el caos.

ANUNCIO DE INTERÉS PÚBLICO: TOM RIDGE
Jefe de Seguridad en el Territorio Nacional.

Toda familia de América debería prepararse para un atentado terrorista.

Fragmento de noticias: The Today Show
MATT LAUER (PRESENTADOR DE *TODAY* DE LA NBC)

Pasamos a cómo escapar de un rascacielos. John Rivers es el director general de la Executive Chute Corporation. Buenos días, John.

JOHN RIVERS
Hablando con Matt Lauer desde su salón de exposición en Three Rivers, Michigan.

Buenos días, Matt.

MATT LAUER
Hábleme del producto que va a lanzar al mercado.

JOHN RIVERS

Es un, eh, paracaídas de emergencia. Se trata de un último recurso.

MATT LAUER

¿A qué altura de un edificio hay que estar para que ese paracaídas funcione?

JOHN RIVERS

Basta con estar en el décimo piso.

MATT LAUER

¿Se lo puede poner uno mismo?

JOHN RIVERS

Exacto, se lo puede poner uno mismo en no más de treinta segundos. Es muy fácil de poner... Así.
La mujer que hace la demostración del paracaídas tiene problemas para meter la pierna por el arnés.

JOHN RIVERS

Está bien... Muy fácil de poner, pero, eh... cuando se adquiera el paracaídas, es aconsejable ponérselo para probarlo uno mismo unas cuantas veces...
Está agachado para ayudarla a meter el pie por el hueco, sin suerte.

MATT LAUER

Querría señalar que a Jamie le está costando un poco meterse el invento. Quiero decir, ¿es algo que... que piensa honestamente que alguien puede accionar correctamente en un momento de pánico?

JOHN RIVERS

Jamie sigue peleándose con el paracaídas, ahora con la hebilla de la cintura.

Vaya, sí, sí que lo es. Es... es, esto es en realidad, eh, es probable que Jamie no se lo haya puesto en su vida, así que...

JOHN RIVERS

No pasa nada. Déjalo. Es algo que al adquirirlo conviene probar varias veces.

Jamie mira abatida a cámara.

Fragmento de noticias.

DAVE BONDY

REPORTERO, WNEM, MICHIGAN, INFORMANDO

Bueno, a pesar de la subida del nivel de alerta terrorista, estos residentes de Saginaw siguen adelante con sus recados navideños. Frances Stroik y su familia realizan algunas compras de última hora sabiendo que al-Qaeda planea atacar América. Dice que estar en Saginaw no la hace sentir más segura que si viviera en Nueva York.

FRANCES STROIK

Del informativo de WNEM.

Midland está cerca de aquí. Y yo dije «Detroit no está lejos, así tan lejos», dije «podrían ser algo, y Flint podría ser un... podría traer problemas a la gente de por aquí».

MEL STROIK

Del informativo de WNEM.

Nunca se sabe dónde van a golpear. Nunca se sabe dónde van a golpear.

Fragmento de noticias.

VOZ DE JIM MIKLASZEWSKI (PERIODISTA DE LA NBC)

Pero un blanco potencial mencionado de manera específica por los terroristas tiene desconcertados a los cuerpos de seguridad. Se trata de la minúscula Tappahannock, en Virginia, con una población de 2.016 habitantes. Un atentado así generaría una ola de miedo generalizado porque ni siquiera aquí, en las pequeñas comunidades de la América rural, nadie estaría a salvo por completo.

ENTREVISTA: ALCALDE ROY GLADDING
Eh, en las noticias de las seis han dicho algo sobre una alerta terrorista en Tappahannock.

MICHAEL MOORE
Al sheriff Clarke.
¿Qué les ha dicho el FBI?

SHERIFF STANLEY CLARKE
Bueno, se han puesto en contacto conmigo por teléfono y básicamente me han informado de esa palabra, «Tappahannock», y así es cómo ha empezado todo.

ALCALDE ROY GLADDING
En ese parloteo que ellos recogen, no estaban seguros. Tappahannock, hay un condado de Rappahannock. Éste es el río Rappahannock. *(Mapa de la zona.)*

Entrevistas rápidas con ciudadanos de Tappahannock.
FRANCES WILMORE
Hay un Rappahannock... un lugar llamado Rappahannock, y se han hecho un lío.

CIUDADANO
Esto es Tappahannock, no Rappahannock.

MICHAEL MOORE
¿Hay algún objetivo terrorista por aquí?

ALCALDE ROY GLADDING
Ninguno que se nos pueda ocurrir ahora mismo.

SHERIFF STANLEY CLARKE
Puede ocurrir en cualquier parte.

ALCALDE ROY GLADDING
Tenemos un Wal-Mart.

FRANCES WILMORE
Vamos a ponernos como el quico de espaguetis.

CIUDADANO
El Wal-Mart, probablemente.

MICHAEL MOORE
¿Sienten una especial desconfianza hacia los forasteros?

ROBERT ROYAL
Eh, eso le pasa a todo el mundo. Es algo inevitable.

CIUDADANA
Cuando miro a ciertas personas, me pregunto: «¡Oh, Dios mío! ¿Crees que podrían ser terroristas?»

WILLIAM J. JACKSON
Nunca se sabe lo que va a pasar.

CIUDADANO
Es verdad, nunca se sabe lo que va a pasar.

WILLIAM J. JACKSON
Nunca se sabe lo que va a pasar. Podría pasar ahora mismo, me entiende.

ROBERT ROYAL
Nunca te fíes de los desconocidos. Y aunque los conozcas, en realidad tampoco puedes fiarte de ellos.

NARRACIÓN
Imágenes de americanos asustados.
De Tappahannock a Rappahannock y todo pueblo o ciudad de América, la gente tenía miedo. Y volvieron la vista hacia sus dirigentes para que los protegieran. Pero, ¿protegerlos de qué?

John Ashcroft cantando ante el podio: «Let the Eagle Soar», letra y música de John Ashcroft.

JOHN ASHCROFT *(Cantando.)*
Let the eagle soar,
Like she's never soared before.
From rocky coast, to golden shore,
Let the mighty eagle soar.

Texto en pantalla.

Imágenes de las elecciones al Senado de 2000.

NARRACIÓN
Imágenes de las elecciones al Senado de 2000 en Misuri.
Les presento a John Ashcroft. En 2000, se presentaba a la reelección como senador por Misuri contra un hombre que murió el mes antes de los comicios. *(Retrato del senador Carnaham con crespones negros.)* Los votantes prefirieron al muerto. En consecuencia, George W. Bush le nombró fiscal general. *(Ashcroft jura el cargo sobre tres biblias.)* Juró el cargo sobre una pila de biblias, porque cuando no puedes ganar a un muerto, necesitas toda la ayuda que puedas conseguir.
Imágenes de sesiones de la Comisión del 11-S.

NARRACIÓN
Durante el verano anterior al 11-S, Ashcroft le dijo al director en funciones del FBI Thomas Pickard que no quería oír hablar más de amenazas terroristas.

BEN-VENISTE, MIEMBRO DE LA COMISIÓN DEL 11-S,
INTERROGANDO A THOMAS PICKARD
El señor Watson había acudido a usted y le había dicho que a la CIA le preocupaba mucho la posibilidad de un atentado. Ha dicho que le comunicó este hecho repetidamente al fiscal general en esas reuniones. ¿Es eso cierto?

THOMAS PICKARD, DIRECTOR EN FUNCIONES
DEL FBI, VERANO DE 2001
Responde a Ben-Veniste.
Se lo dije en, uh, al menos dos ocasiones.

BEN-VENISTE

Y le dijo a su personal, de acuerdo con esta declaración, que el señor Ashcroft le dijo que no quería oír hablar más del tema. ¿Es eso cierto?

THOMAS PICKARD

Es cierto.

NARRACIÓN

Primeros planos de documentos del FBI, 10 de julio de 2001, que señalan que estudiantes de Ossama Bin Laden asistían a universidades de aviación civil.

Su propio FBI sabía ese verano que había miembros de al-Qaeda en Estados Unidos y que Bin Laden enviaba a sus agentes a escuelas de vuelo de todo el país. Pero el Departamento de Justicia de Ashcroft no se dio por enterado. Sin embargo, después del 11-S, John Ashcroft tenía varias ideas brillantes sobre cómo proteger América.

Fragmento de noticias.

ELIZABETH HASHAGEN (NEWS 12, LONG ISLAND)

La U.S.A. Patriot Act aprobada por el Congreso y firmada por Bush seis semanas después de los atentados ha cambiado la manera de funcionar del Gobierno. La nueva ley permite la investigación de historiales médicos y financieros, conversaciones informáticas y telefónicas e incluso de los libros que se sacan de la biblioteca. Pero la mayoría de la gente con la que hemos hablado dice estar dispuesta a renunciar a algunas libertades para combatir el terrorismo.

HOMBRE (DEL INFORMATIVO)

A lo mejor es algo bueno.

MUJER (DEL INFORMATIVO)

Es triste, seguro, pero hay que hacerlo.

Imágenes de miembros de Peace Fresno reunidos en un salón con aspecto de inofensivos.

Sí. Había que hacer algo. Aquí tenemos a la buena gente que forma Peace Fresno, un colectivo de Fresno, California. A diferencia del resto de nosotros, ellos recibieron una temprana lección sobre lo que era la Patriot Act.

Se reúnen todas las semanas para comentar cuestiones de... paz. Se sientan, comparten anécdotas y comen galletas. *(Los miembros se pasan galletas; una mujer coge dos.)* Hay quien come más de una. Éste es Aaron Stokes, un miembro de Peace Fresno. *(Foto de Aaron Stokes en una protesta de Peace Fresno.)* Al resto les caía bien.

ENTREVISTA:
EUGENIE BARANOFF (MIEMBRO DE PEACE FRESNO)
Había asistido a las reuniones. Iba con nosotros. Salíamos los viernes por la noche y nos situábamos en una esquina muy ajetreada de Fresno, y él había ido con nosotros, había repartido folletos, fue con nosotros en junio a una protesta contra la OMC.

NARRACIÓN
Entonces un día Aaron no se presentó a la reunión.

ENTREVISTA:
CAMILLE RUSSELL (MIEMBRO DE PEACE FRESNO)
Mi amigo Dan y yo estábamos leyendo el periódico del domingo y, cuando cogí el diario, en la sección local me llamó la atención una foto de Aaron. El artículo decía que había muerto un ayudante del sheriff y vi que tenía un apellido que no era el de verdad. Decía que era miembro de la Unidad Antiterrorista del Sheriff.

NARRACIÓN
Primer plano del periódico.

Es cierto, la foto del hombre del periódico no era el Aaron Stokes que habían conocido. Se trataba en realidad del ayudante del sheriff Aaron Kilner. Y se había infiltrado en su grupo.

CATHERINE CAMPBELL

Imponente plano del sheriff Pierce.

El sheriff Pierce nos dejó muy claro que sí, que en efecto Aaron Kilner fue encargado de infiltrarse en Peace Fresno, que era capaz de infiltrarse en organizaciones abiertas al público.

NARRACIÓN

Imágenes de activistas pacifistas sonrientes en la reunión.

Se entiende que la policía tuviera que espiar a un grupo como Peace Fresno. Basta mirarlos. Un conciliábulo de terroristas como he visto pocos.

NARRACIÓN

Anciano paseando por un parque y en el gimnasio.

Éste es Barry Reingold, un operario de teléfonos jubilado de Oakland, California. A Barry le gusta ponerse en forma en el gimnasio. Entre ejercicio para el corazón y tabla de musculación, a Barry le dio por la política.

ENTREVISTA: BARRY REINGOLD

Estábamos en el gimnasio, después de unos ejercicios, y unos cuantos hablábamos del 11-S y Afganistán y Bin Laden, y alguien dijo «Bin Laden es un pedazo de cabrón por haber asesinado a esa gente» y yo dije: «Sí, es verdad, pero nunca llegará a ser un cabrón tan grande como Bush, que tira bombas por todo el mundo por intereses del petróleo.»

NARRACIÓN

Barry no tuvo que preocuparse de que la policía lo espiara. Sus compañeros de las pesas estaban más que dispuestos a delatarlo.

BARRY REINGOLD

Estaba echando una siesta y supongo que era la una y media o las dos de la tarde, y llegaron a mi casa y yo dije: «¿Quién es?» Y ellos contestaron: «El FBI» Yo dije: «¿El FBI? Pero bueno, ¿qué hacen aquí?»

NARRACIÓN

Sí, el FBI había ido a ver a Barry, y no estaban allí para hacer gym-jazz.

BARRY REINGOLD

El FBI dijo: «¿Ha estado hablando con gente del 11-S, de Bin Laden y de intereses del petróleo y Afganistán?» Yo dije: «Mucha gente habla de eso.»

Siento que han, no sé, pisoteado mis derechos. Quiero decir, si tienes algo que decirme en el gimnasio, pues perfecto, no se lo cuentes al FBI para que luego venga a mi piso mientras echo una siesta.

ENTREVISTA:
CONGRESISTA PORTER GROSS (REPUBLICANO POR FLORIDA), PRESIDENTE, COMITÉ DE INTELIGENCIA DEL CONGRESO

Aquí no hay nada de lo que avergonzarse. Existe plena transparencia. No hay nada en la... la, uh, Patriot Act de lo que me avergüence de ningún modo, manera o forma. Tengo un número 1-800, llámenme. *(Aparece texto en pantalla: NO ES VERDAD.)* Soy el tipo al que hay que llamar si se produce una violación o abuso. *(Aparece texto en pantalla: PERO ÉSTE ES EL NÚMERO DE SU OFICINA PARTICULAR...)* Si tenéis a algún pobre damnificado, quiero echarle un vistazo, es lo que hago. *(Aparece texto en pantalla: 202-225-2536.)* Estoy contratado por el pueblo americano para ofrecer supervisión. Ofrezco supervisión.

ENTREVISTA:
CONGRESISTA JIM MCDERMOTT (DEM., WASHINGTON)

Trent Lott dijo, el día en que se aprobó la ley: «A lo mejor ahora podemos hacer cosas que llevamos diez años queriendo hacer.»

Fragmento de noticias.

GEORGE BUSH

Bueno, yo siempre... La verdad es que una dictadura sería pero que mucho más fácil, de eso no cabe duda.

ENTREVISTA: CONGRESISTA JIM MCDERMOTT

Quiero decir que ellos... ellos lo tenían todo aparcado en algún sitio, ideas de cosas que les gustaría hacer. Y les cayó el 11-S y dijeron: «¡Es la nuestra! ¡A por ello!»

ENTREVISTA:
CONGRESISTA JOHN CONYERS (DEM., MICHIGAN),
COMITÉ JUDICIAL DEL CONGRESO

La administración dio por sentado de inmediato que tenía que producirse una renuncia a ciertos de nuestros derechos.

ENTREVISTA:
CONGRESISTA TAMMY BALDWIN (DEM., WISCONSIN),
COMITÉ JUDICIAL DEL CONGRESO

En la ley existen varias definiciones que son bastante peliagudas. En primer lugar, la definición de «terrorista»... y... y es tan amplia que podría incluir gente que...

MICHAEL MOORE

¿Como yo?
La congresista se ríe.

CONGRESISTA JIM MCDERMOTT

Nadie se la leyó. Ésa es la clave. Esperan hasta medianoche, la dejan caer en mitad de la noche, la imprimen en mitad de la noche y cuando entramos a la mañana siguiente, se aprueba.

MICHAEL MOORE

Esto, ¿cómo pudo aprobar el Congreso esa Patriot Act sin siquiera leérsela?

CONGRESISTA JOHN CONYERS

Agárrate, hijo. No nos leemos la mayoría de proyectos de ley. ¿Sabes lo que pasaría de verdad si tuviéramos que leernos todas las leyes que se aprueban? En fin, lo bueno es que haría más lento el proceso legislativo.

NARRACIÓN

MM se acerca a un gran camión de helados en Washington.

No me podía creer que prácticamente ningún miembro del Congreso se hubiese leído la Patriot Act antes de votarla. Así que decidí que lo más patriótico que podía hacer era leérsela.

El camión circula en torno al Capitolio; Michael Moore lee la Patriot Act por unos altavoces.

MICHAEL MOORE

Miembros del Congreso, les habla Michael Moore. Me gustaría leerles la U.S.A. Patriot Act. La Sección 1, Sección 210 de este código afirma lo siguiente... Sección 2703 C.

Fragmento de noticias: sesión de fotos en una cena.

GEORGE W. BUSH

Mi trabajo es garantizar la seguridad del territorio nacional, y eso es exactamente lo que vamos a hacer. Pero estoy aquí para tomar el pedido de alguien. Te toca a ti, Stretch, ¿qué te apetece?

STRETCH (PERIODISTA)

Después de usted.

GEORGE W. BUSH

Yo me pediré unas costillas.

NARRACIÓN

Todos sabemos que no se puede garantizar la seguridad nacional con el estómago vacío. Y para mantener la seguridad, todos tienen que hacer sacrificios. *(Imágenes de un bebé y su madre.)* Sobre todo el pequeño Patrick Hambleton. Estoy seguro de que cada cual tiene su espeluznante anécdota particular sobre la seguridad en los aeropuertos, pero ahí va mi favorita: la amenaza terrorista de la leche de pecho de su mamá.

ENTREVISTA: SUSAN HAMBLETON

En su casa.

Pensé, bueno, si me llevo un poco a los labios eso bastará,

porque será evidente que la estoy probando. Y ella me miró y me pareció que quería decirme «Te lo tendrás que beber de un trago». Y me dice: «No, tiene que beber más.» Y de un biberón de ciento veinte mililitros acabé bebiéndome sesenta más de leche de pecho que luego, como me había tocado los labios, hubo que tirar.

NARRACIÓN
Imágenes de seguridad aeroportuaria.

Además de asegurarse de que no entrara leche de pecho en nuestros aviones, los de Seguridad en el Territorio Nacional también hacían todo lo posible por garantizar que nadie pudiera encender un cóctel Molotov a bordo.

MUJER
Soltando cinco librillos de cerillas y dos mecheros en un recipiente de seguridad del aeropuerto.

¿Puedo subir esto al avión?

SEGURIDAD DEL AEROPUERTO
A ver, sí que puede. Sí, no hay problema. Uy... sobra un paquete de cerillas. Puede llevar cuatro librillos de cerillas y dos mecheros.

ENTREVISTA:
SENADOR BYRON DORGAN (DEM., DAKOTA DEL NORTE),
SUBCOMITÉ DE AVIACIÓN DEL SENADO
Cuando ya habíamos tenido la experiencia de Richard Reid, el terrorista del zapato, que habría hecho explotar un avión con su zapato bomba de haber tenido un mechero de butano, según el FBI, ¿por qué la Agencia de Seguridad en el Transporte da el visto bueno a llevar cuatro librillos de cerillas y dos mecheros de butano en los bolsillos cuando se sube a un avión?
Imágenes de fabricación de cigarrillos; sobre ellas destella la palabra «ALGUIEN».

Me imagino que alguien los presionó para que dijeran, ya sabe, «Cuando aterriza un avión la gente quiere encenderse un pitillo rápido, o sea que no les quitéis los mecheros».

Imágenes de las diversas noticias.

Muy bien, vamos a ver si me aclaro... Ancianos en el gimnasio, malo. Grupos pacifistas de Fresno, malo. Leche materna, muy malo. Pero ¿cerillas y mecheros en el avión? ¡Eh, vale, no hay problema! ¿Se trataba en verdad de nuestra seguridad, o aquí se cocía otra cosa?

NARRACIÓN
Vista de la vasta línea costera de Oregón.

Aquí es donde el océano Pacífico se encuentra con las playas de Oregón. Más de ciento cincuenta kilómetros de hermosa costa abierta en nuestra frontera. Y, gracias a los recortes de presupuesto, ¿el total de policías estatales que la protegen? Uno. *(Plano de un agente solitario.)* A tiempo parcial. Les presento al agente Brooks.

ENTREVISTA:
AGENTE DE LA POLICÍA ESTATAL JOSHUA BROOKS

Con suerte tengo ocasión de asomarme a este trecho de carretera una vez, a lo mejor dos veces por semana durante mis turnos. Ya sabe, sólo para acercarme con el coche y echar un vistazo. Ya sabe, quiero decir, por lo que sé, alguien podría... hay un montón de cosas que podrían hacer. No quiero ni siquiera imaginármelas, porque me pongo enfermo.

NARRACIÓN

En la oficina de la patrulla de la Policía Estatal, gracias a los recortes presupuestarios, el agente Kenyon tuvo que acudir en su día libre para ponerse al día con el papeleo.

ENTREVISTA:
AGENTE DE LA POLICÍA ESTATAL ANDY KENYON
En oficina con las persianas bajadas.

En general, sobre todo durante el verano, cuando la gente viene por aquí, esto es exactamente lo que se encuentran. Cerraron la puerta, pueden leer el cartel sobre el cierre de la oficina, y, básicamente explica que, uh, a causa de nuestros recortes, que nuestra oficina no está abierta para cuestiones administrativas. Y hay un rótulo pequeño abajo que explica que cuando la oficina está cerrada pueden usar la cabina de teléfono para ponerse en contacto con nuestro despacho. Lo irónico es que ese teléfono es un cacharro, no funciona muy bien que digamos. O sea que, la mitad de las veces que cogen el teléfono, al despacho les llega un montón de interferencias y no se enteran de nada.

El martes no habrá nadie de patrulla. El miércoles no habrá nadie de patrulla. El jueves no habrá nadie de patrulla.

Llegan llamadas a todas horas, de gente que ha visto un vehículo sospechoso, o a alguien de aspecto sospechoso, ya me entiende... y ya casi nunca respondo a esas llamadas. No tengo tiempo material de hacerlo.

Una noche pregunté: «¿Cuánta gente tenemos de servicio esta noche en el estado de Oregón?» Y teníamos ocho agentes, para todo el estado de Oregón... trabajando.

Creo que, en fin, que Oregón es un ejemplo perfecto de que la seguridad nacional no es tan segura como me parece que a la gente le gusta creer.

ENTREVISTA:
AGENTE DE LA POLICÍA ESTATAL JOSHUA BROOKS
Nadie me ha enviado un manual que diga «así puedes atrapar a un terrorista», ya me entiende. Si tuviera ese manual, lo leería. Pero no lo tengo. O sea que... sí.

NARRACIÓN
Imágenes de agentes de patrulla.
Por supuesto, la administración Bush no repartió un manual sobre cómo afrontar la amenaza terrorista porque la amenaza terrorista no tenía nada que ver con el asunto. Sólo querían que tuviéramos el miedo suficiente para que apoyáramos el que era su auténtico plan.

Fragmentos de noticias: carga de misiles en un barco intercalada con Bush —en maquillaje— sentado ante su escritorio antes de dirigirse a la nación por televisión.

VOZ DE MUJER
Fuera de plano, le da a Bush el aviso de que faltan cuatro minutos para el discurso televisado del 19 de marzo de 2003.
Cuatro minutos.

MUJER
Fuera de plano, mientras vemos la carga de más misiles.
Tres minutos.

MUJER
Fuera de plano; portaviones preparándose para la batalla, Bush practica caras antes de salir «en directo».
Treinta segundos.

MUJER
Fuera de plano; a Bush se le ve incómodo a medida que pasan los segundos.
Quince segundos. Diez, nueve, ocho, siete.

MUJER
Fuera de plano.
Seis... cinco... cuatro... tres... dos... uno...

DISCURSO TELEVISADO: GEORGE W. BUSH
Compatriotas...

Corte a imágenes de Bagdad, marzo de 2003: niños jugando, bodas, gente que ríe, etcétera.

DISCURSO TELEVISADO: GEORGE W. BUSH
Sobre imágenes de un Irak pacífico.
En este momento, las fuerzas americanas y de la coalición se encuentran en las primeras fases de las operaciones militares para desarmar Irak, liberar a su pueblo y defender al mundo de un grave peligro. Siguiendo mis órdenes, las fuerzas de la coalición han empezado a atacar objetivos seleccionados de importancia militar para socavar la capacidad bélica de Saddam Hussein. *(En el mismo momento en que una niña baja por un tobogán, enormes explosiones caen por todo Bagdad.)*

NARRACIÓN

Sobre imágenes de bombardeos en alfombra para sembrar el terror en Bagdad.

El 19 de marzo de 2003, George W. Bush y el ejército de Estados Unidos invadieron la nación soberana de Irak, una nación que nunca había atacado a Estados Unidos. Una nación que nunca había amenazado con atacar a Estados Unidos. Una nación que nunca había asesinado a un solo ciudadano estadounidense.

Fragmento de noticias: hombre iraquí con un bebé muerto en brazos, junto a una camioneta llena de cadáveres iraquíes.

TRADUCCIÓN DE LA ENTREVISTA
¿Qué crimen ha cometido este bebé?
¿Iba a luchar contra los soldados?
¡Cobardes! He salido con un bate
y le he pedido al soldado que me disparara.
Lo juro por el Corán.
Los que no temen la muerte
no mueren.

ENTREVISTA:
JOVEN IRAQUÍ CAVANDO EN UNOS ESCOMBROS
Vamos a encontrar este trozo de mi vecina, una joven, veinte años, Shams, creo que es otra parte de su cuerpo. Eso es todo.

ENTREVISTA:
SOLDADO AMERICANO EN UNA CALLE DE IRAK
Resultaron muertos un montón de civiles inocentes. Y creo que es porque, uh, el ejército de Estados Unidos, ya sabe, entramos, y sabíamos que no iba a ser fácil, y al principio puede decirse que disparaban a cualquier cosa que se moviera.

ENTREVISTA:
SOLDADO AMERICANO EN UNA CALLE DE IRAK
Cuando hay guerra y empieza la lucha, ya sabe, es como que estamos mentalizados y motivados y listos para la acción.

ENTREVISTA:

SOLDADO AMERICANO EN UNA CALLE DE IRAK

Es el subidón definitivo. Porque para empezar sabes que vas a meterte en el combate y luego te pones de fondo una buena canción... y, uh, eso te pone como una moto. Listo para el trabajo.

Dos soldados americanos en un tanque.

Puedes enchufar el reproductor de cedés al sistema de comunicación interna del tanque...

SOLDADO

Al intercomunicador.

SOLDADO

... y así cuando te pones el casco lo oyes por el casco.

SOLDADO EN UN TANQUE

Ésta es la que más escuchamos, la de cuando viajamos, cuando matamos al enemigo, Drowning Pool, «Let the Bodies Hit the Floor» [Que los cadáveres caigan al suelo], es de lo más apropiada para el trabajo que hacemos.
Civiles iraquíes muertos y mutilados.

SOLDADO

Nosotros escogimos, uh... «The Roof Is on Fire» [El tejado se quema], porque, uh, básicamente simbolizaba Bagdad en llamas y, uh, y en aquel momento queríamos que ardiera para echar a Saddam y su régimen.
El mismo soldado cantando a cámara.

«The roof, the roof, the roof is on fire, we don't need no water, let the motherfucker burn, burn motherfucker, burn...»
Imágenes de Bagdad en llamas.

«We don't need no water, let the motherfucker burn, burn motherfucker, burn...»

SOLDADO

Mirando asustado a la calle.

Aquí las cosas son totalmente distintas, meterse en la ciudad, guerra urbana, en un tanque, bueno, los civiles...
Tanques americanos recorren las calles de Bagdad.

SOLDADO

Se llevan a un iraquí.

Sí, los civiles, te pone...

SOLDADO

Niño iraquí llorando.

No sabes quién es amigo, quién enemigo...

SOLDADO

Imágenes de la intervención quirúrgica de un niño pequeño iraquí que tiene el brazo izquierdo destrozado, sobre una mesa de operaciones.

Esto es mucho más auténtico y real que un simple videojuego. Mucha gente pensaba que iba a ser tan fácil como «¡Eh, ya, sigue el punto de mira y dispara!». Qué va. Esto es muy cara a cara, y sobre todo al pasar después de... algunas de las bombas que se desviaron y ves a toda esa gente a un lado de la calle, hinchados *(cadáveres iraquíes pudriéndose)* y todos los olores que te rodean, es decir, de la gente que está muerta, podrida, es mucho más macabro de lo que se piensa *(cuerpo ensangrentado subido a una camilla)*.

SOLDADO

Mujer y niños en un hospital con la cara desfigurada por el napalm.

Intervenimos con artillería y napalm y cosas por el estilo; fueron alcanzados algunas mujeres y niños inocentes. Los vimos por la calle y llevaban a niñas pequeñas con la nariz reventada y... y, uh, en plan maridos que llevaban a sus mujeres muertas en brazos y cosas así. Eso fue extremadamente difícil de asumir porque piensas, no sé, «Joder, y ahora qué coño hacemos».

Fragmento de noticias.
DONALD RUMSFELD
Intercalado con un bombardeo en alfombra.

Las capacidades de precisión y la atención que se dedica a la precisión es todo lo impresionante que cualquiera puede ver. *(Cosen sin anestesia la cabeza de un bebé iraquí.)*

Imágenes nocturnas y audio de un soldado que mata a un iraquí que cruza una zona.
SOLDADO
Le he dado, bien. El segundo, dadle al otro.

DONALD RUMSFELD
La atención que se le dedica, la humanidad que se le dedica.

Fragmento de noticias.
MUJER IRAQUÍ
Sobre unos escombros, histérica de dolor.

¡No tienen consciencia!

¡No conocen nada!

¡Nos han masacrado!

¡Han destruido nuestras casas!

¡Dios destruirá sus casas!

¡Dios es grande!

¡Dios, destruye sus casas!

Victoria para Irak.

PERIODISTA DE AL-YAZIRA
Fuera de plano.

¿Quiere decir que han matado civiles?

MUJER IRAQUÍ
¡Sí, civiles!

¡Es la casa de nuestro tío!

Somos todos civiles.

Aquí no hay milicia.

¡Rezo para que Dios nos vengue!

¡Sólo puedo confiar en ti, Dios!

Llevamos cinco funerales por culpa de los bombardeos.
¡Oh, Dios!
¡Oh, Dios!
¡Dios, sálvanos de ellos!
¿Dónde estás, Dios?
¿Dónde estás?

ENTREVISTA: BRITNEY SPEARS
Con cara de aburrida y mascando chicle de manera detestable, de una entrevista con Tucker Carlson para la CNN.
La verdad, creo que deberíamos confiar en nuestro presidente en todas las decisiones que tome y que deberíamos apoyar eso, vale, y, uh, tener fe en lo que suceda.

TUCKER CARLSON
Fuera de plano.
¿Confías en este presidente?

BRITNEY SPEARS
Sí, confío en él.

NARRACIÓN
Sobre imágenes de Bush subiendo al estrado para el discurso sobre el Estado de la Unión, en medio de una gran ovación.
Britney Spears no estaba sola. La mayoría de americanos confiaba en su presidente, y ¿por qué no iban a hacerlo? Se había pasado la mayor parte del año anterior dándoles motivos de sobra para que invadiéramos Irak.
Montaje de varios fragmentos de noticias.

GEORGE W. BUSH
Saddam Hussein ha hecho un esfuerzo inaudito, ha gastado sumas ingentes, ha asumido riesgos extraordinarios para construir y mantener armas de destrucción masiva.

COLIN POWELL
Saddam Hussein está decidido a procurarse una bomba nuclear.

GEORGE W. BUSH
Arma nuclear.
Arma nuclear.
Arma nuclear.

COLIN POWELL
Sobre fotografías de satélite.
Búnkeres de municiones químicas activos... Instalaciones móviles de producción.

GEORGE W. BUSH
Sabemos que tiene armas químicas.

GEORGE W. BUSH
Las tiene.
Las tiene.
Las tiene.

NARRACIÓN
Imágenes a cámara lenta de Colin Powell dirigiéndose a la prensa.
Esto... Qué raro. Porque eso no es lo que decía Bush cuando llegó a la presidencia.

COLIN POWELL
Rueda de prensa, febrero de 2001.
No ha desarrollado una capacidad significativa por lo tocante a armas de destrucción masiva. Es incapaz de proyectar potencia convencional contra sus vecinos.

Fragmento de noticias.
CONDOLEEZZA RICE
Julio de 2001.
Estamos capacitados para mantenerlo privado de armas. Sus fuerzas militares no han sido reconstruidas.

GEORGE W. BUSH
Discurso sobre el Estado de la Unión.
Saddam Hussein ayuda y protege a terroristas, entre ellos miembros de al-Qaeda.

DICK CHENEY
De una entrevista en Meet the Press.
Existía una relación entre Irak y al-Qaeda.

Varios fragmentos de telediario de George W. Bush repitiendo las consignas.
Saddam
Al-Qaeda
Saddam
Al-Qaeda
Saddam
Al-Qaeda
Saddam
Saddam
Saddam
Al-Qaeda

DONALD RUMSFELD
Testificando ante el Congreso.
Es sólo cuestión de tiempo el que estados terroristas equipados con armas de destrucción masiva desarrollen la capacidad de atacar ciudades estadounidenses con esas armas.

COLIN POWELL
En las Naciones Unidas.
Lo que les ofrecemos son hechos y conclusiones basados en sólida información de inteligencia.
Dibujos de posibles emplazamientos de armas en Irak.

GEORGE W. BUSH
Diversos discursos.
Hablamos de un hombre que odia a América.
Hablamos de un hombre que aborrece lo que nosotros representamos.
Su voluntad de aterrorizar él mismo.
Odia el hecho —como lo odia al-Qaeda— de que amemos la libertad.
Al fin y al cabo, es el hombre que intentó matar a mi padre una vez.

ENTREVISTA: CONGRESISTA JIM MCDERMOTT

Sencillamente, consiguieron que la gente creyera que existía una amenaza real cuando, en realidad, no existía.

DONALD RUMSFELD

Reunión informativa en el Pentágono.

Todos los días os cuentan cosas que no suceden. No parece molestar a la gente.

NARRACIÓN

Sobre una sesión del Senado.

Por supuesto, allí estaban los demócratas para ponerle freno a las falacias.

SENADOR TOM DASCHLE (DEM., DAKOTA DEL SUR), LÍDER DEMÓCRATA DEL SENADO

Hablando en una sesión.

Votaré a favor de darle al presidente la autoridad que necesita.

COLIN POWELL

Testificando.

Estados Unidos está preparado para encabezar una Coalición de los Dispuestos que se encargará de ello.

GEORGE W. BUSH

Hablando a periodistas.

Cuando digo que encabezaremos una Coalición de los Dispuestos a desarmarlo si decide no desarmarse, lo digo en serio.

PERIODISTA

Fuera de plano.

¿Quién integra ahora esa Coalición de los Dispuestos, está...?

GEORGE W. BUSH

Poco contento con la pregunta.

Ya descubrirán quién integra la Coalición de los Dispuestos.

PRESENTADOR

Globo terráqueo dando vueltas, sobre planos de cada país.
La Coalición de los Dispuestos... ¡pasamos lista!

PRESENTADOR

Mocitas bailando el hula.
¡La República de Palau!
Tipo guiando un carro con dos bueyes.
¡La República de Costa Rica!
Imágenes en blanco y negro de un barco vikingo.
¡La República de Islandia!

NARRACIÓN

Por supuesto, ninguno de esos países tiene ejército, ni, ya
puestos, armas, de modo que parecía que íbamos a tener que
encargarnos del asunto de la invasión básicamente solos.
Pero después estaban también...

PRESENTADOR

Imágenes de películas de vampiros despertando de sus ataúdes.
¡Rumania!
Músicos tocando.
¡El Reino de Marruecos!

NARRACIÓN

*Encantadores de serpientes y monos salvajes que vuelan por un
campo.*
Marruecos no era miembro oficial de la coalición, pero según un informe, sí que se ofreció a enviar dos mil monos para
ayudar a detonar minas terrestres.

GEORGE W. BUSH

Son hombres con visión.

PRESENTADOR

Alguien que fuma de una pipa enorme.
¡Los Países Bajos!

GEORGE W. BUSH

Monos en una mesa de juntas.

Y me enorgullezco... me enorgullezco de llamarlos aliados.

PRESENTADOR

¡Afganistán!

NARRACIÓN

Nuestros soldados en Afganistán.

¿Afganistán? Eh, sí, tenían un ejército... ¡el nuestro! Supongo que ésa es una manera de construir una coalición: ir invadiendo países. Sí, con nuestra poderosa coalición intacta, estábamos preparados.

DONALD RUMSFELD

Casi podría decirse que es la madre de todas las coaliciones.

CORO MILITAR

De un telediario de la FOX.

(Cantando.) América, América...

NARRACIÓN

Por fortuna, en este país tenemos unos medios de comunicación independientes que nos contarían la verdad.

Montaje de varios fragmentos de noticias; periodistas tendenciosos.

SHEPHARD SMITH (PRESENTADOR DE FOX NEWS)

Está claro que la gente se está agrupando en torno al presidente, en torno a la bandera y en torno a los soldados.

SOLDADO

En Fox News.

¡Y vamos a ganar!

LINDA VEXTER (PRESENTADORA DE FOX NEWS)

En verdad se tiene que estar con los soldados para entender el tipo de subida de adrenalina que sienten.

KATIE COURIC (PRESENTADORA DEL PROGRAMA
TODAY DE NBC)
¡Sólo quiero que sepáis que los SEALS de la Marina son una pasada!

PERIODISTA DE LA CNN
Las imágenes que ven son absolutamente espectaculares.

DAN RATHER (PRESENTADOR DE LA CBS)
Cuando mi país está en guerra, quiero que gane mi país.

PETER JENNINGS (PRESENTADOR DE LA ABC)
La oposición iraquí se ha diluido ante el poderío americano.

PERIODISTA
Lo que ven aquí es auténtico periodismo y televisión históricos.

PERIODISTA DE LA CNN
Fue absolutamente electrizante, tuvieron que sujetarme con mi cámara en la parte de atrás del avión...

TED KOPPEL (PRESENTADOR DE *NIGHTLINE*, ABC)
... una impresionante y sincronizada máquina de matar.

DAN RATHER
Existe una subjetividad inherente en la cobertura de la prensa americana en general.

NEIL CAVUTO (PRESENTADOR DE FOX NEWS)
¿Que si soy tendencioso y parcial? ¡Pues claro que sí, qué caramba!

NARRACIÓN
Soldados rezando ante un soldado americano muerto, ataúdes, funeral.
Pero una historia que los medios no cubrían era la personal de cada uno de los soldados que murieron en la guerra. El Go-

bierno no permitía que ninguna cámara mostrara los ataúdes que llegaban a casa. Esa clase de historia es un corte de rollo, sobre todo cuando te estás preparando para una fiesta en un barco.

MÚSICA:
Bush volando en un jet; *llega a un portaaviones; confraterniza con la tropa.*
>   *Look at what's happened to me*
>   *I can't believe it myself*
>   *Suddenly I'm up on top on the world*
>   *It should've been somebody else.*
>   *Believe it or not,*
>   *I'm walking on air.*
>   *I never thought I could feel so free...*
>   *Flying away on a wing and a prayer.*
>   *Who could it be?*
>   *Believe it or not, it's just me.*

GEORGE W. BUSH
En el portaaviones con el cartel de «Misión cumplida» de fondo.
        Compatriotas americanos, las principales operaciones de combate en Irak han terminado. En la batalla de Irak, los Estados Unidos y sus aliados han vencido.

Clips de noticias sobre Irak: una bomba explota junto a soldados; bajas estadounidenses descargadas de camiones; caos; soldados chillando.
SOLDADOS
Apenas audibles, de fondo.
        Salid de en medio... vamos... rápido... rápido... rápido... rápido... adelante... coge otro... venga, amigo... venga, amigo... aguanta ahí... aguanta ahí, amigo.

Diversos fragmentos de noticias con imágenes del cementerio de Arlington.

PERIODISTA
162, el número de soldados muertos por fuego hostil.

PERIODISTA
244 soldados estadounidenses...

PERIODISTA
384 soldados americanos han perdido la vida.

PERIODISTA
Total de muertos: 484.

PERIODISTA
Muertos en la línea del frente, 500.

PERIODISTA
631 soldados americanos

PERIODISTA HAROLD MOSS
Más de 825 soldados han muerto en Irak.

PERIODISTA
La mayor cifra de militares americanos muertos desde Vietnam.

GEORGE W. BUSH
Rueda de prensa en la Casa Blanca.
Hay quienes piensan que, uh, si nos atacan, nosotros tal vez decidamos irnos antes de tiempo. No saben de lo que hablan, si ése es el caso. Déjenme terminar. Hay quienes piensan que, ya saben, que las condiciones existentes les permiten atacarnos. Mi respuesta es: «¡Que vengan!»
Imágenes de cadáveres estadounidenses mutilados en Faluya: les pegan con palos, los arrastran atados a un coche y los cuelgan del puente.

ENTREVISTA: SOLDADO AMERICANO
Los Estados Unidos tenían planeado, eh, darse un paseo por aquí como si fuera a ser fácil y tal, pero no es tan fácil con-

quistar un país, ¿verdad? *(Imágenes de iraquíes marchando por las calles.)*

DAN RATHER

La renovada batalla por el control de Irak se ha desencadenado hoy por cuarto día con encontronazos callejeros en casi todos los rincones del país.

Irak podría resultar, y cito, «otro Vietnam».

PERIODISTA

Imágenes de hombres armados por calles iraquíes.

Los oficiales dicen que ven pruebas de que los extremistas sunníes y chiíes podrían estar haciendo causa común.

GEORGE W. BUSH

En rueda de prensa.

No están contentos de estar ocupados. Yo tampoco estaría contento si me ocuparan.

MÚSICA:

Guerreros iraquíes que marchan con armas
«Everybody here we go—ooh ooh
Come on party people—ooh ooh
Throw your hands in the air—ooh ooh
Come on party people—ooh ooh
Wave'em like you don't care.»

PERIODISTA

Sobre imágenes de trabajadores humanitarios japoneses con cuchillos al cuello.

Dos trabajadores de ayuda humanitaria y un periodista japoneses han sido secuestrados por hombres que se hacen llamar Escuadrones Muyahidines. Han amenazado con quemar vivos a los rehenes si Japón no retira sus tropas de Irak en el plazo de tres días.

Fragmento de noticias: imágenes de Thomas Hamill retenido por sus captores mientras su convoy arde en la carretera.

PERIODISTA
¿Qué ha pasado?

THOMAS HAMILL (EMPLEADO DE HALLIBURTON)
Han atacado nuestro convoy.

PERIODISTA
¿Quiere darnos su nombre?

REHÉN
Hamill. Thomas.

PERIODISTA DE LA CBS
El Pentágono podría mantener hasta veinticuatro mil soldados en combate más allá de su periodo de servicio.

ENTREVISTA: SOLDADO
Sé que nuestras cifras en el ejército han bajado, ya sabe, hablan de retenciones.

ENTREVISTA: SOLDADO
La verdad, en ningún momento pensaba que estaría desplegado tanto tiempo. No creo que nadie lo pensara.

SOLDADO
No tengo ni idea de por qué seguimos todavía en Irak.

SOLDADO
Rodeado de otros.
Si Donald Rumsfeld estuviera aquí, le pediría la dimisión.

NARRACIÓN
Enfrentamientos en Bagdad.
La guerra no iba como estaba planeado, y el ejército andaba necesitado de soldados. ¿De dónde sacarían los nuevos reclutas?

BILL PLANTE (PERIODISTA DE LA CBS)

Los expertos militares dicen que harían falta tres veces los ciento veinte mil soldados estadounidenses desplegados para pacificar y reconstruir el país.

NARRACIÓN

Imágenes del deprimido centro de Flint, Michigan.

Los encontrarían por toda América. En los lugares que habían sido destruidos por la economía. Lugares donde uno de los pocos trabajos disponibles era alistarse en el ejército. Lugares como mi ciudad natal de Flint, Michigan.

Entrevista con un grupo de jóvenes afroamericanos en un gimnasio «Boys Club» de Flint.

ENTREVISTA: TORIAN BILLINGS

Y, estaba un día viendo la tele y enseñaron algunos de los edificios y las zonas donde habían caído las bombas y tal, y mientras lo miraba me dio por pensar, anda, hay partes de Flint que están igual, y no hemos tenido ninguna guerra.

Barrio con las ventanas cegadas en Flint.

ENTREVISTA: GREGORY FITCH

Mira el barrio en el que vivo. La mayoría están abandonadas. Quiero decir, vamos, no está bien, ¿quiere hablar de terrorismo? Venga aquí. Aquí mismo, presidente Bush. Venga aquí. Sabe lo de esta esquina. Se lo conté por e-mail.

Oficina de Career Alliance, Flint, Michigan.

LILA LIPSCOMB (AYUDANTE EJECUTIVA, CAREER ALLIANCE)

Al final de enero de 2004, el índice de desempleo en Flint era del diecisiete por ciento, pero debes tener en cuenta también que, cuando se te acaba el paro, ya no te cuentan. Yo diría que probablemente estamos cerca del cincuenta por ciento como mínimo. Desempleado o subempleado, porque estar subempleado es igual de peligroso.

Así que mi familia ha recurrido al sistema de asistencia social. Cuando era Jobs Central, a mediados de los años ochenta, me apunté al programa asociado de formación laboral de aquí en Jobs Central y fui a una escuela de secretarias. Años después, soy asistente ejecutiva del presidente de la agencia. Interesante.

Mi madre me decía a todas horas: «¿Por qué siempre te quedas con el desamparado?» Porque el desamparado era quien me necesitaba. La gente que no tiene nada, por ellos es por quien tengo que luchar. Y por ellos he luchado toda mi vida.

Empecé cogiendo a mis hijos, y diciéndoles a mis hijos: «El ejército es una buena opción. No puedo permitirme mandaros a la universidad, no puedo pagaros los gastos. La asistencia financiera no os ayudará.» Así que, como madre, empecé enseñándoles a mis hijos las opciones que el ejército podía ofrecer, que les harían ver mundo, que verían todo lo que yo, como madre, no les podía permitir ver. Les pagarían la educación que ni yo, como madre, ni tampoco su padre, les podíamos pagar.

MICHAEL MOORE
¿El ejército es una buena opción para los chavales de Flint?

LILA LIPSCOMB
El ejército es una opción excelente para la gente de la ciudad de Flint.

Interior, gimnasio, grupo de chicos afroamericanos.
MICHAEL MOORE
¿Cuántos de vosotros tenéis un amigo o familiar en el servicio? (*Casi todas las manos se levantan.*) ¿Alguien que sirva ahora en el extranjero?

MARTRES BROWN
Un hermano mío.

ADRIAN WALKER
Mi primo.

ESTUDIANTE
Fuera de plano.
Mi hermano.

MICHAEL MOORE
¿Dónde está tu hermano?

MARTRES BROWN
En Irak.

ADRIAN WALKER
En Alemania.

JORDAN POLK
A mi primo lo embarcaron hacia Irak hace, a ver, tres días.

TORIAN BILLINGS
Hay una especie de reclutador del ejército o la marina o un reclutador de los marines que se pasa por ahí casi todas las semanas, en el comedor, reclutando estudiantes del comedor.

ANUNCIO DE RECLUTAMIENTO DEL EJÉRCITO
Animación y música muy pasada de vueltas, como un videojuego.
Hay gente con vocación. La mayoría sirven una semana al mes y dos semanas al año. Ganando dinero para la universidad. Protegiendo a la comunidad. ¡En la Guardia Nacional del Ejército, tú puedes!

ENTREVISTA: RANDY SUTTON
Yo por mi parte entraré en las fuerzas aéreas. Voy a tomarme el año libre, probablemente, después del instituto, y después iré y me buscaré una carrera, quiero ser técnico de mantenimiento de aviación.

ENTREVISTA: HARRY WILLIAMS
Topé con un reclutador y, eh, y la cosa tenía algo que me llamó la atención, y esto es más bien otro..., es sólo..., me fijé en que era raro, parecía más que me contratara para un trabajo que un reclutamiento para el ejército. Fue su forma de abordarme. Se acercó a un amigo mío. Estaba en el Borders Book and Music y él vino y ya está, era como si nos diera una tarjeta de su empresa. Tenía tarjetas del ejército y todo eso.

NARRACIÓN
Reclutadores de marines a la caza de reclutas en Flint.
Presentamos al sargento mayor de marines Dale Kortman y al sargento Raymond Plouhar. Son dos de los muchos reclutadores asignados a Flint, Michigan. Hoy en día tienen mucho trabajo.

SARGENTO RAYMOND PLOUHAR
En el coche, hablando entre ellos sobre alguien que pasa corriendo.
Mira, ya se escapa... Nos ha visto venir.

SARGENTO DALE KORTMAN
En el coche, hablando sobre un joven afroamericano que se les cruza por el camino.
¿Qué tenemos aquí? Es un pequeño pandillero, sí señor.

SARGENTO RAYMOND PLOUHAR
Ahora mismo nos dirigimos al centro comercial de Courtland.

NARRACIÓN
Mientras los seguimos en coche.
Decidieron no ir al más próspero centro comercial de Genesee Valley, en las afueras de la ciudad. Allí lo pasan mal para reclutar jóvenes, y por eso fueron al otro centro comercial.

SARGENTO DALE KORTMAN
Debaten los dos un plan de ataque.
Entremos por Mervyn's.

SARGENTO RAYMOND PLOUHAR
Por Mervyn's.

SARGENTO DALE KORTMAN
Y después seguimos adelante...

SARGENTO RAYMOND PLOUHAR
Seguimos adelante...

SARGENTO DALE KORTMAN
... hasta el final y después cogemos por...

Se acercan a sus primeros reclutas.
¡Caballeros! ¡Hablamos con vosotros, sí! ¿Alguna vez habéis pensado en alistaros, chicos?

JOHN KINGSTON
Yo pensaba ir a la universidad y jugar a baloncesto.

SARGENTO DALE KORTMAN
Vale, vale. ¿Eres bueno?

JOHN KINGSTON
Vaya. Sobre todo en baloncesto.

SARGENTO DALE KORTMAN
Bien. También puedes jugar para el cuerpo de marines, sabes, y viajar por el mundo, entrar en el equipo de baloncesto del cuerpo de marines. Hum, David Robinson también estuvo en el ejército...

JOHN KINGSTON
¿Eh, sí?

SARGENTO DALE KORTMAN
Así que, sí, así que seguro que puedes apuntarte.

ENTREVISTA: SARGENTO RAYMOND PLOUHAR
Dice a cámara.
Ahora mismo hay alguien por ahí que quiere ser marine pero no tiene ni idea de cómo hacerlo.

SARGENTO DALE KORTMAN
A otro recluta.
¿Dónde trabajas?

MONTREY BOWLES
Trabajo en el KFC.

SARGENTO DALE KORTMAN
¡Caramba!

MONTREY BOWLES
En Dort con Lapeer.

SARGENTO DALE KORTMAN
Nos puedes colar alguna oferta.

MONTREY BOWLES
Sí.

ENTREVISTA: SARGENTO RAYMOND PLOUHAR
A cámara.
Están esperando a que los reclutes.

MONTREY BOWLES
No sé, iba a empezar probablemente con una carrera en la música o algo así.

SARGENTO DALE KORTMAN
¿Una carrera en la música?
A lo mejor podemos conseguirte una carrera en la música, sabes, deja que los marines se encarguen. Estoy seguro de que sabes quién es Shaggy, ¿no?

MONTREY BOWLES
Sí.

SARGENT DALE KORTMAN
¿Sabes algo de él?

MONTREY BOWLES
Sí. Es, uh, de Jamaica, uh, no sé.

SARGENTO DALE KORTMAN
Sí.

MONTREY BOWLES

Sí.

SARGENTO DALE KORTMAN

¿Y si te digo que era marine? ¿Lo sabías?
Es imprescindible que conozcas la disciplina si vas a meterte en la música.

MONTREY BOWLES

Sí, eso lo comprendo.

SARGENTO DALE KORTMAN

Sobre todo disciplina con el dinero. Si ganas un millón, necesitas gestionar ese dinero. Así que, ven a la oficina, podemos charlar un rato y te enseño todo lo que sabemos sobre los marines. ¿Te parece buen plan?

SARGENTO RAYMOND PLOUHAR

¿Qué tienes que hacer esta tarde?
¿Qué tal mañana?
¿Pongamos sobre las diez de la mañana del lunes?

MONTREY BOWLES

Sí, eso está bien.

SARGENTO RAYMOND PLOUHAR

¿Quieres que pase a recogerte?

ENTREVISTA: SARGENTO RAYMOND PLOUHAR

A cámara.

Es mejor pillarlos cuando van solos o en parejas. Y trabajártelos así.

SARGENTO DALE KORTMAN

Señoritas, ¿listas para alistarse?
La gorra verde detrás de nosotros. Parece... joven. Es joven.

SARGENTO RAYMOND PLOUHAR

Sí.

SARGENTO DALE KORTMAN

Ve posibles reclutas.

Allí tenemos dos. Allí donde la furgoneta roja. Tú ve por ahí, yo por aquí, y los arrinconamos.

Hablando con un joven.

¿Estás en noveno curso?

CHICO

Sí, señor.

SARGENTO DALE KORTMAN

Tío, pareces mayor para ir a noveno curso, así que...

CHICO

Sí, señor.

SARGENTO DALE KORTMAN

De acuerdo. Toma mi tarjeta.

SARGENTO RAYMOND PLOUHAR

A un joven que entra en el centro comercial con su esposa y su bebé.

¿Alguna vez has pensado en hacerte marine?

CLIFFTON E. WALKER

Uh... Me lo planteé. Ahora tengo mujer y un hijo, así que...

SARGENTO RAYMOND PLOUHAR

Razón de más para alistarse.

SARGENTO DALE KORTMAN

A un joven afroamericano que dijo que no estaba interesado en alistarse.

Lo que quiero, hombre, un segundito, es sólo, uh, conseguir algo de información sobre ti, para poder tacharte de mi lista diciendo que ya he hablado contigo, me entiendes, que no estás interesado. ¿Va bien? ¿De acuerdo? ¿Cómo te llamas? ¿Qué número de teléfono tienes?

¿Cuál es tu dirección, Mario?

Añade otro a la lista.

Entrevista, interior, gimnasio.
MARTRES BROWN
Sin embargo, ¿sabes?, a uno le encantaría tener esa oportunidad de experimentar la vida universitaria, ¿sabes?, cosas que los jóvenes pueden hacer sin correr el riesgo de morir en el proceso, supongo que podría decir, con franqueza.
Irak, incursión en Nochebuena de 2003, puesto de mando.

ENTREVISTA: SOLDADO AL MANDO
En los festivos sí se nota un poco más de fricción, comparado con el resto de noches, en el hecho de que queremos darle a nuestros muchachos algo de tiempo libre, algo de tiempo para relajarse; sin embargo, estamos en una zona de combate, mis soldados son conscientes de ello.

SOLDADO
Nervioso antes de la incursión.
A todo el mundo le pone un poco nervioso, supongo. Pero...

SOLDADO
Un soldado más mayor detrás; se burla de su miedo.
Somos profesionales. Cuidaremos de ti. Te lo prometo.
Risas fuera de plano.

SOLDADO
Aquí todas las casas tienen derecho a poseer armas. Como máximo un AK-47. Siempre esperamos que los blancos estén armados.

SOLDADO
Equipado y listo para la acción; amartilla su arma.
Rock'n'roll.

DOS SOLDADOS
Enseñando sus herramientas para la incursión.
Mira que tenazas más cojonudas. Tiene de todo para abrir puertas. Clavas esto aquí...

MÚSICA
Soldados en tanques, de patrulla nocturna
You better watch out, you better not cry
You better not pout, I'm telling you why. Why?
Santa Claus is coming to town. Gather round.
He's making a list, checking it twice.
He's gonna find out who's naughty and nice.
Santa Claus is coming to town.
He sees you when you're sleeping.
He knows when you're awake.
He knows if you've been bad or good
So be good for goodness sake
You better watch out.

Los soldados abren a patadas una residencia de Bagdad.

SOLDADO
¿Dónde está el tío? Eh, quieta ahí.

SOLDADO
Al intérprete, preguntándose adónde va la anciana llorosa iraquí.
No, no, no... ¿Adónde va?

MUJER
¿Voy con ella?

SOLDADO
¿Adónde va?

MUJER
Va a llamarlo.

SOLDADO
Caótico, casa a oscuras, oye voces que llaman.
¿Va a llamarlo? No, no, no, no, no... ¿Dónde está él ahora mismo? Al teléfono, no... Al teléfono, no. ¿Está en casa? ¿Está en casa? ¿Está? ¿Está en casa? ¿Dónde?

SOLDADO

¡Subid! ¡Segundo piso! ¡Segundo piso!

SOLDADO

¡Cuidado, cuidado!

SOLDADO

¡Vamos! ¡Vamos! ¡Vamos!

SOLDADO

Cuidado, Adele. Cuidado. ¡Cuidado!

SOLDADO

¡Sube uno!

SOLDADO

Tiene un joven iraquí boca abajo en el suelo con la linterna en la cara.
¿Es al-Duri? ¿Es Suheib al-Duri? Suheib al-Duri. ¿Cómo te
llamas?

HOMBRE

Suheib. Suheib.

SOLDADO

¿Éste es Suheib?

MUJER IRAQUÍ

¿Qué ha hecho?
Es sólo un universitario.

SOLDADO

Cálmese, cálmese, por favor.

SOLDADO

Muy bien... Al tejado.

SOLDADO

Agradecemos su cooperación.

SOLDADO

Éste es el objetivo.

SOLDADO

Ahora va a sacarlo...

SOLDADO

¡En marcha!

SOLDADO

¡Todos fuera!

ENTREVISTA: SOLDADO EN EL PUESTO DE MANDO
Tenemos que... como aquel viejo dicho, ganarnos el corazón y la cabeza de la gente. Ése es nuestro trabajo. Tenemos que... tenemos que traer el ideal de la democracia y la libertad al país y demostrarles que el pueblo americano no está aquí para... para mandar en Irak.

MUJER IRAQUÍ
Otra vez en la casa; incursión de Nochebuena, las mujeres están en el sofá; una joven llora de miedo.
No tengas miedo.
No va a pegarte.
¿Qué ha hecho?
¿Por qué no nos lo decís? Que Dios os guarde, ¿qué ha hecho?

ENTREVISTA: SOLDADO
Hay que recoger las pruebas. El proceso lleva unas tres horas. Así que, uh, eso va a ser todo por esta noche y así termina Nochebuena.

MÚSICA
He's making a list, checking it twice.
He's gonna find out who's naughty and nice.
Santa Claus is coming to town.

SOLDADO DE PAPÁ NOEL

Feliz Navidad, equipo de reconstrucción, feliz Navidad.
Papá Noel ha venido a Irak sólo por vosotros, chicos.

SOLDADO

Intentamos mantener el cielo despejado para ti, Papá
Noel...

*Entrevista: casa de Lila Lipscomb en Flint, Michigan; vemos a Lila
colocar la bandera en la fachada de su casa.*

MICHAEL MOORE

¿Se considera una americana orgullosa?

LILA LIPSCOMB

Del todo. Soy una americana extremadamente orgullosa.
Creo que probablemente estoy más orgullosa que un ciudadano medio. Cuando pongo fuera mi bandera, no consiento que
toque el suelo, porque soy consciente de las vidas que se han
perdido y la sangre que se ha derramado para que yo pueda estar aquí y tener una bandera.

MICHAEL MOORE

Vale... ¿Con qué frecuencia cuelga la bandera?

LILA LIPSCOMB

Todos los días sin excepción, todos los días. Empecé cuando mi hija estaba en la Tormenta del Desierto. Tenía esta misma
bandera ondeando en el porche, y las mismas cintas amarillas, y
cada día rezaba con la esperanza de que mi hija volviera a casa
sana y salva y de que todos los hijos volvieran a sus casas sanos
y salvos.

MICHAEL MOORE

Y volvió.

LILA LIPSCOMB

Y volvió.

MICHAEL MOORE
¿Hay más miembros de su familia que hayan estado en el ejército?

LILA LIPSCOMB
Desde luego. Tíos, tías, primos, hermanos, mi padre...

MICHAEL MOORE
Una familia con mucha tradición militar...

LILA LIPSCOMB
Mucha. Mi familia era... Mi familia es lo que yo considero parte de la columna vertebral de América. Son familias como la mía, y no hablo sólo de la mía, hay cientos de familias, millones de familias más; el país se fundó sobre sus hombros. Dicen que soy una demócrata conservadora.

MICHAEL MOORE
¿Eso es lo que se considera, sí?

LILA LIPSCOMB
Mmmm. Sí.

MICHAEL MOORE
Sí. Es un gran país.

LILA LIPSCOMB
Es un gran país. Es un gran país.

LILA LIPSCOMB
Muestra la cruz que lleva al cuello.
La cruz que he escogido llevar, si se fija, es una cruz multicultural, multicolor. Eso es porque creo que los hijos de Dios nacen de muchos colores. Y mi propia familia es multicultural.

MICHAEL MOORE
¿Tiene una hija que se metió en el ejército?

LILA LIPSCOMB
Sí.

MICHAEL MOORE
Luego, ¿su primogénito está en el ejército?

LILA LIPSCOMB
Sí.

MICHAEL MOORE
Bueno, eso es, uh, ya sabe, es un gran regalo para el país.

LILA LIPSCOMB
Exactamente.

MICHAEL MOORE
Por parte de su familia.

LILA LIPSCOMB
Exactamente.

MICHAEL MOORE
Ajá. Entonces, tener un hijo militar... es para estar orgullosa.

LILA LIPSCOMB
Imagen de Michael Pederson, de uniforme, saludando.
Oh, ¿sabe qué pienso? Lo consiguió.

MICHAEL MOORE
¿Cómo reaccionó ante los que protestaban durante, pongamos, la guerra del Golfo, o Vietnam, o...?

LILA LIPSCOMB
Sobre imágenes de protestas.
Siempre he odiado a los que protestan. Siempre he odiado a los que protestan. Era como una bofetada. Era como si le faltaran al respeto a mi hijo. Y yo me moría de ganas de decirles:

«No lo entendéis, no están allí porque quisieran estar allí.» Pero luego llegué a entender que no se oponían a los hombres y mujeres que estaban allí, sino al concepto de la guerra.

Irak; entrevista con un soldado estadounidense.
SOLDADO
Sé que soy un soldado y que estoy aquí para cumplir una tarea y hace ya un tiempo que soy soldado. En cuanto tienes que ir y cumplir tu tarea y ves lo que ves, lo que yo decía es que te entra cierta desilusión.

SOLDADO JUNTO A UN TANQUE
Voz asustada temblorosa.
El comandante de batallón espera sin dudarlo que, um, que nos ataquen de alguna manera, antes de que consigamos [*inaudible*]. Sé que de momento la cosa ha estado bastante tranquila, no ha pasado gran cosa. Pero, hay que saber que es posible y probable.

SOLDADO EN EL CAMPO DE BATALLA
Están empezando a organizarse, así por barrios. Los chavales se agrupan un montón, bueno, no puede decirse que sean chavales, pero, uh, tíos de 17 o 18 años, empiezan a agruparse y nos odian. ¿Pero por qué? No lo tengo muy claro.

NARRACIÓN
Imágenes de presos iraquíes maltratados por soldados de Estados Unidos. Los soldados les sacan fotos con capuchones en la cabeza.
El comportamiento inmoral engendra comportamiento inmoral. Cuando un presidente comete el acto inmoral de enviar lo que de por sí son buenos chicos a una guerra basada en una mentira, esto es lo que pasa.

SOLDADO
Soldados burlándose de los presos, un iraquí herido en una camilla.
¿Tiene cosquillas? Alí Babá todavía la tiene tiesa.

SOLDADO

¿Por qué se la tocas?

SOLDADO

Le ha tocado la polla.

ENTREVISTA: SOLDADO ESTADOUNIDENSE EN IRAK

El que esta gente nos dispare, nos mate, nos meta bombas, con los medios que puedan, y, yo no lo entiendo, intentamos ayudar a esta gente y parece que no quieran nuestra ayuda, «largaos de aquí», pero en cuanto algo les va mal, «oh, ¿por qué no estabais aquí? ¿Por qué no habéis hecho tal cosa?». Es que, es... Odio este país.

SOLDADO ESTADOUNIDENSE EN IRAK

Mira, uno... uno... Creo que una parte de tu alma se destru-ye cuando quitas una vida. Y, sí, esa frase es muy cierta. No puedes matar a nadie sin matar una parte de ti mismo.

Capitolio: entrevista con el cabo Abdul Henderson, Cuerpo de Marines, sirvió en Irak.

MICHAEL MOORE

Si te llaman, ¿volverías a Irak?

ABDUL HENDERSON

De uniforme.
No.

MICHAEL MOORE

No vuelves.

ABDUL HENDERSON

No.

MICHAEL MOORE

¿Qué repercusiones te pueden caer, si no vas?

ABDUL HENDERSON

Es posible que un tiempo en la cárcel. Eso es una posibilidad.

MICHAEL MOORE

¿Y estás dispuesto a arriesgarte a eso?

ABDUL HENDERSON

Sí. Sí. No dejaré que mi persona... No dejaré que nadie me vuelva a enviar allí a matar a otros pobres, sobre todo cuando no suponen ninguna amenaza para mí o mi país. No lo haré.

Imágenes de Bush en frac, dirigiéndose al público en un acto de recaudación de fondos.

GEORGE W. BUSH

Es un público impresionante. ¡Los que tienen, y los que tienen más! Hay quien os llama la elite. Yo os llamo mi base.

NARRACIÓN

Diversas imágenes de Bush en sesiones de fotos con soldados y veteranos.

Mientras Bush andaba ocupado cuidando de su base y profesando su amor por nuestras tropas, propuso recortar la paga de los soldados en combate en un treinta y tres por ciento y la asistencia a sus familias en un sesenta por ciento. Se opuso a un aumento de mil trescientos millones de dólares en las prestaciones para veteranos, mil trescientos millones en atención médica a veteranos, cerró siete hospitales para ellos, trató de doblar el coste de los fármacos con receta para los veteranos y se opuso a que los reservistas a tiempo parcial recibieran las prestaciones completas.

Foto y tumba de Brett Petriken.

Y cuando el sargento primero Brett Petriken, de Flint, murió en Irak el 26 de mayo, el ejército envió su última paga a su familia. Pero le descontaron los últimos cinco días del mes, en los que no trabajó porque estaba muerto.

Dicen que no van a olvidarse de ningún veterano, pero se están olvidando de todos los tipos de veteranos.

Entrevista: Hospital Militar Walter Reed.
Entrevistas con veteranos heridos.
SOLDADO HERIDO (PERDIÓ AMBAS PIERNAS)
Decir que estamos olvidados, no; sé que no estamos olvidados... ¿Pero descuidados? Sí. Sí. Mire, hay un montón de soldados que han sido descuidados, olvidados, que no obtuvieron la cobertura adecuada que se merecían.

Texto en pantalla.
Casi 5.000 heridos en los 13 primeros meses de guerra.

SOLDADO HERIDO (PERDIÓ AMBAS PIERNAS)
Tienen una lista de muertos, pero no enseñan la cantidad de gente que ha resultado herida o amputada por culpa de sus heridas, ¿entiende?

SOLDADO HERIDO
Preparado para cirugía; perdió las dos manos.
Es como, todavía siento como si tuviera manos...

BRIAN WILLIAMS (PERIODISTA, NBC)
Fuera de plano.
¿Sí?

SOLDADO HERIDO
... y el dolor es como... como si me aplastaran las manos en un torno. Pero hacen mucho para aliviarlo, y lo suavizan mucho, lo... lo hace mucho más soportable.

Entrevistas: Blanchfield Army Community Hospital, Fort Campbell, Kentucky.
SOLDADO HERIDO
Hablando en un grupo de soldados heridos.
Me hirieron a finales de abril, de patrulla por Bagdad. Un

par de tíos salieron y nos tendieron una emboscada. Um... Tengo los nervios dañados y tal; me duele un montón. Me duele constantemente. Tomo un montón de morfina para sobrellevarlo. Uh... hago, hago... bueno, ya sabes, me reajusto, pongo la vida otra vez... en marcha. ¿Sabes lo que te digo? No voy a hacer lo mismo que hacía antes.

Um. Fui republicano durante bastantes años... y um... esto... por algún motivo, ellos, uh, llevaron las cosas de forma muy deshonesta. Voy a desarrollar una actividad increíble en el partido demócrata de donde vivo en cuanto salga. Así que, voy a hacer todo lo que pueda para asegurarme de que los demócratas obtengan el control.

Entrevista: interior, casa de Lila Lipscomb, rodeada de su familia.
LILA LIPSCOMB
Lila y Howard Lipscomb, padres del sargento Michael Pedersen.
Irak, Bagdad, yo no sabía nada de todo eso.
Fotos de Michael antes de partir hacia Irak.

Y, él... Estábamos en el pasillo del piso de arriba de casa y él lloraba y decía que tenía mucho miedo y que no quería ir a Irak. Así que pudimos mantener una conversación, dijimos que a veces algo de miedo es sano porque nos hace ver las cosas claras. Y entonces fue cuando me dijo que no se lo había contado a nadie más, pero que sabía que se iba a Bagdad.

Estábamos, como todo el mundo, pegados a la tele, pero pegados, completamente pegados al televisor, con la esperanza de verlo aunque fuera un segundo.

¿No podéis ir donde están los helicópteros? ¿No podéis enseñárnoslo, por favor? Entonces, esa noche, eran las diez y algo, subí al dormitorio y estaba tumbada en la cama, cambiando canales con el mando... Lo único que oí fue «Black Hawk derribado, al sur de la zona central de Bagdad».

Fragmento de noticias.
PHIL ITTNER (PERIODISTA, CBS)
A cámara.
Lo único que puedo decirles es que anoche en efecto el ejército perdió un helicóptero Black Hawk. Los oficiales en el te-

rreno nos comunican que había seis ocupantes dentro del Black Hawk.

ENTREVISTA: LILA LIPSCOMB

A la mañana siguiente me levanté y dije: «Quítate esas ideas de la cabeza. Vale, Jesús, necesito que intervengas, te necesito, Jesús, tienes que ayudarme con esto.»

Me llamaron del ejército y recuerdo que cogí el teléfono y él me dijo, me preguntó si era Lila Lipscomb, y yo dije: «Sí.» Y él me dijo: «¿Es la madre del sargento Michael Pedersen?» Y recuerdo que solté el teléfono. *(Lila rompe a llorar.)* Y lo único que sinceramente recuerdo es: «Señora, el Ejército de los Estados Unidos, el secretario de Defensa tiene el penoso deber de informarle...» Eso es todo lo que sé.

El dolor se apoderó de mí con tanta fuerza que me caí al suelo literalmente, y estaba sola, no tenía a nadie que me recogiera, así que me arrastré literalmente hasta mi escritorio, y estaba agarrada, y recuerdo que grité: «¿Por qué tiene que ser Michael? ¿Por qué has tenido que llevarte a mi hijo? ¿Por qué ha sido a mi hijo a quien te has tenido que llevar? ¡Él no ha hecho nada! No era un mal chico, era bueno, ¿por qué has tenido que llevarte a mi hijo?»

Fragmento de noticias.

GEORGE W. BUSH
Entrevistado por Diane Sawyer de la ABC.

Yo... yo... soy... uh... uh... no puedo imaginarme lo que debe de ser perder un hijo o una hija, o un marido, o una esposa, da lo mismo, y yo... me duele.

Casa de los Lipscomb; sigue la entrevista.

MICHAEL MOORE

¿Tiene su última carta?

LILA LIPSCOMB

Sí. La envió el 16 de marzo, pero no la recibí hasta una semana antes de que lo mataran.

«Hola. Oye, mamá, bueno, siento no haber podido llamar. Se llevaron el teléfono hace siete días. Recibí la carta y el paquete, qué guay, tu primer nieto llegó el mismo día que tu hijo mayor. *(Lila llora.)*

»¿Cómo están todos? A mí me va bien. Estamos aquí fuera, con la arena y las ventoleras, esperando. ¿Qué puñetero problema tiene George «quiero ser como mi papá» Bush? Nos ha traído aquí para nada en absoluto. Ahora mismo estoy furioso, mamá. Espero de verdad que no reelijan a ese imbécil, de corazón.

»Estoy animado y me va bien. Os echo mucho de menos a todos. Gracias por la Biblia... *(Lila llora)*, los libros y los caramelos. Espero de verdad vuestras cartas, chicos. Bueno, saluda a toda la familia y diles que estoy bien. No esperamos que pase nada en un tiempo. No veo la hora de llegar a casa y recuperar mi vida. Felicita a Sputnik. Y pronto veré a mi primer sobrino, en cuanto vuelva a Estados Unidos. Espero que estéis todos bien. Y seguid enviando correo. Ayuda a sobrellevar los días. Bueno, me voy a la cama, ya os escribiré pronto. Os quiero y echo de menos... a todos...» *(A Lila la supera la emoción.)*

(Llorando.) Quiero que esté vivo. Y no puedo devolverle la vida. Pero es que te duelen las carnes. Quieres a tu hijo. El orden no está bien. Un padre no debe enterrar a su hijo.

HOWARD LIPSCOMB, PADRE
Sobre plano de Michael en la iglesia de monaguillo.

Me siento... Me... Me... Me siento triste por mi familia porque hemos perdido a nuestro hijo. Pero me siento muy triste por el resto de familias que están perdiendo a sus hijos mientras hablamos. ¿Y para qué? No lo... Eso es, supongo, lo que te pone enfermo. ¿Para qué?

CORTE A: Comunicado de Halliburton.
DAVID LESAR
Director general de Halliburton en un anuncio de la empresa.

Últimamente habrán oído hablar mucho de Halliburton. Las críticas están bien. Podemos encajarlas. Ser criticados no es fracasar. Nuestros empleados hacen un gran trabajo. Damos de comer a los soldados, reconstruimos Irak. ¿Saldrán cosas mal? Seguro que sí... Es una zona de guerra. Servimos a las tropas por lo que conocemos, no por quién conocemos.

Corte a Bush y Cheney atendiendo a la prensa en plena campaña, julio de 2000.

DICK CHENEY

Bien, permítanme hablarles de Halliburton, la empresa que dirigí... Estoy muy orgulloso de lo que hice en Halliburton, y la gente de Halliburton está muy orgullosa de lo que ha logrado. Y, eh, la verdad, eh, no siento ninguna necesidad de disculparme por el modo en que he invertido mi tiempo en los últimos cinco años como director general y presidente de una importante corporación americana.

GEORGE W. BUSH

Interrumpe.

Sí, eso es también un intento de distraer la atención del hecho de que no tienen política energética, y como dijo el secretario de Energía: «¡Nos han pillado desprevenidos!»

NARRACIÓN

Escena de conferencia económica en el salón de baile de un hotel; montones de hombres blancos charlando en torno a un buffet.

En mitad de la guerra, Microsoft, DHL y otras corporaciones invitaron a Halliburton a una conferencia para hacerse una idea de cuánto dinero podían ganar en Irak.

MICHAEL MELE

(CUERPO DE INGENIEROS DEL EJÉRCITO DE ESTADOS UNIDOS)

En el estrado de la conferencia.

Habiendo trabajado en este, eh, esfuerzo desde antes incluso de la guerra, ha empezado la liberación de Irak. Ustedes, la industria, son sin duda una parte vital de ese esfuerzo. Agradecemos su interés. Les necesitamos.

YOUSSEF SLEIMAN (INICIATIVAS IRAQUÍES),
HARRIS CORPORATION

En el estrado.

Ahora bien, muchos de vosotros sois pequeñas empresas y tenéis la duda: «¿Cómo conseguimos un pedazo de esta gran oportunidad? Vosotros los grandes os lo vais a quedar y el resto tendremos trabajos de subcontrata o nada de nada.» La Agencia para el Comercio y el Desarrollo está pensada para vosotros. En cuanto empiece a fluir el petróleo y a correr el dinero, va a haber un montón de dinero. Es la segunda reserva petrolífera más grande del mundo, no hay duda de cuánto dinero se puede sacar de allí.

ENTREVISTA: DR. SAM KUBBA
(CÁMARA AMERICANO-IRAQUÍ DE COMERCIO)

He recibido quejas de compañías iraquíes, y de compañías americanas, eh, la falta de transparencia, la corrupción... Creo que los beneficios que están obteniendo las empresas americanas, las grandes, las principales empresas, eh, son abrumadores. Es decir, como cuando tienes un artículo de un millón de dólares y lo subcontratas por cincuenta o sesenta o setenta mil dólares, eso son unos beneficios enormes. Y es el contribuyente americano el que lo va a pagar.

YOUSSEF SLEIMAN
Todavía en el estrado de la conferencia.

... ¡Y va a ir a mejor! Empezad a construir relaciones, porque va a mejorar mucho cuando fluya el petróleo y el presupuesto se aumente, y lo bueno es que, al coste que sea, el Gobierno os pagará.

ENTREVISTA: DR. SAM KUBBA

La guerra es siempre buena para ciertas compañías, me refiero a las que están en la guerra, el negocio de la guerra.

ENTREVISTA: GEORGE SIGALOS
(VICEPRESIDENTE, HALLIBURTON)

Estamos muy orgullosos del trabajo que hacemos, apoyando una vez más al Gobierno y el Ejército de Estados Unidos, y los auténticos héroes de la campaña, los auténticos héroes de la reconstrucción son los hombres y mujeres de las Fuerzas Armadas de Estados Unidos, y estoy muy orgulloso de formar parte en la medida en que podemos apoyarlos.

PRESENTADOR

Fragmentos de un melodramático anuncio de Halliburton.

Halliburton ofrece comidas calientes, suministros, ropa limpia y comunicaciones a nuestros soldados para que puedan estar un poco más cerca de casa.

SOLDADO EN EL ANUNCIO

Escucha por teléfono cómo su esposa da a luz en Estados Unidos.
Sí, sí, ¿es una niña? ¡Es una niña!

PRESENTADOR (ANUNCIO DE HALLIBURTON)

Halliburton, orgullosos de servir a nuestras tropas.

Mujeres en un hogar para jubilados de Florida; hablan de Halliburton.

BERTHA OKOSKIN

Lo acabo de leer en el periódico, Halliburton ha conseguido otro contrato. Halliburton ha conseguido otro contrato. Y nadie le pone pegas.

EVELYN STROM

Porque nadie lo sabe.

BERTHA OKOSKIN

Bueno, sale en el periódico, o sea que alguien lo sabe.

EVELYN STROM

Pero eso es después. Cuando ya está hecho. Es demasiado tarde.

Fragmento de noticias.

HAROLD MOSS

Ahora Estados Unidos es un protagonista de primer orden en el negocio del petróleo iraquí. Soldados americanos vigilan los yacimientos petrolíferos mientras trabajadores tejanos del ramo evalúan su potencial.

TRABAJADOR

Es un entorno laboral seguro. No tenemos ninguna sensación de riesgo. Sentimos que estamos bien protegidos o no estaríamos aquí.

Entrevista con un soldado estadounidense en Irak.

SOLDADO

No es ningún secreto... Vamos, yo gano, no sé, entre dos mil y tres mil al mes. Un empleado de Halliburton que vaya por ahí conduciendo un autobús puede ganar entre ocho y diez mil al mes. Explícamelo. Por cuarenta horas a la semana. Haciendo la misma ruta de cuatro kilómetros. Figúrate. ¿Cómo le...? ¿Cómo se justifica eso?

Corte a: conferencia económica, interior del hotel.

GORDON BOBBIT (KALMAR RT CENTER)

No hay otra sola zona del mundo hoy en día con la oportunidad para los negocios, nuevos negocios, que se nos presenta hoy en Irak.

ENTREVISTA:

GRANT HABER (AMERICAN INNOVATIONS, INC.)

El presidente entró e hizo lo que hizo, y todos lo apoyamos a él y a nuestros soldados, y queremos asegurarnos de que, ya sabe, los esfuerzos y las vidas perdidas y... que no hayan sido para nada.

ENTREVISTA: DR. SAM KUBBA

Si no fuera por el petróleo, nadie estaría allí. Nadie se preocuparía.

ENTREVISTA:

BLAINE OBER (HIGH PROTECTION COMPANY)

Por desgracia, al menos a corto plazo, creemos que va a ser una buena situación... esto, una situación peligrosa. Buena para los negocios, mala para las personas.

Entrevista a las jubiladas de Florida.

BERTHA OKOSKIN

Hoy en las noticias Rumsfeld decía... y Wolf, Wolf, Wolfo-witz decía: «Oh, el pueblo iraquí está mucho, mucho mejor. ¿No es mejor que nos hayamos librado de Saddam y ahora el pueblo iraquí pueda hacer lo que quiera y ser libre de verdad?» ¿Serán libres alguna vez? No, no serán libres. ¿Y dónde están las... dónde están las armas de destrucción masiva? Fue una... Nos engañaron. Nos engañaron pero bien. Y esa pobre gente, los chicos y chicas que están muriendo allí... Es innecesario. Yo... yo... yo... eso es...

EVELYN STROM

Es una vergüenza.

BERTHA OKOSKIN

Basta.

EVELYN STROM

Es una vergüenza.

Presidente Bush en el estrado, dando un discurso.

GEORGE W. BUSH

Murieron por una causa justa defendiendo la libertad, y no habrán muerto en vano.

NARRACIÓN

Exterior: Washington, D.C.; Lila camina hacia la Casa Blanca.

Lila me había llamado para decirme que venía a Washington desde Flint para asistir a una conferencia. En su hora libre, dijo que quería hacer una visita a la Casa Blanca.

Lila llora delante de la Casa Blanca, se ha acercado a una manifes-tante [Concepción Picciotto] que tiene fotos y un cartel que llama terrorista a Bush.

Bush ha matado niños, niños iraquíes, niños iraquíes...

LILA LIPSCOMB

Mi hijo murió...

MANIFESTANTE EN LA CASA BLANCA
... ha matado a mi gente en España ayer. Sus mentiras matan personas, a tus hijos, también.

LILA LIPSCOMB
Sí. Mi hijo.

MANIFESTANTE EN LA CASA BLANCA
... ahora a hacer negocios en Irak. Y ellos matando a todos esos jóvenes americanos...

LILA LIPSCOMB
Sí.

MANIFESTANTE EN LA CASA BLANCA
¿Por qué? Por petróleo. Bush es un terrorista.

Una mujer se acerca y se encara con Lila.
MUJER
No lo es. Esto es un montaje. Esto es un montaje.

MANIFESTANTE
Sí, sí, es el carnicero de Irak. Es el carnicero de Irak.

LILA LIPSCOMB
Se vuelve furiosa hacia la mujer y le dice a la cara.
Mi hijo.

MUJER
¿Dónde lo mataron?

LILA LIPSCOMB
Me dices que mi hijo...

MUJER
¿Dónde lo mataron?

LILA LIPSCOMB
... no es un montaje...

MUJER
¿Dónde lo mataron?

LILA LIPSCOMB
Lo mataron en Kerbala. El dos de abril. No es un montaje.
Mi hijo está muerto.

MUJER
Bueno, igual que mucha otra gente.
¡Échale la culpa a al-Qaeda!

Lila se aleja alterada.

MICHAEL MOORE
¿Qué te chillaba esa mujer?

LILA LIPSCOMB
Lila llora, y le cuesta respirar.
Que se supone que debo culpar a al-Qaeda. Al-Qaeda no
tomó la decisión de mandar a mi hijo a Irak. La ignorancia... que
nos encontramos con la gente de cada día. Porque no saben. La
gente cree que sabe, pero no sabe. Yo creía que sabía, pero no
sabía.
Lila se viene abajo entre lágrimas.
Necesito a mi hijo. Dios, es más duro de lo que pensaba estar aquí, pero también es liberador, porque por fin tengo un sitio en el que depositar todo mi dolor y mi ira y darles rienda
suelta.

NARRACIÓN
Michale Moore y el cabo Henderson pasean por el Capitolio.
Supongo que estaba cansado de ver sufrir a gente como Lila
Lipscomb. Sobre todo cuando, de los quinientos treinta y cin-
co miembros del Congreso, sólo uno tenía un hijo alistado en
Irak.

Le pedí al cabo Henderson del Cuerpo de Marines de los Estados Unidos que se reuniera conmigo en el Capitolio para ver a cuántos miembros del Congreso convencíamos de que alistaran a sus hijos para que fueran a Irak.

MICHAEL MOORE

Aborda a John Tanner.

Congresista, soy Michael Moore.

CONGRESISTA JOHN TANNER

Hey, Michael, ¿cómo va?

MICHAEL MOORE

Bien, bien, estoy bien.

CONGRESISTA JOHN TANNER

Bien.

MICHAEL MOORE

Bien.

CONGRESISTA JOHN TANNER

John Tanner.

MICHAEL MOORE

Encantado. Encantado de conocerlo.

CONGRESISTA JOHN TANNER

¿Qué estáis haciendo?

MICHAEL MOORE

Bueno, estoy aquí con el cabo Henderson, Cuerpo de Marines de Estados Unidos.

CONGRESISTA JOHN TANNER

Muy bien, cabo, yo estuve en la Marina hace años, de mil novecientos sesenta y ocho al setenta y dos. Nuestra base la vigilaban los marines.

MICHAEL MOORE

¿Tiene hijos?

CONGRESISTA JOHN TANNER

Sí.

MICHAEL MOORE

¿Podemos conseguir de algún modo que se alisten? ¿Y que vayan allá a echar una mano en la tarea? Tenemos todos los folletos...

CONGRESISTA JOHN TANNER

Uno tiene dos hijos...

MICHAEL MOORE

Eh, sí, bueno, verá, no es que haya muchos congresistas que tengan hijos allá... y en realidad, sólo uno. Ya ve, o sea que hemos pensado que a lo mejor ellos, ya sabe, ustedes tendrían que enviar primero a sus hijos, sabe. ¿Qué le parece la idea?

CONGRESISTA JOHN TANNER

Al mismo tiempo que Moore.
Lo sé, lo sé, lo sé.

CONGRESISTA JOHN TANNER

No estoy en desacuerdo.

MICHAEL MOORE

Eh, no lo está, eh, bien, bueno, tenga, llévese unos folletos entonces, al menos uno de los marines... y páselo. Anime a sus colegas, ya sabe, si están a favor de la guerra, que la respalden, ya sabe. Y que envíen a los suyos.

CONGRESISTA JOHN TANNER

Gracias, Mike.

MICHAEL MOORE

Gracias, señor, muchas gracias.

MICHAEL MOORE

Aborda a otro congresista.

¿Congresista? Soy Michael Moore.

CONGRESISTA

¿Qué se le ofrece?

MICHAEL MOORE

Estoy intentando que los miembros del Congreso pidan a sus hijos que se alisten en el ejército y vayan a Irak. *(El congresista mira a Michael Moore patidifuso.)*

¿Congresista? ¿Congresista? *(Persiguiendo a otro congresista.)*

¿Congresista Castle? ¿Congresista Castle?

¿Congresista? ¿Congresista? Congresista Doolittle, Michael Moore.

CONGRESISTA DOOLITTLE

Uhhh...

MICHAEL MOORE

Me preguntaba si, eh..., si hay algún modo de...

NARRACIÓN

Por supuesto, ni un solo miembro del Congreso quería sacrificar a su hijo por la guerra en Irak, y ¿quién podría culparlos? ¿Quién querría entregar a su hijo? ¿Vosotros querríais? ¿Querría él? *(Imagen de la Casa Blanca y Bush con niños.)* Siempre me ha maravillado que la misma gente obligada a vivir en las peores partes de la ciudad e ir a las peores escuelas, la que lo pasa peor *(imágenes de zonas urbanas deprimidas, pobreza)* sean también los primeros en ofrecerse a defender ese mismo sistema. Ellos sirven para que no tengamos que hacerlo nosotros. *(Americanos alistándose.)* Se ofrecen a entregar su vida para que nosotros podamos ser libres. Es el asombroso regalo que nos hacen. Y lo único que piden a cambio es que nunca los pongamos en peligro si no es absolutamente necesario. *(Soldados en Irak, sonrientes y esperanzados.)* ¿Volverán a confiar en nosotros alguna vez?

Diversos fragmentos de noticias.

GEORGE W. BUSH

Había usado armas.

DONALD RUMSFELD

Sabemos dónde están, están en la zona en torno a Tikrit, y Bagdad, y... y al este, el oeste, el norte y el sur.

CONDOLEEZZA RICE

Existe un vínculo entre Irak y lo que sucedió el 11-S.

DICK CHENEY

El conflicto sólo puede terminar con su destrucción completa y permanente.

GEORGE BUSH

Libramos una guerra para salvar a la propia civilización. No la buscamos, pero la combatiremos, y venceremos.

Imágenes de líderes después de declaraciones, recaudaciones de fondos, yuxtaposición entre la elite rica que controla la guerra y la clase trabajadora que muere en ella.

NARRACIÓN

George Orwell escribió una vez que la cuestión no es si la guerra es real o no. La victoria no es posible. El objetivo de la guerra no es ser ganada, sino ser continua. Una sociedad jerárquica sólo es posible sobre la base de la pobreza y la ignorancia. Esta nueva versión es el pasado y no puede haber existido nunca un pasado diferente. Por principio, el esfuerzo bélico está siempre planeado para mantener a la sociedad al borde de la inanición. La guerra la libra el grupo dirigente contra sus propios súbditos y su objeto no es la victoria sobre Eurasia ni Asia oriental, sino mantener intacta la propia estructura de la sociedad.

GEORGE BUSH

En el estrado, trabándose con las palabras.

Hay un viejo dicho en Tennessee, sé que en Tejas lo tienen,

probablemente en Tennessee, que dice: Me engañas una vez, deberías avergonzarte... deberías avergonzarte... Me engañas, no puedes engañarme otra vez.

NARRACIÓN
Por una vez, estábamos de acuerdo.

TÍTULOS DE CRÉDITO

PARTE II

FAHRENHEIT 9/11
PRUEBAS Y MATERIAL DE APOYO

DEL 2 DE NOVIEMBRE DE 2000 AL 11 DE SEPTIEMBRE DE 2001: ¿PERO CÓMO LLEGAMOS A ESO?

La Fox fue la primera cadena en adjudicar Florida a Bush. Antes, varios canales se la habían concedido a Gore, y cambiaron cuando la Fox se decantó por Bush.

FUENTE: «Con información procedente del Voter News Service, la NBC fue la primera cadena que pronosticó la victoria de Gore en Florida, a las 19.48. A las 19.50, la CNN y la CBS también proyectan a Gore como ganador en Florida.» A las 20.02, las cinco cadenas y Associated Press habían declarado a Gore ganador en Florida. Incluso el VNS le atribuyó la victoria a las 19.52. A las 2.16, la Fox le adjudica Florida a Bush, y la NBC la sigue a las 2.16. La ABC es la última cadena en atribuirle Florida a Bush, a las 2.20, mientras que AP y el VNS nunca llegaron a adjudicársela. CNN: <www.cnn.com/2001/ALLPOLITICS/stories/02/02/cnn.report/cnn.pdf>.

FUENTE: Diez minutos después de la hora del cierre, en los canales de televisión empezaba a caldearse de nuevo el ambiente. A las 2.16 llegó el anuncio: el canal de noticias de la Fox, con el primo hermano de Bush John Ellis al mando de la sección electoral, fue el primero en pronosticar que Florida —y la presidencia— sería para el gobernador de Tejas. En cuestión de minutos lo imitaron el resto de cadenas. «George Bush, gobernador de Tejas, se convertirá en el 43.º presidente de los Estados Unidos», anunció Bernard Shaw de la CNN por encima de un montaje gráfico de Bush sonriendo. «Cuando pasan 18 minutos de las dos en punto, hora del

Este, la CNN declara que George Walker Bush ha ganado los 25 votos electorales de Florida y eso debería adjudicarle la victoria.» PBS: <www.pbs.org/newshour/media/election2002/election_night.html>.

El hombre al mando de la mesa de decisiones de la Fox en la noche de las elecciones fue el primo hermano de Bush, John Ellis.

FUENTE: «John Ellis, primo hermano de George W. Bush, dirigió la "mesa de decisiones" de la cadena durante las elecciones del 2000, y la Fox fue la primera en dar como ganador a Bush. Antes, Ellis había llamado seis veces por teléfono al primo Bush durante el recuento de votos.» William O'Rourke: «Talk Radio Key to GOP Victory», *Chicago Sun-Times* (3-12-2002).

FUENTE: Un asesor de Fox News, John Ellis, que hacía juicios sobre los pronósticos presidenciales en la noche de las elecciones, admite que estuvo en contacto con George W. Bush y el gobernador de Florida Jeb Bush por teléfono en diversas ocasiones durante la noche, pero niega haber quebrantado ninguna norma. CNN (14-11-2000); <www.cbsnews.com/stories/2000/11/14/politics/main249357.shtml>.

FUENTE: John Ellis, el asesor de la Fox que primero adjudicó Florida a George Bush, tuvo que dejar de escribir sobre la campaña para el *Boston Globe* a causa de su «lealtad» familiar a Bush. *CBS News*, <www.cbsnews.com/stories/2000/11/14/politics/main249357.shtml> (14-11-2000).

«Asegúrate de que la directora de tu campaña sea también la que cuenta los votos y de que su estado haya contratado a una compañía que sacará de los censos a los electores que probablemente no te vayan a votar. Se les suele reconocer por el color de su piel.»

FUENTE: «El total de votos fue certificado por la secretaria de Estado de Florida, Katherine Harris, directora de la campaña de Bush en Florida, en representación del gobernador Jeb Bush, hermano del candidato.» Mark Zoller Seitz: «Bush Team Conveyed an Air of Legitimacy», *San Diego Union-Tribune* (16-12-2000).

FUENTE: El Departamento de Estado de Florida concedió un

contrato de 4 millones de dólares a Database Technologies Inc. (una filial de ChoicePoint con sede en Boca Ratón). Se les encomendó la búsqueda de votantes irregularmente registrados en la base de datos, pero abundaron los errores. «En un momento dado, la lista incluía como delincuentes a ocho mil antiguos ciudadanos de Tejas condenados por faltas.» *St. Petersburg Times* (Florida) (21-12-2003).

FUENTE: Database Technologies, filial de ChoicePoint, «fue responsable de una desatinada revisión de los censos electorales de Florida, con el resultado de que millares de personas, un desproporcionado porcentaje de ellas negras, fueron privadas de su derecho a voto en las elecciones de 2000. De haber podido votar, tal vez hubieran decantado el estado, y por tanto la presidencia, a favor de Al Gore, que perdió en Florida». Oliver Burkeman, Jo Tuckman: «Firm in Florida Election Fiasco Earns Millions from Files on Foreigners», *The Guardian* (5-5-2003). <www.guardian.co.uk/usa/story/0,12271,949709,00.html>. Véase también *Atlanta Journal-Constitution* (28-5-2001).

FUENTE: En 1997, Rick Rozar, el difunto director de la compañía comprada por ChoicePoint, donó 100.000 dólares al Comité Nacional Republicano. Melanie Eversley: «Atlanta-Based Company Says Errors in Felon Purge Not Its Fault», *Atlanta Journal-Constitution* (28-5-2001).

FUENTE: Frank Borman de Database Technologies Inc. ha realizado abultadas donaciones a los republicanos de Nuevo México, así como a la campaña presidencial de George W. Bush. Opensecrets.org, «Frank Borman».

Si hubiera un recuento en todo el estado, bajo todas y cada una de las hipótesis, Gore ganaría las elecciones.

FUENTE: «[Un] consorcio [Tribune Co., propietario del *Times*, Associated Press, la CNN, el *New York Times*, el *Palm Beach Post*, el *St. Petersburg Times*, el *Wall Street Journal* y el *Washington Post*] contrató al NORC [Centro Nacional de Investigación de Opinión, una organización de investigación no partidista asociada a la Universidad de Chicago] para que examinara todas las papeletas no recontadas y consiguiera información sobre cómo se marcaron. Después las organizaciones de prensa utilizaron ordenadores para organizar y tabular los votos, basándose en los cambiantes escenarios que habían surgido durante la confusión postelectoral de Florida. Bajo cualquier criterio de tabulación de todos los votos disputados en el estado, Gore remontaba la ventaja de Bush y salía ganador por una minúscula diferencia que oscilaba entre los 42 y los 171 votos.» Donald Lambro: «Recount Provides No Firm Answers», *Washington Times* (12-11-2001).

FUENTE: «La revisión reveló que el resultado habría sido diferente si cada junta de escrutinio de cada condado hubiese examinado cada voto nulo, una situación que ninguna autoridad electoral o judicial había ordenado. Gore había reclamado un recuento manual de ese tipo si Bush se mostraba de acuerdo, pero Bush rechazó la idea y no había mecanismos vigentes para llevarla a la práctica.» Martin Merzer: «Review of Ballots Finds Bush's Win Would Have Endured Manual Recount», *Miami Herald* (4-4-2001).

FUENTE: Véase también el siguiente artículo de uno de los periodistas del *Washington Post* que realizó el recuento del consorcio. La información relevante consta en la Tabla I del artículo, <www.aei.org/docLib/20040526_KeatingPaper.pdf>.

Congresistas del Caucus Negro intentaron presentar objeciones al resultado de las elecciones en la Cámara; ningún senador quiso firmar esas objeciones.

FUENTE: «Mientras que el vicepresidente Al Gore parecía haber aceptado su sino contenido en dos urnas de madera, los miembros demócratas del Caucus Negro del Congreso intentaron en repetidas ocasiones desautorizar la concesión de los 25 votos electorales de Florida a Bush [...] Más de una docena de demócratas los imitaron, con la intención de suscitar un debate sobre la validez de la votación de Florida con el argumento de que tal vez no se hubieran recontado todos los votos y de que a algunos electores se le negó erróneamente el derecho a votar.» Susan Milligan: «It's Really Over: Gore Bows Out Gracefully», *Boston Globe* (7-1-2001).

FUENTE: El intento del Caucus Negro del Congreso fracasó por «falta de la necesaria firma de cualquier senador». El líder de la minoría del Senado Tom Daschle (demócrata de Dakota del Sur) había recomendado no cooperar a los senadores de su partido con anterioridad. «No lo hicieron.» Robert Novak: «Sweeney Link Won't Help Chaos», *Chicago Sun-Times* (14-1-2001).

«El día en que fue investido George W. Bush, decenas de miles de americanos se lanzaron a las calles [...] Lanzaron huevos contra la limusina de Bush.»

FUENTE: «Gritando consignas como "Salve al ladrón" y "Elegido, no electo", decenas de miles de manifestantes se lanzaron sobre la ruta del desfile de investidura de George W. Bush para proclamar que él y el vicepresidente Dick Cheney habían "robado" las elecciones.» Michael Kranish y Sue Kirchhoff: «Thousands Protest "Stolen" Election», *Boston Globe* (21-1-2001).

FUENTE: «Se produjeron escaramuzas entre los radicales y la policía antidisturbios mientras un huevo se estrellaba contra la blindada limusina presidencial que llevaba a Bush y su esposa Laura a la Casa Blanca.» Damon Johnston (22-1-2001).

Véanse también las imágenes de la película.

«Y detuvieron el desfile de investidura. Se descartó el plan de sacar a Bush de la limousina para el tradicional paseo hasta la Casa Blanca.»

FUENTE: Bush hizo una concesión a causa del tiempo... o por razones de seguridad: permaneció en su limusina durante la práctica totalidad del trayecto de más de un kilómetro del desfile de investidura, saludando por una ventanilla algo empañada. Sólo salió para recorrer a pie sólo una breve distancia cuando su caravana llegó a las tribunas VIP frente al Departamento del Tesoro y la Casa Blanca. Doyle McManus y otros, «Bush Vows to Bring Nation Together», *Los Angeles Times* (21-1-2001).

FUENTE: La limusina de Bush, que había cubierto la mayor parte del trayecto a una pausada velocidad de peatón, paró en seco justo antes de llegar a la esquina de la calle 14 con la avenida Pennsylvania, donde se había congregado la mayoría de manifestantes. Después pegó un acelerón y los agentes del servicio secreto que protegían el vehículo a pie tuvieron que seguirlo a la carrera. Cuando llegaron a una sección del recorrido del desfile donde las aceras estaban reservadas para los poseedores de un ticket oficial, Bush y su esposa Laura, que llevaba un favorecedor vestido turquesa eléctrico, salieron de la limusina para caminar y saludar a sus fieles. Helen Kennedy: «Bush Pledges a United US», *New York Daily News* (21-1-2001).

«Y, durante los ocho meses siguientes, la cosa no mejoró para George W. Bush.»

FUENTE: En una encuesta realizada entre el 5 y el 9 de septiembre de 2001, el *Investor's Business Daily* y el *Christian Sciencie Monitor* revelaron que el índice de popularidad del presidente Bush era del 45 %, una bajada desde el 52 % de mayo (Encuesta de *Investor's Business Daily/Christian Science Monitor*, realizada por TIPP, del 5 al 9 de septiembre de 2001). El sondeo de Zogby situaba a Bush en un 47 % a finales de julio de 2001, un descenso respecto del 57 % de febrero (Zogby, del 26 al 29 de julio de 2001).

FUENTE: En junio de 2001, una encuesta de *Wall Street Journal/NBC News* situó el índice de popularidad del presidente Bush en un 50 %, el índice de aprobación presidencial más bajo en cinco años. Richard L. Berke: «G.O.P. Defends Bush in Face of Dip in Poll Ratings», *New York Times* (29-6-2001).

FUENTE: El 26 de julio de 2001, en un artículo titulado «Bush Lacks the Ability to Force Action on Hill», Dana Milbank del *Washington Post* escribió: «Tal vez sea prematuro concluir que Bush ha perdido el control de su programa, pero legisladores y estrategas de ambos partidos han dicho que el siguiente año de Bush tiene más visos de parecerse al agitado mes de julio que a la ordenada marcha hacia el recorte de impuestos de Bush de esta primavera. [...] Los problemas empezaron, por supuesto, cuando el senador de Vermont James M. Jeffords salió del partido republicano y cedió el control del Senado a los demócratas. Pero los problemas son casi igual de graves en la Cámara de Representantes, donde los moderados que apoyaron la bajada de impuestos de Bush se muestran recalcitrantes en otras cuestiones. Se rebelaron contra los líderes del partido republicano en la reforma de la financiación de campaña y obstaculizaron la legislación «basada en la fe» de Bush por resquemores sobre discriminación. La semana que viene es de esperar que se opongan al proyecto de Bush de perforar en la reserva natural del Ártico.»

FUENTE: La crisis energética de California también pasó factura a la popularidad de Bush. A causa de los apagones escalonados y el encarecimiento de las facturas de servicios, los índices del presidente se resintieron entre los californianos. La encuesta revelaba que el número de californianos que desaprobaban el trabajo de Bush era casi igual al de quienes lo aprobaban, con una proporción aprobación/desaprobación de 42/40. «Calif. Governor Says He'll Sue to Force Government Action», *Houston Chronicle* (30-5-2001).

«En sus primeros ocho meses en el cargo antes del 11 de Septiembre, George W. Bush pasó de vacaciones, según el *Washington Post*, un cuarenta y dos por ciento del tiempo.»

FUENTE: «La cobertura informativa ha recalcado que la estancia de un mes de W. en su rancho de Crawford son las vacaciones presidenciales más largas en 32 años. Los superordenadores del *Washington Post* han calculado que, si se suman todos sus fines de semana en Camp David, las paradas en Kennebunkport y las diversas idas y venidas, W. habrá pasado un 42 % de su presidencia "en lugares de vacaciones o en ruta".» Charles Krauthammer: «A Vacation Bush Deserves», *Washington Post* (10-8-2001).

Bush se relaja en Camp David, Kennebunkport y su rancho de Crawford, Tejas.

FUENTE: A fecha de abril de 2004, el presidente Bush había realizado 33 viajes a Crawford durante su presidencia, que habían acrecentado su total a más de 230 días en el rancho en poco más de tres años. «Súmense sus 78 viajes a Camp David y los cinco al complejo de su familia en Kennebunkport, Maine, y Bush habrá pasado la totalidad o parte de 500 días —o cerca de un 40 % de su presidencia— en uno de sus tres refugios.» «Bush Retreats to a Favorite Getaway: Crawford ranch», *Houston Chronicle* (11-4-2004).

El 10 de septiembre de 2001 Bush se encontró con su hermano en Florida, donde durmió esa noche en «una cama hecha con finas sábanas francesas».

FUENTE: Bush no ha tenido reparos en visitar Florida, zona

cero de la batalla del recuento de votos que siguió a las elecciones del año anterior. En este viaje pasa mucho tiempo con su hermano, el gobernador Jeb Bush. «President to Push Congress on Education in Fourth Florida Visit», Associated Press (10-9-2001); véase también, CNN Inside Politics (10-9-2001).

FUENTE: Dos personas prepararon la habitación del presidente «e hicieron la cama con algunas de las finas sábanas francesas de la familia». Tom Bayles: «The Day Before Everything Changed, President Bush Touched Locals' Lives», *Sarasota Herald-Tribune* (10-9-2001).

«Mientras se producía el atentado, Bush iba de camino a un colegio de Florida. Cuando le informaron de que el primer avión se había estrellado contra el World Trade Center, donde los terroristas habían golpeado sólo ocho años antes, el Sr. Bush decidió seguir adelante con su caza de fotos.»

Nota: Debería recalcarse que en el momento en que le notificaron el atentado del primer avión, Bush (a diferencia del resto del país) ya era consciente de que Ossama Bin Laden planeaba atacar Estados Unidos secuestrando aviones, según el Informe Presidencial Diario (PDB) del 6 de agosto de 2001. También era consciente, por supuesto, de que el World Trade Center había sido un blanco histórico de atentados terroristas. Pese a todo, siguió adelante con su caza de fotos en una escuela llena de niños.

FUENTE: «Bush llegó a la escuela poco antes de las 9 de la mañana esperando que lo recibiera su maternal directora, Gwen Rigell. En lugar de eso lo llevó a un brusco aparte la familiar y corpulenta figura de Karl Rove, veterano muñidor político de cincuenta y un años y asesor de confianza tanto de Bush como de su padre. Rove, un paisano tejano de modales expansivos y verbo pintoresco, le contó al presidente que un gran avión comercial de pasajeros (el vuelo 11 de American Airlines) se había estrellado contra la Torre Norte del World Trade Center. Bush apretó los dientes, bajó el labio inferior y dijo algo inaudible. Después entró en la escuela.» William Langley: «Revealed: What Really Went on During Bush's Missing Hours», *The Telegraph* (16-12-2001).

FUENTE: «El ataque aéreo al World Trade Center fue como mínimo el segundo intento terrorista de derribar las torres. En 1993, los terroristas quisieron poner una bomba en un edificio para que explotara y cayera sobre el otro. El plan fracasó, pero hubo seis muertos y más de mil heridos.» Cragg Hines: «Terrorists Strike from Air; Jetliners Slam into Pentagon, Trade Center», *Houston Chronicle* (11-9-2001).

FUENTE: Informe Diario Presidencial (PDB) del 6 de agosto de 2001: «Bin Laden decidido a golpear en el interior de Estados Unidos»: «Miembros de al-Qaeda —entre ellos algunos ciudadanos estadounidenses— llevan años residiendo o viajando a Estados Unidos, y al parecer el grupo mantiene una estructura de apoyo que podría colaborar en atentados [...] La información del FBI desde entonces muestra patrones de actividad sospechosa en este país, que concuerda con preparativos de secuestros de aviones u otros tipos de atentados, incluida la reciente vigilancia en edificios federales de Nueva York.» (6-8-2001), «Bin Laden Determined to Strike Inside US», <www.cnn.com/2004/images/04/10/white house.pdf>.

«Cuando el segundo avión se estrelló contra la torre, su jefe de gabinete entró en el aula y le dijo a Bush: "Están atacando la nación".»
FUENTE: «A las 9.02, el jefe de gabinete de la Casa Blanca, Andrew H. Card Jr., entró en el aula y le susurró al oído derecho al presidente: "Un segundo avión se ha estrellado contra la otra torre, están atacando la nación."» David E. Sanger y Don Van Natta Jr.: «After The Attacks: The Events; In Four Days, A National Crisis Changes Bush's Presidency», *New York Times* (16-9-2001).

«Bush se quedó allí sentado y siguió leyendo *Mi cabrita*.»
FUENTE: «Fue en el curso de su visita a una clase de lectura en la escuela elemental Emma E. Booker de Sarasota, Florida, para promocionar sus reformas educativas, cuando el presidente Bush se enteró del ataque. En presencia de su invitado estrella, la maestra Sandra Kay Daniels, de cuarenta y cinco años, impartía la lección del día, que se centraba en un cuento sobre una cabrita.» «9/11: A Year After.» *Los Angeles Times* (11-9-2002).
FUENTE: El martes el presidente Bush escuchó a dieciocho alumnos de segundo curso de la Booker Elementary School que

leían un cuento sobre una cabrita antes de hablar breve y solemnemente sobre los atentados terroristas. «Bush Hears of Attack While Visiting Booker», *Sarasota Herald-Tribune* (12-9-2001).

Véanse también imágenes de la película.

«Transcurrieron casi siete minutos sin que nadie hiciera nada.»

FUENTE: «[P]ermaneció en el aula otros seis minutos [tras ser informado sobre el segundo avión] [...] [A las] 9.12 se retiró bruscamente para hablar con Cheney y las autoridades de Nueva York.» David E. Sanger y Don Van Natta Jr.: «After the Attacks: The Events; In Four Days, A National Crisis Changes Bush's Presidency», *New York Times* (16-9-2001).

FUENTE: «Bush se quedó en la escuela de primaria durante casi media hora después de que Andy Card le hablara al oído.» Michael Kranish: «Bush: US to Hunt Down Attackers», *Boston Globe* (11-9-2001).

GEORGE W. BUSH PERMITE QUE OSSAMA —Y MUCHOS OTROS— SE VAYAN DE ROSITAS

«¿Debería haber tenido al menos una reunión desde que llegó a la presidencia para comentar la amenaza del terrorismo con su jefe de antiterrorismo?»

FUENTE: «[N]o me permitieron tenerlo informado sobre terrorismo. ¿Sabe?, ahora dicen que cuando me concedieron la oportunidad de hablarle sobre ciberseguridad fue porque yo lo había elegido. Podría haberle hablado del terrorismo o ciberseguridad. Eso no es verdad. Pedí en enero la oportunidad de informar, al presidente sobre terrorismo, darle el mismo informe que le había dado al vicepresidente Dick Cheney, a Colin Powell y a Condi Rice. Y me dijeron: "Dick, no puedes presentar ese informe hasta después del proceso de desarrollo de políticas."» Entrevista de Tim Russert a Richard Clarke en el *Meet the Press* de la NBC (28-3-2004).

FUENTE: «Clarke pidió en varias ocasiones que se adelantara la reunión del Comité Departamental de Seguridad sobre estos temas [esbozados en su memorándum del 25 de enero de 2001] y le frustró que no se organizara ninguna reunión adelantada. Quería que los integrantes del comité aceptaran que al-Qaeda era una "amenaza de primer orden" y no un problema de rutina exagerado por los alarmistas "gallinas". No se celebró ninguna reunión del Comité Departamental de Seguridad sobre al-Qaeda hasta el 4 de septiembre de 2001.» Comisión Nacional sobre Ataques Terroristas a Estados Unidos, Amenazas y Respuestas en el 2001, Informe N.º 8, «Coordinación de Política Nacional», pp. 9-10; <www.9-11commission.gov/hearings/hearing8staff_statement_8.pdf>.

FUENTE: Véase el testimonio de Richard A. Clarke ante la Comisión Nacional sobre Ataques Terroristas a Estados Unidos (24-3-2004):

SR. ROEMER: Muy bien. Pasemos a, en mis quince minutos, pasemos a la administración Bush. El 25 de enero hemos visto un memorándum que le escribió a la doctora Rice en el que le solicitaba con urgencia que el comité de altos cargos con responsabilidades de seguridad revisase su opinión sobre al-Qaeda. Incluye usted la asistencia a la Alianza del Norte, ayuda encubierta, que el presupuesto del 2002 les concediese una nueva y significativa autoridad para luchar contra al-Qaeda...

SR. CLARKE: Ajá.

SR. ROEMER: ... y una respuesta al *U.S.S. Cole*. Adjuntó ese documento tanto al Plan Delenda de 1998 como a un estudio de estrategia de diciembre de 2000. ¿Obtuvo una respuesta a esa urgente solicitud de una reunión de altos cargos de seguridad sobre esos temas, y cómo afecta eso a su marco temporal para afrontar estas importantes cuestiones?

SR. CLARKE: Sí que obtuve una respuesta. La respuesta fue que, dentro de la administración Bush, yo y mi comité, el grupo de seguridad antiterrorista, deberíamos informar al comité de delegados, que es un comité subdepartamental, y no a los cargos de gabinete, y que por tanto era inapropiado que solicitara una reunión del comité departamental. En lugar de eso, habría una reunión de delegados.

SR. ROEMER: Entonces, ¿frena eso el proceso, acudir a los delegados en lugar de a los más altos cargos o un grupo pequeño, como había hecho usted con anterioridad?

SR. CLARKE: Lo frenó una barbaridad, meses enteros. En primer lugar, el comité de delegados no se reunió de urgencia en enero o febrero. Después, cuando por fin se reunió, adoptó la cuestión de al-Qaeda como parte de su conjunto de temas de política, junto con la proliferación nuclear en el sur de Asia, la democratización de Pakistán, el modo de tratar los problemas, los diversos problemas, entre ellos los narcóticos y otros problemas de Afganistán, y organizó una serie de reuniones de delegados que se extendieron a lo largo de varios meses para tratar de al-Qaeda dentro del contexto de todas esas cuestiones interrelacionadas. Ese proceso terminó probablemente, creo, en julio de 2001, de modo que nos estábamos preparando para una reunión de altos cargos en julio, pero éstos tenían la agenda saturada, y después se fueron de vacaciones, muchos de ellos, en agosto, así que no pudimos reunirnos en agosto, y por tanto se reunieron en septiembre.

«O tal vez Bush se preguntaba por qué había recortado los fondos del FBI para antiterrorismo.»

FUENTE: «Esta cuestión de los recursos surgirá también en la comparecencia del fiscal general John Ashcroft ante la comisión, que se estrenaba en el cargo en otoño de 2001 y el 10 de septiembre recortó en un 12 % la petición del FBI de un aumento de dinero para antiterrorismo.» John Dimsdale: «Former FBI Director Louis Freeh and Attorney General John Ashcroft to appear before 9/11 commission tomorrow», NPR Radio: Marketplace (12-4-2004). Véanse también los documentos presupuestarios de 2001 entre los que se incluye la solicitud de presupuesto para el año fiscal 2003 del fiscal general John Ashcroft a la Oficina de Gestión y Presupuesto, 10 de septiembre de 2001, que muestra una deducción de 65 millones de dólares en el presupuesto para concesión de equipo antiterrorista del FBI: http://www.americanprogress.org/atf/cf/%7BE9245FE4-9A2B-43C7-A521-5D6FF2E06E03%7D/FY03ASHCROFT.pdf.

El informe de seguridad que se le entregó el 6 de agosto de 2001 afirmaba que Ossama Bin Laden planeaba atacar Estados Unidos secuestrando aviones.

FUENTE: 6 de agosto, 2001, Informe Presidencial Diario (PDB): «Miembros de al-Qaeda —entre ellos algunos ciudadanos estadounidenses— llevan años viviendo en Estados Unidos o visitándolo, y al parecer el grupo mantiene una estructura de apoyo que podría contribuir a posibles atentados. Dos miembros de al-Qaeda hallados culpables de la conspiración para atentar contra nuestras embajadas en África oriental eran ciudadanos estadounidenses, y un miembro importante de la Yihad Islámica egipcia residió en California a mediados de la década de 1990. Una fuente clandestina comunicó en 1998 que una célula de Bin Laden en Nueva York reclutaba a jóvenes musulmanes-americanos para cometer atentados. No hemos podido corroborar varios de los avisos de amenazas más alarmistas, como el de un servicio de [fragmento eliminado] de 1998 que afirmaba que Bin Laden quería secuestrar un avión estadounidense para obtener la liberación del "jeque ciego" 'Umar Abd al-Rahman y otros extremistas en poder de Estados Unidos. Pese a todo, la información del FBI desde entonces indica patrones de actividad sospechosa en este país que concuerdan con preparativos para secuestros de aviones y otros tipos de atentados, como por ejemplo la reciente vigilancia a edificios federales de Nueva York.» 6 de agosto, 2001, «Bin Ladin Determined to Strike Inside US», <222.cnn.com/2004/images/04/10/whitehouse.pdf>.

FUENTE: «El documento del 6 de agosto de 2001, conocido como Informe Presidencial Diario, ha sido objeto de un intenso escrutinio porque informaba de que Bin Laden propugnaba el secuestro de aviones, de que había partidarios de al-Qaeda en Estados Unidos y de que el grupo planeaba atacar aquí.» Clarke J. Scott: «Clarke Gave Warning on Sept. 4, 2001; Testimony Includes Apology to Families of Sept. 11 Victims», Associated Press (25-3-2004).

El 6 de agosto de 2001, George W. Bush se fue de pesca.

FUENTE: «El presidente Bush entró en "modo vacaciones" el lunes, cuando se dedicó a pescar percas en su laguna, recorrer los cañones de su rancho de 600 hectáreas y salir a correr a primera hora de la mañana.» Associated Press: «President Bush Vacationing in Texas» (6-8-2001).

«¿Habrá sido el tipo al que los amigos de papá le entregaron un montón de armas?»

FUENTE: En 1995, un miembro del Consejo de Seguridad Nacional de Reagan y coautor de sus Directrices de Seguridad Nacional, Howard Teicher, firmó una declaración jurada en la que afirmaba: «Desde principios de 1982 a 1987, fui miembro del Consejo de Seguridad Nacional de Estados Unidos [...] En junio de 1982, el presidente Reagan decidió que Estados Unidos no podía permitirse que Irak perdiera la guerra contra Irán. El presidente Reagan decidió que Estados Unidos haría todo lo que fuera necesario y legal para evitar que Irak perdiera la guerra contra Irán. Con arreglo a las Directrices de Seguridad Nacional secretas, Estados Unidos apoyó de manera activa el esfuerzo bélico de los iraquíes, suministrándoles miles de millones de dólares en créditos, ofreciéndoles inteligencia y consejo militar estadounidense y supervisando con atención la venta de armas a Irak por parte de terceros países con el fin de asegurarse de que Irak contara con el armamento militar requerido.

»El mensaje fue transmitido por el vicepresidente Bush, quien se lo comunicó al presidente egipcio Mubarak, quien a su vez se lo refirió a Saddam Hussein. A las órdenes del director Casey y el subdirector Gates, la CIA se aseguró de que productores no estadounidenses fabricaran y vendieran a Irak las armas que necesitaba. Cuando se dio en ciertas ocasiones la eventualidad de que el componente clave de un arma no estaba disponible, las más altas esferas del Gobierno estadounidense decidieron garantizar que ese componente estuviera disponible, de manera directa o indirecta, para Irak. Recuerdo en concreto que el suministro de munición de penetración antiblindaje a Irak fue un buen ejemplo. Estados Unidos adoptó como política suministrar munición de penetración a Irak.» Declaración jurada de Howard Teicher, *United States of America v. Carlos Cardoen et al*, 31 de enero, 1995, <www.informationclearinghouse.info/article1413.htm>.

FUENTE: «Han surgido interrogantes sobre si Estados Unidos no sólo consintió los envíos extranjeros de armas a Irak, sino que llegó a fomentarlos e incluso organizarlos. Un ex miembro del Consejo de Seguridad Nacional, Howard Teicher, afirmó en una declaración jurada de 1995 que la CIA se aseguró de que Irak recibiera armas de fabricantes no estadounidenses.» Ken Guggenheim: «War Crimes Trial for Saddam Could Reveal Details of Past U.S. Help», Associated Press (24-1-2004).

FUENTE: «Está ampliamente documentado que las administraciones Reagan y Bush suministraron tecnologías militares cruciales que se pusieron directamente al servicio de la construcción de la maquinaria de guerra iraquí. También existen sólidas pruebas que indican que el hecho de que el ejecutivo no tomara medidas enérgicas contra los traficantes de armas ilegales ni siguiera el rastro de las transferencias de armamento estadounidense por parte de terceros permitió que fuera a parar a Irak un flujo sustancial de equipo militar y componentes militares de origen estadounidense.» William D. Hartung: «Weapons at War; A World Policy Institute Issue Brief» (mayo de 1995). Véase también, Alan Friedman: *Spider's Web: The Secret History of How the White House Illegaly Armed Iraq*, Bantam Books, 1993; Kenneth R. Timmerman). *The Death Lobby: How the West Armed Iraq*: Houghton, Mifflin, 1991.

FUENTE: «El diputado Dante Fascell (Dem., Florida), presidente del Comité de Asuntos Exteriores del Congreso, dijo [...] que Estados Unidos no podía "hacer profesión de pureza" en cuanto a ventas de armas, puesto que el Gobierno estadounidense ha vendido armas a Irán, Irak "y a todo el mundo".» Robert Shepard: «Congress Approves Aid for Former Soviet Republics», United Press International (3-10-1992).

FUENTE: «Un programa encubierto estadounidense durante la administración Reagan proporcionó a Irak una asistencia crucial en la planificación bélica, en un momento en que las agencias de inteligencia americanas sabían que los comandantes iraquíes emplearían armas químicas para librar las batallas decisivas de la guerra entre Irán e Irak, según oficiales militares con conocimiento directo del programa. Esos oficiales, la mayoría de los cuales accedieron a hacer declaraciones con la condición de que no se los identificara, hablaron en respuesta a las preguntas de un periodista sobre la naturaleza del uso militar de gases por parte de ambos bandos del conflicto entre Irán e Irak de 1981 a 1988. El presidente Bush y, esta semana, su consejera de Seguridad Nacional Condoleezza Rice han esgrimido repetidamente el uso de gas en aquel conflicto por parte de Irak como justificación para el "cambio de régimen" que quieren propiciar. El programa encubierto se llevó a cabo en un momento en el que los principales asesores del presidente Reagan, entre ellos el secretario de Estado George P. Schultz, el secretario de Defensa Frank C. Carlucci y el general Colin Powell, a la sazón consejero de seguridad nacional, condenaban en público a Irak por su utilización de gas venenoso, sobre todo tras su ataque a los kurdos de Halabya en marzo de 1988.» Patrick E. Tyler: «Officers Say U.S. Aided Irak in War Despite Use of Gas», *New York Times* (18-8-2002).

«¿Ha sido ese grupo de fundamentalistas que visitó mi estado cuando era gobernador?»

FUENTE: «Una delegación de altos cargos del movimiento talibán de Afganistán se encuentra en Estados Unidos para hablar con una compañía energética internacional que pretende construir un gasoducto desde Turkmenistán hasta Pakistán, pasando por su país. Un portavoz de la empresa Unocal dijo que estaba previsto que los talibanes pasaran varios días en la sede que la compañía tiene en Sugarland, Tejas.» «Taleban in Texas for Talks on Gas Pipeline», BBC News (4-12-1997). (Sugarland está a treinta y cinco kilómetros de Houston.)

«¿O habrán sido los saudíes? Maldición, han sido ellos.»

FUENTE: «Las 27 páginas desclasificadas de un informe del Congreso sobre el 11 de Septiembre retratan un Gobierno saudí que no sólo proporcionó una cantidad importante de dinero y ayuda a los secuestradores suicidas, sino que además permitió potencialmente que centenares de millones de dólares fueran a parar a al-Qaeda y otros grupos terroristas a través de supuestas entidades benéficas y otras tapaderas, según fuentes familiarizadas con el documento. Un funcionario estadounidense que ha leído la sección clasificada cuenta que describe "vínculos muy directos y específicos" entre funcionarios saudíes, dos de los secuestradores residentes en San Diego y otros posibles conspiradores "que no pueden soslayarse como particulares, aislados o casuales".» Quince de los diecinueve secuestradores eran saudíes. Josh Meyer: «Report Links Saudi Government to 9/11 Hijackers, Sources Say», *Los Angeles Times* (2-8-2003).

«En los días que siguieron al 11 de Septiembre, todo el tráfico aéreo comercial y privado quedó suspendido.»
FUENTE: «La mañana del 11 de septiembre había 4.873 aeronaves operando según reglas de vuelo por instrumentos (IFR) en el espacio aéreo estadounidense. En cuanto la secretaria Mineta fue consciente de la naturaleza y escala del ataque terrorista sobre Nueva York y Washington —de que nos las veíamos no con uno, sino con cuatro posibles secuestros de aviones y varios rumores más de aeronaves desaparecidas o sin identificar—, ordenó que se cancelara el sistema de tráfico aéreo para todas las operaciones civiles.» Jane F. Garvey: «Aviation Security Following the Terrorist Attack on September 11» (21-9-2001); <www.faa.gov/newsroom/testimony/2001/testimony_010921.htm>; véase también «Airports to Remain Closed, Mineta Says», Comunicado de Prensa del departamento de Transporte (12-9-2001).

«[L]a Casa Blanca aprobó que unos aviones recogieran a los Bin Laden y muchos otros saudíes.»
FUENTE: Por temor a represalias contra sus súbditos, el Gobierno saudí solicitó ayuda para sacar a varios de sus ciudadanos del país. Comisión Nacional sobre Ataques Terroristas a Estados Unidos, Amenazas y Respuestas en 2001, Informe n.º 10, «Los vuelos saudíes», p. 12; <www.911commission.gov/hearings/hea ring10/staff_statement_10.pdf>.
FUENTE: «Bueno, lo que recuerdo es que pedí listas de pasajeros y que el FBI tenía que revisar directa e individualmente todos esos nombres antes de que se les permitiera abandonar el país. También quería que el FBI diera el visto bueno incluso al concepto mismo de que se permitiera que saudíes abandonaran el país. Y, según yo recuerdo, todo eso se hizo. Es cierto que había miembros de la familia Bin Laden entre los que se fueron. En aquel momento lo sabíamos. No puedo decir mucho más en una sesión abierta, pero fue una decisión consciente autorizada desde los más altos ni-

veles del Departamento de Estado, el FBI y la Casa Blanca.» Testimonio de Richard Clarke, ex director de Antiterrorismo, Consejo de Seguridad Nacional, ante el Comité Judicial del Senado, 3 de septiembre de 2003.

FUENTE: «Tomé o coordiné un montón de decisiones el 11-S y los días posteriores. Y me encantaría ser capaz de contarles quién lo hizo, quién me presentó esa propuesta, pero no lo sé. Puesto que me han insistido, las dos posibilidades más verosímiles son o el Departamento de Estado o la Oficina del Jefe de Gabinete de la Casa Blanca. Pero no lo sé.» Testimonio de Richard A. Clarke ante la Comisión Nacional sobre Ataques Terroristas a Estados Unidos, 24 de marzo de 2004.

«Al menos seis _jets_ privados y casi dos docenas de aviones comerciales sacaron a los saudíes y los Bin Laden de Estados Unidos después del 13 de septiembre. En total se permitió la salida del país de 142 saudíes, entre ellos veinticuatro miembros de la familia Bin Laden.»

Nota: Hay que señalar que, aunque la película no formula la alegación, recientemente han salido a la luz pruebas firmes de que al menos un avión privado voló para recoger a ciudadanos saudíes mientras los vuelos privados seguían prohibidos. Además, durante casi tres años, la Casa Blanca ha negado que existiera ese vuelo. La información apareció en el artículo del _St. Petersburg Times_ del 9 de junio de 2004 que se cita más adelante.

FUENTE: «Cuando se reabrió el espacio aéreo, seis vuelos chárter con 142 personas, en su mayor parte ciudadanos de Arabia Saudí, partieron de Estados Unidos entre el 14 y el 24 de septiembre. Un vuelo, el llamado vuelo de los Bin Laden, partió de Estados Unidos el 20 de septiembre con 26 pasajeros, la mayoría parientes de Ossama Bin Laden.» Comisión Nacional sobre Ataques Terroristas a Estados Unidos, Amenazas y Respuestas en 2001, Informe n.º 10, «Los vuelos saudíes», p. 12; <www.9-11commission. gov/hearings/hearing10/staff_statement_10.pdf>.

FUENTE: Hay que señalar que el documento sobre Aduanas y Protección de Fronteras de Estados Unidos publicado por el Departamento de Seguridad Nacional bajo la Ley de Libertad de Información el 24 de febrero del 2004 habla de 162 ciudadanos saudíes que salieron por vía aérea del país entre el 11 y el 15 de septiembre de 2001, partiendo del Aeropuerto Kennedy de Nueva York, el Dulles de Washington y el de Dallas/Fort Worth, <www. judicialwatch.org/archive/2004/homelandsecurity.pdf>.

FUENTE: Puede encontrarse una lista oficial de titulares de pasaporte saudí (con los nombres eliminados) que salieron del país en avión entre el 11 y el 15 de septiembre de 2001 en el documento sobre Aduanas y Protección de Fronteras de Estados Unidos publicado por el Departamento de Seguridad Nacional bajo la Ley de Libertad de Información el 24 de febrero del 2004; <www. judicialwatch.org/archive/2004/homelandsecurity.pdf>.

FUENTE: El *St. Petersburg Times* informó el 9 de junio de 2004: «Dos días después de los atentados del 11 de Septiembre, con la mayoría del tráfico aéreo de la nación todavía en tierra, un pequeño *jet* aterrizó en el Aeropuerto Internacional de Tampa (TIA), recogió a tres jóvenes varones saudíes y partió. Los hombres, uno de los cuales se cree que era miembro de la familia real saudí, fueron acompañados en el vuelo por un ex agente del FBI y un ex agente de la policía de Tampa hasta Lexington, Kentucky. Allí los saudíes tomaron otro avión para salir de país.»

Además: «Durante casi tres años la Casa Blanca y los funcionarios de aviación y de los cuerpos de seguridad han insistido en que el vuelo nunca existió y han desmentido las informaciones publicadas y las extendidas especulaciones al respecto en Internet [...] La mesa sobre terrorismo, más conocida como Comisión del 11-S, afirmó en abril que sabía de seis vuelos chárter con 142 personas a bordo, en su mayor parte saudíes, que partieron de Estados Unidos entre el 14 y el 24 de septiembre de 2001. Pero no ha dicho nada del vuelo de Tampa [...] La Comisión del 11-S, que ha dicho que el FBI gestionó de forma apropiada los vuelos de salida de Estados Unidos, parece preocupada por la gestión del vuelo de Tampa.

»La mayoría de aviones a los que se permitió sobrevolar el espacio aéreo estadounidense el 13 de septiembre eran aviones de pasajeros vacíos que se transferían desde los aeropuertos donde se vieron obligados a aterrizar de emergencia el 11 de Septiembre. La reapertura del espacio aéreo incluía los vuelos chárter pagados, pero no los vuelos privados no remunerados.» Jean Heller: «TIA now verifies flight of Saudis; The government has long denied that two days after the 9/11 attacks, the three were allowed to fly», *St. Petersburg Times* (9-6-2004).

En 2001, uno de los hijos de Ossama se casaba en Afganistán; varios miembros de la familia asistieron a la boda.

FUENTE: «Tanto Bin Laden como su madre, dos hermanos y una hermana, que volaron desde Arabia Saudí, asistieron a la boda de uno de sus hijos, Mohammad, el lunes en la ciudad afgana de Kandahar, según el diario árabe *al-Hayat* ... Otro de los hijos de Bin Laden se casó con una hija de Al-Masri en enero. *Al-Hayat* refiere que varios miembros de la familia Bin Laden, que dirigen una importante constructora en Arabia Saudí, también viajaron desde el reino para asistir al enlace.» Agencia France Presse: «Bin Laden Full of Praise for Attack on USS *Cole* at Son's Wedding» (1-3-2001).

«Retuvimos a cientos de personas» inmediatamente después del 11-S.

FUENTE: «Más de 1.200 extranjeros han sido retenidos como parte de la investigación del Gobierno sobre los atentados terroristas, y algunos han pasado meses en prisión. Varios defensores de las libertades civiles han protestado, pero los funcionarios del Gobierno insisten en que se limitan a aplicar leyes de inmigración vigentes desde hace tiempo.» «A Nation Chellenged», *New York Times* (25-11-2001).

FUENTE: «El Departamento de Seguridad Nacional anunció ayer unas nuevas normas diseñadas para evitar una repetición de las prolongadas detenciones de centenares de ciudadanos extranjeros, a muchos de los cuales se les impidió durante meses realizar llamadas telefónicas o ponerse en contacto con abogados después de que los encarcelaran a raíz de los atentados del 11 de septiembre de 2001. Las directrices, que hizo públicas ayer Asa Hutchison, subsecretario del Departamento para la Seguridad en el Transporte y las Fronteras, han sido bienvenidas por los grupos pro derechos civiles que habían criticado con dureza la detención de 762 infractores de las leyes de inmigración tras los ataques, basada en las sospechas del FBI, en ocasiones infundadas, de que estaban vinculados al terrorismo. Las nuevas normas son una respuesta al muy crítico informe de 198 páginas que realizó el pasado junio Glenn A. Fine, inspector general del Departamento de Justicia. Concluía que en el caótico periodo que siguió a los atentados terroristas contra el World Trade Center y el Pentágono, centenares de hombres árabes y sudasiáticos que habían cometido infracciones de inmigración a veces leves languidecieron en la cárcel sin que sus casos fueron oportunamente revisados por las autoridades estadounidenses. Algunos fueron maltratados por los guardias. La detención media duró tres meses, y la más larga se prolongó por espacio de diez meses, antes de que los inmigrantes fueran exculpados de la acusación de vínculos con el terrorismo y liberados de la cárcel.» John Mintz: «New Rules Shorten Holding Time for Detained Immigrants», *Washington Post* (14-4-2004).

FUENTE: «En los días, semanas y meses posteriores a los trágicos sucesos del 11 de septiembre de 2001, centenares de inmigrantes fueron arrestados y retenidos, a menudo en condiciones rigurosas o abusivas, en nombre de la seguridad de Estados Unidos. No porque hubiera pruebas (o siquiera hipótesis fundadas) de que hubieran estado implicados en los atentados terroristas que terminaron brutalmente con la vida de más de 3.100 personas. No porque se les encontrara vínculos con —o siquiera conocimiento de— grupos terroristas que pudieran poner en peligro la seguridad de Estados Unidos en el futuro. Al contrario, centenares de inmigrantes fueron atrapados de manera arbitraria en esta operación policial, señalados para el arresto y arrojados (literalmente, en ocasiones) a la cárcel. Se desconoce la cifra exacta, porque el Gobierno se niega a hacer pública esa información. Una cosa tenían en común: casi todos eran varones árabes o sudasiáticos, y casi todos eran musulmanes [...] Una vez arrestados, muchos inmigrantes eran etiquetados como "de interés" y arrojados a un limbo legal: se los retenía durante semanas o meses en relación con una investigación criminal, pero se les negaban los debidos derechos procesales que les habrían asistido si los hubieran acusado realmente de algún delito.» ACLU (Unión Americana de Derechos Civiles): «America's Disappeared: Seeking Internacional Justice for Immigrants Detained after September 11» (enero de 2004), <aclu.org>.

El FBI realizó «unas cuantas preguntas, miró el pasaporte».

FUENTE: El año pasado, el *National Review* informó de que el FBI realizó breves entrevistas a los saudíes el día en que partían, en palabras de un portavoz del FBI, «en el aeropuerto, cuando estaban a punto de salir». Los expertos consultados por el *National Review* calificaban las acciones del FBI como «altamente inusuales», dado el hecho de que quienes partían eran en realidad miembros de la familia de Ossama Bin Laden. «No pudieron [el FBI] haber realizado una entrevista concienzuda y completa», dijo John L. Martin, ex director de seguridad interna en el Departamento de Justicia. «The Great Escape: How did assorted bin Ladens get out of America after September 11?», *National Review*, 29 de septiembre, 2003.

FUENTE: «Treinta de las 142 personas de esos vuelos fueron entrevistadas por el FBI, entre ellas 22 de las 26 (23 pasajeros y 3 guardias de seguridad privados) del vuelo de los Bin Laden. A muchas les hicieron preguntas detalladas. Ninguno de los pasajeros declaró haber tenido algún contacto reciente con Ossama Bin Laden o saber algo sobre actividad terrorista.» Comisión Nacional Sobre Ataques Terroristas a Estados Unidos, Amenazas y Respuestas en 2001, Informe n.º 10, «Los vuelos saudíes», p. 12; <www.911 commission.gov/hearings/hearing10/staff_statement_10.pdf>.

FUENTE: «Hablé con varias personas que estuvieron con el FBI en el momento de la repatriación, y me dijeron que había habido muchos dimes y diretes entre el FBI y la embajada saudí. Y la embajada saudí intentó que algunas personas partieran sin siquiera identificarlas. El FBI consiguió identificar a la gente y revisar su pasaporte pero, en muchos casos, tuvo que encontrarse con algunos en la pista o en los propios aviones mientras partían. No era momento para una entrevista seria o un interrogatorio serio.» Entrevista a Craig Unger, CNN (4-9-2003).

GEORGE W. BUSH Y SUS AMIGOS DE JUVENTUD EN TEJAS

La Casa Blanca publicó hojas de servicio del presidente en respuesta a la acusación de desertor realizada por Michael Moore.

FUENTE: «El director de cine Michael Moore, de inclinaciones izquierdistas, dio inicio a la discusión en enero, cuando apoyó la candidatura a la presidencia de Clark y llamó "desertor" al presidente. La Casa Blanca respondió haciendo pública la hoja de servicio del presidente, que incluía una baja con honores.» James Rainey: «Who's the Man? They Are; George Bush and John Kerry Stand Shoulder to Shoulder in One Respect: Macho is Good. Very Good. It's Been That Way Since Jefferson's Day», *Los Angeles Times* (18-3-2004).

«[E]xiste una palmaria diferencia entre el historial publicado en 2000 y el que hizo público en 2004. Habían tachado un nombre. En 1972, dos soldados fueron suspendidos por no presentarse a sus exámenes médicos. Uno era George W. Bush y el otro James R. Bath.»

FUENTE: Véase Oficina de la Guardia Nacional, Órdenes Aeronáuticas Número 87, 29 de septiembre, 1972: <www.michael moore.com/warroom/f911notes/index.php?id=18>.

«James R. Bath fue el administrador en Tejas del dinero de los Bin Laden.»

FUENTE: Véase Contrato de Fideicomiso Autenticado, Harris County, Tejas, firmado por Salem M. Binladen, 8 de julio, 1976 (documento original), Anexo C («Yo, Salem M. Binladen, por la presente transfiero a James Reynold Bath, 2330 Bellefontaine, Houston, Tejas, plena y absoluta autoridad para actuar en mi representación en todas las materias relacionadas con los negocios y operaciones de las oficinas Binladen-Houston en Houston, Tejas.») Acuerdo de Fideicomiso Autenticado, Harris County, Tejas, 8 de julio de 1976.

FUENTE: «Según un acuerdo de fideicomiso de 1976, redactado poco después de que [George H. W.] Bush fuera nombrado director de la Agencia Central de Inteligencia (CIA), el jeque saudí Salem M. Binladen nombró a Bath su representante comercial en Houston. Binladen, junto con sus hermanos, es propietario de Binladen Brothers Construction, una de las mayores empresas constructoras de Oriente Próximo.» Jerry Urban: «Feds Investigate Entrepeneur Allegedly Tied to Saudies», *Houston Chronicle* (4-6-1992).

George W. Bush y James R. Bath se habían hecho buenos amigos.

FUENTE: «Bath, de 55 años, reconoce una amistad con George W. Bush que nace de su servicio militar juntos en la Guardia Nacional del Aire de Tejas.» Jonathan Beaty, «A Misterious Mover of Money and Planes», *Time* (28-10-1991).

FUENTE: «En una copia de la hoja de servicios publicada por la Guardia Nacional en 2000, el hombre en cuestión, James R. Bath, constaba como suspendido de volar para la Guardia Nacional en 1972 por no presentarse a un examen médico, junto a una entrada similar correspondiente a Bush. Muchas informaciones señalan que los dos eran amigos y que Bath invirtió en la primera operación empresarial importante de Bush, Arbusto Energy, a finales de la década de 1970, después de que Bath empezara a trabajar para Salem Bin Laden.» Jim Rutenberg «A Film to Polarize Along Party Lines», *New York Times* (17-5-2004).

«Una vez les dieron de baja, cuando el padre de Bush dirigía la CIA, Bath montó su propio negocio de aviación, después de venderle un avión a un hombre llamado Salem Bin Laden, heredero de la segunda mayor fortuna de Arabia Saudí, el Saudi Binladin Group.»

FUENTE: «Bath montó su propia empresa de compraventa de aviones en 1976.» Jonathan Beaty: «A Misterious Mover of Money and Planes», *Time* (28-10-1991). (Bush fue director de la CIA de 1976 a 1977.)

FUENTE: «Allá por 1974 [...] Bath andaba intentando vender un turbopropulsor F-27, un lento avión de autonomía media que por aquel entonces no era precisamente el último grito, cuando recibió una llamada de teléfono que le cambió la vida. La voz del otro extremo de la línea pertenecía a Salem Bin Laden [...] Bath no sólo tenía comprador para un avión que nadie más parecía querer, además había topado con una fuente de riqueza y poder que a buen seguro despertaría el interés del barón tejano del petróleo más echado para adelante.» Craig Unger, *House of Bush, House of Saud*, Scribner, 2004, pp. 19-20 [versión en castellano: *Los Bush y los Saud*, Ediciones del Bronce, Barcelona, 2004].

George W. Bush «fundó en el oeste de Tejas una compañía petrolera llamada Arbusto, una empresa de perforación a la que se le daba muy pero que muy bien perforar agujeros secos.»

FUENTE: «Después de licenciarse por la Escuela de Administración de Empresas de Harvard, Bush organizó su primera compañía, Arbusto Energy (*bush* significa «arbusto» en inglés), en 1977, en vísperas de presentarse para el Congreso. Según registros archivados por la Comisión del Mercado de Valores, Arbusto no emprendió operaciones activas hasta marzo de 1979 [...] Según archivos de valores de 1984, los socios limitados de Bush habían invertido 4,66 millones de dólares en diversos programas de perforación, pero habían recibido repartos de dividendos de sólo 1,54 millones. Sin embargo, el director financiero de Bush afirmó: "No encontramos mucho petróleo ni gas." Y añadió: "No estábamos recaudando nada de dinero."» George Lardner Jr. y Lois Romano: «Bush Name Helps Fuel Oil Dealings», *Washington Post* (30-7-1999).

FUENTE: «Con el tiempo Bush rebautizó su compañía como Bush Exploration y más adelante se fusionó con una firma llamada Spectrum 7. Los documentos presentados a la Comisión del Mercado de Valores muestran que la empresa perdió dinero de 1979 a 1982 y que los inversores que colocaron cerca de 4,7 millones recuperaron sólo 1,5 millones. Los informes publicados sostienen que Bush Exploration fue rescatada por los magnates del petróleo de Cincinnati Bill DeWitt y Mercer Reynolds. Hoy Bush lo niega y afirma que su compañía se encontraba en una situación financiera firme y que la fusión fue de tipo estratégico. En cualquier caso, George W. perforó una buena cantidad de agujeros vacíos. Como lamenta Conaway incluso a día de hoy, la empresa "nunca consiguió dar [...] el pelotazo".» Maria La Ganga: «Bush Finesses Tejas 2-Step of Privilege, Personality», *Los Angeles Times* (2-3-2000).

«No hay nada que indique que papá le firmó un cheque para que arrancara su compañía.»

FUENTE: «El capital inicial, más de 4 millones de dólares, fue en gran medida recaudado entre 1979 y 1982 con la ayuda del tío [de Bush], el financiero Jonathan Bush. La lista de inversores de Arbusto está llena de familiares y amigos famosos. Su abuela, Dorothy W. Bush, desembolsó 25.000 dólares. Luminarias de la empresa como George L. Ball, director general de Prudential-Bache Securities, invirtió 100.000. Macomber y William H. Draper III, que invirtieron más de 125.000, fueron más adelante nombrados presidentes del Banco de Importación-Exportación de Estados Unidos durante las administraciones Reagan y Bush.» Maria La Ganga: «Bush Finesses Texas 2-Step of Privilege, Personality», *Los Angeles Times* (2-3-2000).

«El buen amigo de Bush James Bath estaba contratado por la familia Bin Laden para administrar su dinero en Tejas e invertir en empresas. Y el propio James Bath, a su vez, invirtió en George W. Bush.»

FUENTE: Véase Contrato de Fideicomiso Autenticado, Harris County, Tejas, firmado por Salem M. Binladen, 8 de julio de 1976 (documento original), Anexo C («Yo, Salem M. Binladen, por la presente transfiero a James Reynold Bath, 2330 Bellefontaine, Houston, Tejas, plena y absoluta autoridad para actuar en mi representación en todas las materias relacionadas con los negocios y operaciones de las oficinas Binladen-Houston en Houston, Tejas.» Acuerdo de Fideicomiso Autenticado, Harris County, Tejas, 8 de julio de 1976.

FUENTE: La relación comercial de Bath con Salem Bin Laden y otros ricos hombres de negocios saudíes ha sido bien documentada. Véase, por ejemplo, Mike Ward: «Bin Laden Relatives Have Ties to Tejas», *Austin American-Statesman* (9-11-2001); Jerry Urban: «Feds Investigate Entrepeneur Allegedly Tied to Saudis», *Houston Chronicle* (4-6-1992); Thomas Petzinger Jr. y otros: «Family Ties: How Oil Firm Linked to a Son of Bush Won Bahrain Drilling Pact», *Wall Street Journal* (6-12-1991).

FUENTE: «[R]egistros fiscales de principios de 1980 revisados por *TIME* revelan que Bath invirtió 50.000 dólares en empresas energéticas de Bush y se mantuvo como accionista hasta que Bush vendió su compañía a Harken en 1986.» Jonathan Beaty: «A Misterious Mover of Money and Planes», *Time* (28-10-1991).

«Bush llevó a Arbusto a la ruina, como hizo con todas las demás empresas en las que participó, hasta que por fin una de

ellas fue comprada por Harken Energy, que le concedió un puesto en el consejo de administración.»

FUENTE: «El apellido Bush [...] iba a ayudar a rescatarlo, del mismo modo en que había atraído a inversores y ayudado a revivir sus fortunas en momentos de flaqueza a lo largo de sus años en la polvorienta ciudad de las llanuras que era Midland. Una gran compañía con sede en Dallas, Harken Oil and Gas, andaba al acecho de compañías petroleras en apuros que comprar. Después de encontrar Spectrum, los ejecutivos vieron un plus en el director general de su empresa, a pesar de su irregular historial. Hacia finales de septiembre de 1986, el acuerdo estaba cerrado. Harken asumió deudas por valor de 3,1 millones de dólares e intercambió 2,2 millones de sus acciones por una empresa que perdía dinero a chorros, aunque poseyera reservas de gas y petróleo que según las proyecciones rendirían 4 millones de dólares en futuros ingresos netos. Harken, una compañía con gusto por asociarse a estrellas, también había adquirido a Bush, al que utilizó no como director de operaciones sino en calidad de destacado consejero de administración [...] Fue uno de los mayores saltos de la vida de Bush. Pese a todo, el acuerdo con Harken supuso una decepcionante repetición de lo que se estaba convirtiendo en un patrón familiar. Como petrolero, Bush siempre trabajó duro y se labró una reputación de persona de fiar y de buen jefe, ingenioso, afable e inmensamente simpático. Incluso los inversores que perdieron dinero siguieron admirándole, y en la actualidad algunos de ellos recaudan dinero para su campaña presidencial. Pero la historia de la carrera de Bush en el petróleo, que comenzó a renglón seguido de su graduación en la Escuela de Administración de Empresas de Harvard en 1975 y terminó cuando vendió sus acciones a Harken y puso rumbo a Washington, es en principal medida la de su incapacidad para alcanzar el éxito, a pesar de los valiosos contactos que le proporcionaron su linaje y su elitista educación.» George Lardner Jr. y Lois Romano: «Bush Name Helps Fuel Oil Dealings», *Washington Post* (30-7-1999).

Bush fue investigado por la Comisión del Mercado de Valores. «El abogado socio de James Baker que ayudó a Bush a escabullirse de la Comisión del Mercado de Valores era un hombre

llamado Robert Jordan, quien, con la llegada a la presidencia de George W., fue nombrado embajador en Arabia Saudí.»

FUENTE: «Una semana antes de la venta de acciones en Harken Energy Co. de George W. Bush en 1990, los abogados externos de la empresa recomendaron a Bush y otros consejeros que no vendieran participaciones si poseían significativa información negativa sobre las perspectivas de futuro de la empresa. La venta se produjo unos meses antes de que Harken anunciara importantes pérdidas, lo que provocó una investigación de la Comisión del Mercado de Valores. La carta del bufete de Haynes y Boone con fecha del 15 de junio de 1990 no fue enviada a la CMV por el abogado de Bush Robert W. Jordan hasta el 22 de agosto de 1991, según una carta de Jordan. Eso era un día después de que los miembros de la CMV que investigaban la venta de acciones concluyeran que había pruebas insuficientes para recomendar la toma de medidas legales contra Bush por uso de información privilegiada.» Peter Behr: «Bush Sold Tocks After Lawyers' Warning», *Washington Post* (1-11-2002).

FUENTE: «El presidente Bush ha elegido como embajador en Arabia Saudí a un abogado de Dallas que lo representó frente [...] las alegaciones suscitadas por su venta de acciones en Harken Energy Co. hace 11 años.» G. Robert Hillman, «Bush Taps Dallas Attorney to Be Ambassador to Saudi Arabia», *Dallas Morning News* (21-7-2001).

«Tras la debacle de Harken, los amigos del padre de Bush le consiguieron un asiento en otro consejo de administración, el de una compañía propiedad del grupo Carlyle.»

FUENTE: «Fred Malek, un asesor de Carlyle que también ofició de director de la Convención Republicana de 1988, sugirió a Carlyle que el hijo mayor del presidente, George W. Bush, "sería una positiva incorporación al consejo de administración de Caterair". Malek también era consejero de Caterair y vicepresidente del consejo de Northwest Airlines, un gran cliente de Caterair. "Pensaba que George W. Bush podía realizar una contribución a Caterair", afirmó Malek, que más tarde añadió: "Estaría en el consejo de administración aunque su padre no fuera presidente."» Kenneth N. Gilpin, «Little-Known Carlyle Scores Big», *New York Times* (26-3-1991).

FUENTE: El cofundador del grupo Carlyle, David Rubenstein, hablando de la organización de Caterair después de que Carlyle la adquiriera: «Cuando estábamos montando el consejo de administración alguien vino y me dijo: "Oye, hay un tipo al que le gustaría entrar en el consejo. Está pasando una mala racha. Necesita trabajo. Necesita unos cuantos asientos de consejero. ¿Lo podrías colocar? Págale un salario y será un buen consejero y un voto leal a favor de la gerencia y tal y cual..." Lo metimos en el consejo de administración y allí estuvo tres años. Asistía a todas las reuniones [...] Y al cabo de un rato yo vine a decirle, después de unos tres años: "Sabes, no estoy seguro de que estés hecho para esto. A lo mejor deberías dedicarte a otra cosa. Porque no creo que estés añadiendo mucho valor al consejo. No es que sepas gran cosa de la compañía".» El consejero, según Rubenstein, le respondió: «"Bueno, me parece que de todas formas voy a retirarme del negocio. En realidad no me gusta tanto. Así que seguramente voy a dimitir del consejo." Y yo le dije: "Gracias." No pensaba que fuera a volver a verlo. Se llama George W. Bush. Llegó a presidente de Estados Unidos. Y si me hubieras dicho: cita a 25 millones de personas que podrían ser presidentes de Estados Unidos, él no habría entrado en la categoría. O sea que nunca se sabe.» Nicholas Horrock: «White House Watch: With Friends Like These», UPI (16-7-2003).

EL GRUPO CARLYLE, LA CONEXIÓN SAUDÍ Y LOS BENEFICIOS A COSECHAR TRAS EL 11-S

«El grupo Carlyle es un conglomerado multinacional que invierte en industrias muy reguladas por los gobiernos como las telecomunicaciones, la atención sanitaria y, ante todo, la defensa.»
FUENTE: «El grupo Carlyle es una de las compañías de *private equity* más grandes del mundo, con más de 18.300 millones de dólares gestionados. Con 23 fondos repartidos a lo largo de cinco disciplinas de inversión (absorciones dirigidas por directivos, propie-

dad inmobiliaria, financiación apalancada, capital de riesgo y reorientación), Carlyle combina visión global con perspicacia local, basándose en un equipo de primera clase de casi 300 profesionales de la inversión que operan desde oficinas situadas en 14 países para descubrir oportunidades incomparables en Norteamérica, Europa y Asia. Carlyle se centra en sectores en los que posee experiencia demostrada: aeroespacial y defensa, automoción y transporte, consumo, energía y potencia, salud, industrial, inmobiliario, servicios tecnológicos y empresariales, y telecomunicaciones y medios de comunicación.» Página web del grupo Carlyle: <www.thecarlylegroup.com/eng/company/index.html>.

Tanto la familia Bin Laden como la Bush estaban conectadas con el grupo Carlyle, como muchos de los amigos y asociados de la familia Bush.

FUENTE: «A principios de la década de 1990, George W. Bush formó parte del consejo de administración de Caterair, una compañía de cátering para aviones. Caterair era propiedad del grupo Carlyle.» Kenneth N. Gilpin: «Little-Known Carlyle Scores Big», *New York Times* (26-3-1991). «George W. Bush dejó la compañía en 1994, un año después del final de la presidencia de su padre.» Ross Ramsey y otros: «Campaign '94 Fisher's Staff Slips Up on Spanish», *Houston Chronicle* (17-9-1994).

FUENTE: A mediados de la década de 1990, George H. W. Bush se unió al grupo Carlyle. «Bajo la dirección de ex altos cargos como Baker y el antiguo secretario de Defensa Frank C. Carlucci, Carlyle se especializó en comprar compañías de defensa y doblar o cuadriplicar su valor. El ex presidente no sólo se convirtió en inversor de Carlyle, sino también en miembro del Consejo Asesor para Asia y flautista de Hamelín para otros inversores. Doce ricas familias saudíes, entre ellas los Bin Laden, estuvieron entre éstos. En 2002, el *Washington Post* informaba: "Saudíes próximos al príncipe Sultan, ministro de Defensa de Arabia Saudí [...] fueron animados a colocar dinero en Carlyle como favor a Bush padre." Bush se retiró de la empresa el octubre pasado, y Baker, que presionó a los aliados estadounidenses para que condonaran la deuda de Irak, sigue siendo un importante asesor de Carlyle.» Kevin Phillips: «The Barreling Bushes; Four Generations of the Dinasty Have Chased

Profits Through Cozy Ties with Mideast Leaders. Spinning Webs of Conflicts of Interest», *Los Angeles Times* (11-1-2004).

FUENTE: La familia Bin Laden invirtió en Carlyle por primera vez en 1994. Como representante del Consejo de Carlyle para Asia, George H. W. Bush visitó la sede familiar en Yidda, Arabia Saudí. Kurt Eichenwald, «Bin Laden Family Liquidates Holdings with Carlyle Group», *New York Times*, 26 de octubre, 2001.

FUENTE: James Baker es consultor sénior de Carlyle desde 1993. Página web del grupo Carlyle, <www.thecarlylegroup. com/ eng/team/l5-team391.html>.

FUENTE: El director de la Oficina de Gestión y Presupuesto (OMB) de Bush, Richard Darman, estaba en Carlyle en 1994. Bob Cook, *Mergers & Acquisitions Report* (12-12-1994).

FUENTE: «George W. Bush estuvo en Caterair —propiedad de Carlyle— hasta 1994, después de que Fred Malek, un asesor de Carlyle que también ofició de director de la Convención Republicana de 1988, sugiriera a Carlyle que el hijo mayor del presidente, George W. Bush, "sería una positiva incorporación al consejo de administración de Caterair".» Kenneth N. Gilpin: «Little-Known Carlyle Scores Big», *New York Times* (26-3-1991).

«La mañana del 11 de Septiembre el grupo Carlyle celebraba su conferencia anual de inversores en el hotel Ritz-Carlton de Washington. En ese encuentro estuvieron presentes todos los fijos de Carlyle: James Baker, probablemente John Major y a ciencia cierta George H. W. Bush, aunque éste partió la mañana del 11 de Septiembre. Shafiq Bin Laden, que es hermanastro de Ossama Bin Laden y estaba en la ciudad para velar por las inversiones de su familia en el grupo Carlyle. Todos ellos, juntos en una sala, observando cómo los, eh, los aviones se estrellaban contra las torres.»

FUENTE: La mañana del 11 de septiembre de 2001, «en el lujoso marco del hotel Ritz-Carlton de Washington, el grupo Carlyle celebraba su conferencia internacional anual de inversores. Frank Carlucci, James Baker III, David Rubenstein, William Conway y Dan D'Aniellow estaban reunidos con una hueste de ex líderes mundiales, antiguos expertos en defensa, acaudalados árabes de Oriente Próximo e importantes inversores internacionales cuando se desencadenó el terror en la televisión. Con ellos, velando por los intereses de su familia, estaba Shafiq Bin Laden, el distanciado hermanastro de Ossama Bin Laden. George Bush padre también acudió a la conferencia, pero un portavoz de Carlyle dice que el ex presidente partió antes de los atentados, y se encontraba en un avión sobre el Medio Oeste cuando la mañana del 11 de septiembre se cancelaron los vuelos en todo el país. Semejante confluencia de personajes políticamente complejos y globalmente relacionados habría resultado curiosa, noticiosa incluso, en cualquier caso. Pero en el contexto de los atentados terroristas efectuados contra Estados Unidos por un grupo de ciudadanos saudíes encabezados por Ossama Bin Laden, el grupo reunido en el Ritz-Carlton ese día resultaba una coincidencia desconcertante y estrambótica». Dan Briody: *The Iron Triangle*, John Wiley & Sons, Inc., 2003, pp. 139-140. Véase también Melanie Warner: «What Do George Bush, Arthur Levitt, Jim Baker, Dick Darman, and John Major Have in Common? (They All Work for the Carlyle Group)», *Fortune* (18-3-2002).

«Con todas las compañías armamentísticas que poseía, el grupo Carlyle era, en esencia, el undécimo mayor contratista de defensa de Estados Unidos.»
FUENTE: «En virtud de su participación en empresas como U.S. Marine Repair y United Defense Industries, Carlyle es el equivalente al undécimo mayor contratista de defensa de la nación. Gestiona 16.200 millones de dólares y declara un rendimiento anual del 35 %.» Phyllis Berman: «Lucky Twice», *Forbes* (8-12-2003).

«Suya era United Defense, fabricante del carro de combate blindado Bradley. El 11 de septiembre garantizó que United Defense iba a disfrutar de un muy buen año. Apenas seis semanas después del 11-S, Carlyle sacó a oferta pública United Defense y en diciembre consiguió en un solo día 237 millones de dólares de ganancias.»
FUENTE: «En un solo día del mes pasado, Carlyle ganó 237 millones de dólares vendiendo acciones de United Defense Industries, el quinto mayor contratista del Ejército. La oferta de acciones llegó en el momento justo: altos cargos de Carlyle dicen que deci-

dieron sacar al público la compañía sólo después de los atentados del 11 de Septiembre [...] El 26 de septiembre [2001], el Ejército firmó un contrato modificado de 655 millones de dólares con United Defense hasta abril de 2003 para completar la fase de desarrollo del Crusader. En octubre, la compañía citó el Crusader, y los propios atentados, como atractivos de su oferta de acciones.» Mark Fineman: «Arms Buildup Is a Boon to Firm Run by Big Guns», *Los Angeles Times* (10-1-2002).

FUENTE: «Aun así, en su informe anual de 2001, United anunció la concesión de un contrato por tres años de 697 millones de dólares para completar la mejora de prestaciones de 389 unidades Bradley y el añadido de una modificación de contrato de 655 millones para completar el "contrato de la fase de definición y reducción de riesgos" del Crusader, que a lo largo de 2003 llegaría a valer 1.700 millones. En total, los programas del Crusader y el Bradley ascendieron a un 41 % de las ventas de United en 2001, de acuerdo con el informe. Con la mejora del Crusader y el Bradley en la mano, se tomó la decisión de vender acciones de United al público a finales de 2001.» Walter Pincus: «Crusader a Boon to Carlyle Group Even if Pentagon Scraps Project», *Washington Post* (14-5-2002).

«[C]on tanta atención puesta en los Bin Laden como importantes inversores de Carlyle, la familia al final se tuvo que retirar.»

FUENTE: «A resultas de los atentados del 11 de septiembre, las inversiones de la familia Bin Laden en el grupo Carlyle se convirtieron en algo embarazoso para el conglomerado, y la familia se vio obligada a liquidar sus activos en la empresa.» Kurt Eichenwald, «Bin Laden Family Liquidates Holdings with Carlyle Group», *New York Times* (26-10-2001).

«El padre de Bush, sin embargo, permaneció otros dos años como consejero de la junta asiática de la empresa.»

FUENTE: «El ex presidente Bush fue consejero de la junta asesora de Carlyle Asia, pero se retiró de ese cargo en octubre de 2003. No posee ningún otro cargo en Carlyle.» <www.thecarlylegroup. com/eng/news/l4-presskit681.html#8>.

FUENTE: «El ex presidente ya no es asesor de la compañía, pero sigue teniendo inversiones en ella, según Christopher W. Ullman (vicepresidente de comunicaciones corporativas).» «Michael Moore keeps heat on at premiere», *Dallas Morning News* (18-5-2004).

George H. W. Bush recibe informes diarios de la CIA.

FUENTE: «Una de las personas que mantiene correspondencia con [el ex embajador Joseph] Wilson es George H. W. Bush, el único presidente que antes fue director de la CIA; sigue recibiendo informes periódicos de Langley.» Vicky Ward: «Double Exposure», *Vanity Fair* (enero de 2004).

FUENTE: El ex presidente Bush se ha esforzado por mantenerse al corriente de los asuntos exteriores, en parte ejerciendo su derecho a recibir informes de personal de la CIA sobre los acontecimientos del mundo. «George Bush Sr. Vouches for Son's Support of Israel to the Saudis», Ha-Arets (16-7-2001).

«Y creo que se están beneficiando de un modo muy real de la confusión que provoca el que George H. W. Bush visite Arabia Saudí, de parte de Carlyle, y se encuentre con la familia real y la familia Bin Laden. ¿Representa a Estados Unidos de América, a una empresa inversora de Estados Unidos de América, o a los dos?»

FUENTE: Pocas firmas podrían haber rivalizado con el grupo Carlyle en cuanto a su selección de amigos en los resortes del poder. La sociedad de capital de riesgo con sede en Washington ha sido comparada con un asilo para veteranos de la guerra del Golfo, y personajes como George Bush padre, James Baker y John Major «pueden atribuirse algo de mérito por su rápido auge —apuntó *The Observer* en una reseña—. Antes estaba de moda burlarse de Carlyle por ser un mendigo de influencias de segunda y desestimar a su elenco de políticos jubilados como caducos "capitalistas del acceso"». Carlyle había patrocinado visitas de Bush padre a Corea del Sur y China, y su peso en el Gobierno saudí —tal vez el cliente más importante de Carlyle— también debió de valorarse. Conal Walsh: «The Carlyle Controversy: With Friends in High Places: Former World Leaders Give Carlyle Group Unrivalled Prowess in Lobbying for Business», *The Observer* (15-9-2002).

FUENTE: «"Debería ser motivo de profunda preocupación el que una compañía en pocas manos como Carlyle pueda tener consejeros y asesores que a la vez que hacen negocios y ganan dinero, asesoran al presidente de Estados Unidos", dice Peter Eisner, director ejecutivo del Centro para la Integridad Pública, un *think-tank* sin ánimo de lucro de Washington. "El problema viene cuando se confunden los negocios privados con la política pública. ¿Qué chaqueta lleva el ex presidente Bush cuando le dice al príncipe heredero Abdulá que no se preocupe por la política estadounidense en Oriente Próximo? ¿Qué chaqueta lleva cuando trata con Corea del Sur y provoca cambios de política en el país? ¿O cuando James Baker contribuye a decantar la elección presidencial del lado de Bush hijo? Se trata de una situación de camarilla, y la informalidad que eso conlleva es precisamente una marca del éxito de Carlyle."» Oliver Burkeman, Julian Borger: «The Winners: The Ex-Presidents' Club», *The Guardian* (31-10-2001).

FUENTE: «La familia saudí de Ossama Bin Laden está cortando sus lazos financieros con el grupo Carlyle, una compañía inversora privada conocida por sus relaciones con influyentes figuras políticas de Washington [...] Estos últimos años, Frank C. Carlucci, presidente del consejo de Carlyle y ex secretario de Defensa, ha visitado el hogar de la familia en Yidda, Arabia Saudí, al igual que el ex presidente George Bush y James A. Baker III, ex secretario de Estado. Bush es asesor de Carlyle, y Baker es socio de la empresa.» Kurt Eichenwald: «Bin Laden Family Liquidates Holdings with Carlyle Group», *New York Times* (26-10-2001).

«[O]tro grupo de gente invierte en ti, tus amigos y sus empresas asociadas 1.400 millones a lo largo de una serie de años.»

FUENTE: «En total, al menos 1.460 millones de dólares han pasado de manos de los saudíes a la Casa de Bush y sus compañías e instituciones aliadas», Craig Unger: *House of Bush, House of Saud* op. cit., p. 200. Para un desglose completo de las inversiones, véase ibídem, apéndice C, pp. 295-298. La cifra incluye inversiones realizadas y contratos concedidos en la época en que los amigos de Bush trabajaban con el grupo Carlyle.

FUENTE: James Baker es consultor sénior de Carlyle desde 1993. Página web del grupo Carlyle: <www.thecarlylegroup.com/eng/team/l5-team391.html>.

FUENTE: El director de la Oficina de Gestión y Presupuesto (OMB) de Bush, Richard Darman, estaba en Carlyle en 1994. Bob Cook: *Mergers & Acquisitions Report* (12-12-1994).

FUENTE: «George W. Bush estuvo en Caterair —propiedad de Carlyle— hasta 1994, después de que Fred Malek, un asesor de Carlyle que también ofició de director de la Convención Republicana de 1988, sugirió a Carlyle que el hijo mayor del presidente, George W. Bush, "sería una positiva incorporación al consejo de administración de Caterair".» Kenneth N. Gilpin: «Little-Known Carlyle Scores Big», *New York Times* (26-3-1991).

FUENTE: «Bush padre realizó sus primeras actividades para Carlyle hacia mediados de la década de 1990 y las últimas no más tarde de 1997.» Kevin Phillips: «The Barreling Bushes; Four Generations of the Dinasty Have Chased Profits Through Cozy Ties with Mideast Leaders, Spinning Webs of Conflicts of Interests», *Los Angeles Times* (11-1-2004); Dan Briody: *The Iron Triangle*, John Wiley & Sons, Inc., 2003.

El material de apoyo adicional para esas cifras es el siguiente:

FUENTE: «Inversiones saudíes en el grupo Carlyle valoradas en 80 millones de dólares», Craig Unger: «Saving the Saudis», *Vanity Fair* (octubre de 2003). La cifra le fue comunicada a Unger por el jefe de Carlyle, David Rubenstein, en una entrevista.

FUENTE: En 1994, el contratista militar propiedad de Carlyle BDM «recibió un contrato para suministrar asistencia técnica y apoyo logístico a las Reales Fuerzas Aéreas saudíes». Valor: 46,2 millones de dólares. PR Newswire: «BDM Federal Awarded $46 Million Contract to Support Royal Saudi Air Force» (27-10-1994).

FUENTE: Durante la década de 1990, la Vinnell Corporation (una filial de BDM) mantuvo contratos para adiestrar la Guardia Nacional de Arabia Saudí, por valor de 819 millones de dólares. Robert Burns: «US Advises Saudi Military on Range of Threats— Including Terrorism», Associated Press (13-11-1995).

FUENTE: En 1995, BDM consiguió un contrato para «complementar al personal de las Fuerzas Aéreas saudíes en el desarrollo, implementación y mantenimiento de planes y programas de logística e ingeniería». Valor: 32,5 millones de dólares. *Defense Daily*. «Defense Contracts» (23-6-1995), citado por Craig Unger.

FUENTE: En 1996, se le concedió a BDM un contrato «para proveer la construcción de 110 unidades de vivienda en el Complejo MK-1, Jarmis Mushayt, Arabia Saudí, para el personal del Programa de Apoyo Técnico que asiste a las Fuerzas Aéreas saudíes [...] Este empeño apoya las ventas militares extranjeras a Arabia Saudí». Valor: 44.397.800 de dólares. Comunicado de prensa del Departamento de Defensa: «BDM Federal, Incorporated» (1-4-1996).

FUENTE: A finales de la década de 1990 se le concedió a Vinnell un contrato «para el Programa de Modernización de la Guardia Nacional de Arabia Saudí (GNAS). El contrato de tres años, concedido por licitación, requiere de Vinnell que continúe apoyando las operaciones de adiestramiento del GNAS y otras actividades relacionadas». Valor: 163,3 millones de dólares. PR Newswire: «Vinnell Selected for Award of $163.3 Million Contract for Saudi Arabian National Guard Modernization Program» (3-5-1995). Kashim al-An: «Saudi Guard Gets Quiet Help from US Firm with Connections», Associated Press (22-3-1997).

FUENTE: En 1997, se le concedió a BDM un contrato «para proveer 400 profesionales subcontratados para apoyar a las Reales Fuerzas Aéreas saudíes en el desarrollo, implementación y mantenimiento de planes y programas de logística, suministros, informática, reconocimiento, inteligencia e ingeniería». Valor: 18.728.682 de dólares (*nota*: se trata de un «aumento del valor nominal de un contrato a precio fijo en firme»). *Defense Daily*. «Defense Contracts» (4-2-1997).

Nota: Carlyle adquirió BDM y su filial Vinnell en 1992 y se la vendió a TRW en diciembre de 1997.

FUENTE: En noviembre de 2001, la antigua compañía de Dick Cheney, Halliburton, obtuvo «un contrato para prestar servicios en el proyecto de desarrollo del yacimiento de Qatif de la Saudi Arabian Oil Company (Saudi Aramco) en la provincia oriental de Arabia Saudí». Valor: 140 millones de dólares. Comunicado de prensa de Halliburton, «Halliburton Awarded $140 Million Contract by Saudi Aramco» (14-11-2001).

FUENTE: Ese mismo mes, un consorcio de tres compañías encabezado por la filial de Halliburton KBR ganó un «contrato para la planificación, obtención y construcción de una planta de etileno para Jubail United Petrochemical Company, una compañía propiedad al cien por cien de Saudi Basic Industries Corporation». Valor: 40 millones de dólares. Maggie Mulvhill y otros: «Bush Advisers Cashed in on Saudi Gravy Train», *Boston Herald* (11-12-2001).

FUENTE: Comunicado de prensa de Halliburton: «Halliburton KBR, Chiyoda, and Mitsubishi Win Saudi Arabian Ethylene Project» (19-11-2001). (*Nota*: la cifra de 40 millones que se cita para este contrato es con toda probabilidad demasiado baja. Tres publicaciones de la industria energética distintas sitúan el valor del contrato en 350 millones. Si bien había implicadas dos compañías más, toda la información apunta a que Halliburton KBR lideraba el consorcio y, por tanto, si el contrato era de 350 millones, es probable que su parte fuera —como contratista líder— bastante superior a los 40 millones. Véase *Petroleum Economist*: «News in Brief» [14-1-2002]; «KBR, Chiyoda and Mitsubishi Win Jubail Ethylene Contract», *Chemical Week* [5-12-2001]; *Middle East Economic Digest*: «Projects Update: Petrochemicals» [7-3-2000]).

FUENTE: Al poco de que Harken comprara la compañía de George W. Bush Spectrum 7 en 1986 y situara a Bush en su consejo de administración, un jeque saudí salió en auxilio de Harken. Abdulá Taha Bajsh adquirió una participación del 17 % en la empresa. Valor: 25 millones de dólares. Thomas Petzinger Jr. y otros: «Family Ties: How Oil Firm Linked to a Son of Bush Won Bahrain Drilling Pact; Harken Energy Had a Web of Mideast Connections; In the Background: BCCI; Entrée at the White House», *Wall Street Journal* (6-12-1991).

FUENTE: En 1989, el rey Fahd de Arabia Saudí donó dinero a la Fundación Barbara Bush para la Alfabetización Infantil. En aquel entonces la señora Bush era la primera dama de Estados Unidos. La contribución del rey supuso casi la mitad de lo que la organización consiguió recaudar ese año. Valor: 1 millón de dólares. Thomas Ferraro: «Saudi King also Contributed to Barbara Bush's Foundation», United Press International (13-3-1990).

FUENTE: En cuanto George Bush padre abandonó el cargo, el embajador saudí en Estados Unidos, el príncipe Bandar, donó dinero al fondo de la biblioteca presidencial de Bush padre. Valor:

al menos 1 millón. Dave Montgomery: «Hail to a Former Chief», *Fort Worth Star-Telegram* (7-11-1997).

FUENTE: Tanto George H. W. Bush como George W. Bush asistieron a la elitista Phillips Academy-Andover de Massachusets. En verano de 2002 la Academia anunció que había establecido una beca a nombre de Bush padre. El príncipe saudí al-Walid Bin Talal Bin 'Abd al-'Aziz al-Sa'ud —el mismo que rescató Euro Disney a mediados de los años noventa— se contaba entre los donantes a la beca. Valor: 500.000 dólares. Comunicado de prensa de la Phillips Academy-Andover: «A Statement from Phillips Academy-Andover Regarding the Bush Scholars Program» (31-12-2002).

FUENTE: Entre los muchos regalos que ha recibido George W. Bush de líderes y dignatarios extranjeros durante su etapa en la presidencia, tal vez no haya ninguno mayor que el que le obsequió el príncipe Bandar, quien regaló al actual presidente un «óleo sobre lienzo de C. M. Russell de una cacería de bisontes de nativos americanos...». Valor: 1 millón de dólares. Siobhan McDonough: «Gifts to President Are Gratefully Received, Quickly Carted into Storage», Associated Press (14-7-2003).

Amnistía Internacional condena a Arabia Saudí por atentar contra los derechos humanos.

FUENTE: «Arabia Saudí viola de manera sistemática la normativa internacional de derechos humanos aun después de haberse comprometido a observarla. Por ejemplo, en 1997, Arabia Saudí suscribió la Convención contra la Tortura. Pese a ello, la tortura está extendida en el sistema de justicia penal de Arabia Saudí. (El país suscribió la Convención contra la Tortura y la Convención contra la Discriminación el 23 de septiembre de 1997).» Amnistía Internacional: «Saudi Arabia: Open for Business» (8-2-2000), <www.amnesty.org/library/Index/engMDE230822000?Open Document&of=COUNTRIES%5CSAUDI+ARABIA>.

FUENTE: «Sharon Burke, Asesora Principal para Oriente Próximo y Norte de África de Amnistía Internacional Estados Unidos dijo que su organización había confirmado con el ministro del Interior saudí que tres hombres habían sido decapitados por sodomía.» *Washington Blade* (4-1-2002), <www.sodomylaws.org/world/saudi_arabia/saudinews15.htm>.

«Bush trató de impedir que el Congreso organizara su propia investigación del 11-S [...] Cuando le resultó imposible frenar al Congreso, trató de impedir que se formara una comisión independiente del 11-S.»

FUENTE: El empeño original de la Casa Blanca era limitar el alcance de la investigación del 11-S a sólo dos comités del Congreso. «El presidente Bush solicitó ayer a los líderes de la Cámara de Representantes y el Senado que sólo permitieran que dos comités del Congreso investigaran la respuesta del Gobierno a los sucesos del 11 de Septiembre, según algunos funcionarios.» Mike Allen: «Bush Seeks to Restrict Hill Probes of Sept. 11; Intelligence Panels' Secrecy Is Favored», *Washington Post* (30-1-2002).

FUENTE: «"Yo, por supuesto, quiero que el Congreso eche un vistazo a lo que sucedió con anterioridad al 11 de Septiembre. Pero, puesto que tiene que ver con una información tan delicada, a mi juicio es mejor para la guerra contra el terrorismo que estamos librando que la investigación se lleve a cabo en los comités de inteligencia", dijo el presidente Bush.» David Rosenbaum: «Bush Bucks Tradition on Investigation», *New York Times* (26-5-2002).

FUENTE: «Los furiosos legisladores [McCain, Pelosi y Lieberman] acusaron el viernes a la Casa Blanca de intentar desbaratar en secreto la creación de una comisión independiente para investigar los atentados terroristas del 11 de Septiembre mientras de cara a la galería profesan apoyo a la idea.» Helen Dewar: «Lawmakers Accuse Bush of 9/11 Deceit», *Los Angeles Times* (13-10-2002).

La Casa Blanca censuró 28 páginas del informe del Congreso sobre el 11-S.

FUENTE: «Altos cargos de Estados Unidos creen que el Gobierno de Arabia Saudí no sólo boicoteó sus intentos de evitar la ascensión de al-Qaeda y detener los atentados terroristas, sino que también podrían haber proporcionado apoyo logístico y financiero a los secuestradores de origen saudí del 11 de Septiembre, según un informe del Congreso hecho público el martes. Las sospechas provocaron que varios legisladores exigieran a la administración Bush una investigación agresiva de las actividades de Arabia Saudí antes y después del 11 de septiembre de 2001, en parte haciendo públicos los grandes fragmentos del informe que hacen referencia a

Riad pero permanecen clasificados. Los pasajes, entre ellos un fragmento entero de 28 páginas, tratan en detalle la posibilidad de que uno de los más renuentes aliados de América en la guerra contra el terrorismo estuviera implicado de algún modo en los atentados, según fuentes oficiales que han tenido acceso al informe completo.» Josh Meyer, «Saudi Ties to Sept. 11 Hinted at in Report», *Houston Chronicle*, 25 de julio, 2003.

«[M]ás de quinientos familiares de víctimas del 11-S demandaron a la familia real y otros saudíes. ¿Qué abogados contrató el ministro de Defensa saudí para luchar contra las familias del 11-S? El bufete del confidente de la familia Bush, James A. Baker.»

FUENTE: «James Baker, a quien Bush envió hace poco al extranjero en busca de ayuda para reducir la deuda de Irak, sigue siendo consultor del grupo Carlyle, y el bufete de abogados con sede en Houston de Baker, Baker Botts, representa al ministro de Defensa saudí en la demanda colectiva [en relación con los atentados del 11 de septiembre].» «A Nation Unto Itself», *New York Times* (14-3-2004).

Los saudíes tienen invertidos 860.000 millones de dólares en Estados Unidos.

FUENTE: «A lo largo de los siguientes veinticinco años, unos ochenta y cinco mil saudíes "de patrimonio elevado" invirtieron la friolera de 860.000 millones de dólares en compañías americanas: una media de más de 10 millones por persona y una suma que es el equivalente aproximado al producto interior bruto de España.» Craig Unger, *House of Bush, House of Saud* op. cit.

FUENTE: «Allan Gerson, un abogado que representa a unos 3.600 familiares de víctimas de los atentados terroristas del 11 de septiembre [...] ha dicho que su objetivo no es el Gobierno saudí, sino los "intereses saudíes" en Estados Unidos, que ha estimado en una suma total de en torno a 860.000 millones de dólares.» «$113 Million in Terrorism Funds Frozen», CNN (20-11-2002).

En términos de inversiones en Wall Street, la cifra de 860.000 millones de dólares supone «aproximadamente un seis o un siete por ciento».

FUENTE: «Con una capitalización bursátil total de más de 12 billones de dólares, el índice NYSE Composite representa aproximadamente un 82 % de la capitalización bursátil total de Estados Unidos» (860.000 millones supone un 7 % de 12 billones). Comunicado de prensa de la Bolsa de Nueva York: «NYSE to Reintroduce Composite Index» (2-1-2003).

Citigroup y AOL Time Warner tienen grandes inversores saudíes.

FUENTE: «Se llama al-Walid Bin Talal y es nieto del monarca fundador de Arabia Saudí. Con enormes participaciones en empresas que van de Citigroup Inc. a la cadena de hoteles de lujo Four Seasons, se trata de uno de los hombres más ricos del planeta [...] El año pasado, la revista *Forbes* situó a al-Walid como el quinto hombre más rico del mundo, con un patrimonio neto de casi 18.000 millones de dólares. Su Kingdom Holding Co. abarca cuatro continentes. Con el paso de los años ha adquirido importantes participaciones en empresas como Apple Computer Inc., AOL Time Warner Inc., News Corp. y Saks Inc., matriz de la cadena Saks Fifth Avenue.» Richard Verrier: «Disney Animated Investor; an Ostentatious Saudi Billionaire Prince Who Helped Bail Out the Company's Paris Resort in the Mid-'90s Is Being Courted to Do So Again», *Los Angeles Times* (26-1-2004).

FUENTE: «La primera transacción de importancia de Carlyle con los saudíes se produjo en 1991, cuando Fred Malek atrajo a la compañía al príncipe al-Walid Bin Talal, un extravagante multimillonario saudí de treinta y cinco años, para cerrar un acuerdo que le permitiría convertirse en el mayor accionista individual de Citicorp.» Craig Unger: *House of Bush, House of Saud* (op. cit.).

«[H]e leído no sé dónde que los saudíes tienen un billón de dólares en nuestros bancos, de su dinero.»

FUENTE: «Otros han dicho que la inversión es mayor si cabe, que alcanza incluso el billón de dólares en depósito en bancos estadounidenses, un acuerdo elaborado a principios de los ochenta por la administración Reagan, en el enésimo intento de que los saudíes compensaran el déficit presupuestario del país. Los saudíes tienen otro billón más o menos en el mercado de valores de Estados Unidos.» Robert Baer: *Sleeping with the Devil* Crown Publishers, 2003, p. 60.

Bandar es uno de los embajadores mejor protegidos de Estados Unidos, con una dotación de seguridad de seis hombres proporcionada por el Departamento de Estado.

FUENTE: «Decano del cuerpo diplomático en virtud de su prolongado servicio en Washington, Bandar es el único embajador que cuenta con su propia dotación de seguridad del Departamento de Estado, que se la concedió a causa de "amenazas" y de su condición de príncipe, según un portavoz del departamento.» Robert G. Kaiser y otros: «Saudi Leader's Anger Revealed Shaky Ties», *Washington Post* (10-2-2003).

FUENTE: «A menudo se considera al príncipe Bandar el embajador con mayor lucidez política de cuantos viven en Washington. Eso puede ser cierto o no, pero lo que es seguro es que se trata del mejor protegido. Según un funcionario de Seguridad Diplomática, el príncipe Bandar cuenta con una dotación de seguridad que incluye la participación a tiempo completo de seis agentes del Departamento de Estado muy bien adiestrados y capacitados. (Los agentes son funcionarios del Gobierno federal encargados de la seguridad de las misiones diplomáticas estadounidenses.)» Joel Mowbray: *Dangerous Diplomacy: How the State Department Threatens American Security.* Regnery, 2003.

«El príncipe Bandar se llevaba tan bien con los Bush que lo consideraban un miembro de la familia. Incluso tenían un mote para él, "Bandar Bush".»

FUENTE: «Cuando el presidente [George H. W.] Bush llegó a Riad, se llevó a Bandar a un lado y lo abrazó. "Eres buena gente", dijo el presidente. Bandar afirma que Bush tenía lágrimas en los ojos. Al visitar la casa de verano de los Bush en Kennebunkport, Maine, el embajador saudí recibió el cariñoso apelativo de "Bandar Bush". Bandar devolvió el favor invitando a Bush a ir a cazar faisanes en su finca de Inglaterra. (Desde que dejara la Casa Blanca, Bush también se había beneficiado de su actividad de encumbrado abridor de puertas para el grupo Carlyle, una compañía inversora que maneja una considerable fortuna saudí.)» Evan Thomas y otros: «The Saudi Game», *Newsweek* (19-11-2001).

FUENTE: «El embajador saudí asistió a la ceremonia de descubrimiento del retrato oficial del ex presidente George H. W. Bush cuando regresó a la Casa Blanca en 1995. Se contaba entre los invitados de la fiesta sorpresa del 75.º cumpleaños de la antigua primera dama Barbara Bush en 2000, y el ex presidente ha pasado vacaciones en la casa que tiene Bandar en Aspen, Colorado. El saudí ha sido invitado en el rancho de los Bush en Crawford, Tejas. El año pasado mismo obsequió a la primera familia con un cuadro de C. M. Russell, un regalo valorado en 1 millón de dólares que se almacenará en los Archivos Nacionales, junto con otros presentes destinados a una biblioteca presidencial de [George W.] Bush.» Mike Glover: «Kerry Criticizes Bush on Saudi Meeting», Associated Press (23-4-2004).

«Dos noches después del 11 de Septiembre, George Bush invitó a Bandar Bush a una cena privada en la Casa Blanca.»

FUENTE: «Dos días después de los atentados, el presidente invitó a Bandar a la Casa Blanca. Bush lo abrazó y lo acompañó al balcón Truman. Bandar se tomó una copa y los dos fumaron sendos puros.» Elsa Wash: «The Prince», *The New Yorker* (24-3-2003).

El Gobierno de Bandar impidió que investigadores americanos hablaran con los parientes de los quince secuestradores aéreos.

FUENTE: «El informe criticaba con dureza a altos cargos saudíes por su "falta de cooperación" antes y después de los atentados del 11 de Septiembre, aun cuando se supo que 15 de los 19 secuestradores eran saudíes [...] Un importante funcionario estadounidense informó a los miembros de la investigación conjunta de que los saudíes no colaboraban desde 1996 en cuestiones relativas a Ossama Bin Laden. Robert Baer, un ex agente de la CIA, ha dicho que los saudíes impidieron que agentes del FBI hablaran con los familiares de los 15 secuestradores y siguieran otras pistas en el reino.» Frank Davies y otros: «Bush rejects call to give more 9/11 data», *Philadelphia Inquirer* (30-7-2003).

Arabia Saudí se mostraba reacia a congelar los activos de los secuestradores.

FUENTE: «Riad todavía no se ha unido del todo al empeño internacional por bloquear las cuentas bancarias sospechosas de financiar operaciones terroristas, según agentes gubernamentales. Pero la administración Bush, temerosa de ofender a los saudíes, aún no ha interpuesto una protesta pública.» Elaine Sciolino y otros: «U.S. Is Reluctant to Upset Flawed, Fragile Saudi Ties», *New York Times* (25-10-2001).

«En 1997, mientras George W. Bush era gobernador de Tejas, una delegación de dirigentes talibanes de Afganistán voló a Houston para reunirse con ejecutivos de Unocal y hablar de la construcción de un gasoducto a través de Afganistán.»

FUENTE: «Una delegación de altos cargos del movimiento talibán de Afganistán se encuentra en Estados Unidos para hablar con una compañía energética internacional que pretende construir un gasoducto desde Turkmenistán hasta Pakistán, pasando por su país. Un portavoz de la empresa, Unocal, dijo que estaba previsto que los talibanes pasaran varios días en la sede que la compañía tiene en Sugarland, Tejas.» «Taleban in Texas for Talks on Gas Pipeline», BBC News (4-12-1997). (Sugarland está a treinta y cinco kilómetros de Houston.)

FUENTE: «Los delegados talibanes y sus asesores se alojaron en un hotel de cinco estrellas y se desplazaron en un minubús que la compañía puso a su disposición. Sus únicas peticiones fueron visitar el zoo de Houston, el centro espacial de la NASA y las rebajas del Super Target de Omaha para comprar medias, pasta de dientes, peines y jabón. Los talibanes, que controlan dos tercios de Afganistán y siguen luchando por la tercera parte restante, también experimentaron de primera mano cómo vive la otra mitad. Los hombres, acostumbrados a la vida sin calefacción, electricidad o agua corriente, se quedaron asombrados ante las lujosas mansiones de los magnates tejanos del petróleo. Invitados a cenar en el palaciego hogar de Martin Miller, vicepresidente de Unocal, admiraron maravillados su piscina, sus vistas del campo de golf y sus seis cuartos de baño. Tras una comida de carne *halal* preparada para la ocasión, arroz y Coca-Cola, los fundamentalistas de línea dura —que han prohibido a las mujeres trabajar y a las niñas ir a clase— le preguntaron a Miller por su árbol de Navidad.» Caroline

Lees: «Oil Barons Court Taliban in Texas», *The Telegraph* (Londres) (14-12-1997).

«¿Y quién consiguió un contrato de perforación en el mar Caspio el mismo día en que Unocal firmó el acuerdo del gaseoducto? Una empresa dirigida por un hombre llamado Dick Cheney. Halliburton.»

FUENTE: El 27 de octubre de 1997, tanto Unocal como Halliburton emitieron comunicados de prensa sobre sus proyectos energéticos en Turkmenistán. «Halliburton Energy Services ha estado ofreciendo diversos servicios en Turkmenistán durante los últimos cinco años.» Comunicado de prensa: «Halliburton Alliance Awarded Integrated Service Contract Offshore Caspian Sea in Turkmenistan» (27-10-1997), <www.halliburton.com/news/archive/1997/hesnws_10 2797.jsp>; «ASHGABAT, Turkmenistán, 27-10-1997: Seis compañías internacionales y el Gobierno de Turkmenistán formaron aquí el sábado Central Asia Gas Pipeline, Ltd. (CentGas), con ceremonias formales de firma de documentos.» Comunicado de prensa: «Consortium Formed to Build Central Asia Gas Pipeline» (27-10-1997).

Enron iba a beneficiarse del gaseoducto.

FUENTE: El doctor Zaher Wahab de Afganistán, profesor en Estados Unidos que habló en la gala de los Derechos Humanos Internacionales, «explicó que Delta, Unocal y otras compañías petroleras y de gas rusas, paquistaníes y japonesas han firmado acuerdos con el Gobierno de Turkmenistán, república situada al norte de Afganistán que cuenta con las cuartas mayores reservas de gas del mundo. También se han suscrito acuerdos con los talibanes, que permitirán que esos gigantes del sector bombeen el gas y el petróleo de Turkmenistán a través del oeste de Afganistán hasta Pakistán, desde donde lo distribuirán a todo el mundo. El consorcio energético Enron pretende ser uno de los constructores del gaseoducto». Elaine Kelly: «Northwest Group Discuss Afghan, Iranian and Turkish Rights Violations», Informe de Washington sobre Asuntos de Oriente Próximo (31-3-1997).

Kenneth Lay de Enron fue el contribuyente número uno a la campaña de Bush.

FUENTE: «Kenneth Lay, amigo también del ex presidente George Bush, fue el principal contribuyente a la campaña de las elecciones presidenciales de 2000 de George Bush.» Jerry Seper: «Colossal Collapse: Enron Bankruptcy Scandal Carves a Wide Swath», *Washington Times* (31-1-2002). «Aunque Enron sea el donante número 1 de la carrera de George W. Bush, el presidente también está muy en deuda con las sociedades profesionales que contribuyeron y propiciaron la mayor quiebra y descalabro de accionistas de la historia de Estados Unidos.» Tejanos por la Justicia Pública: «Bush Is Indebted to Enron's Professional Abettors, Too» (17-1-2002), <www.tpj.orgpage_view.jsp?pageid=255>.

«Después, en 2001, sólo cinco meses y medio antes del 11-S, la administración Bush daba la bienvenida a un enviado especial de los talibanes de gira por Estados Unidos para mejorar la imagen de su Gobierno.»

FUENTE: «Un enviado talibán rogó el lunes a la administración Bush que pasara por alto el apoyo de su grupo al extremista Ossama Bin Laden y la destrucción de unas centenarias esculturas budistas de valor incalculable y levantara las sanciones a Afganistán con el fin de aliviar una crisis humanitaria que amenaza la vida de un millón de personas. Sayed Rahmatulá Hashimi entregó una carta de los talibanes al presidente Bush que hacía un llamamiento a unas mejores relaciones entre Estados Unidos y Afganistán y a negociaciones para resolver la disputa sobre Bin Laden, saudí de nacimiento.» Robin Wright: «Taliban Asks US to Lift Its Economic Sanctions», *Los Angeles Times* (20-3-2001).

FUENTE: «El foro del ayuntamiento fue la última reunión de Hashimi en su visita de una semana a California, donde ha hablado en diversas universidades, entre ellas la USC, la UCLA y la UC Berkeley. El mismo jueves partió hacia Nueva York, otra parada en su gira de relaciones públicas, antes de acudir a Washington, donde tiene previsto entregar una carta a la administración Bush.» Teresa Watanabe: «Overture by Taliban Hits Resistance», *Los Angeles Times* (16-3-2001).

«[L]os talibanes cobijaban al hombre que atentó contra el *USS Cole* y nuestras embajadas africanas.»

FUENTE: «Ossama Bin Laden ha reivindicado el atentado contra soldados estadounidenses en Somalia de octubre de 1993, donde hubo 18 muertos, el atentado contra las embajadas estadounidenses en Kenia y Tanzania de agosto de 1998, con un saldo de 224 muertos y casi 5.000 heridos, y se le relaciona con el ataque al *USS Cole* del 12 de octubre de 2000, en el que murieron 17 miembros de la tripulación y 40 resultaron heridos. Ha buscado adquirir materiales químicos y nucleares para su uso como armas terroristas.» «Britain's Bill of Particulars», *New York Times* (5-10-2001).

FUENTE: «Ossama Bin Laden ha sido en los últimos años el sospechoso de terrorismo más buscado de Estados Unidos, con una recompensa por su cabeza de 5 millones de dólares, por su supuesta participación en los atentados de agosto de 1998 con furgonetas bomba contra dos embajadas estadounidenses en África oriental donde murieron más de 200 personas, así como de una retahíla más de acciones terroristas [...] La más reciente es que el FBI ha nombrado a Bin Laden principal sospechoso del atentado suicida contra el destructor americano *Cole*, que fue atacado en el puerto de Adén, unos 550 kilómetros por carretera al suroeste de aquí, con la pérdida de la vida de 17 marineros.» John F. Burns: «Where bin Laden Has Roots, His Mystique Grows», *New York Times* (31-12-2000).

Hamid Karzai fue asesor de Unocal.

FUENTE: «Sereno y mundano, Karzai es un antiguo empleado de la petrolera estadounidense Unocal —una de las dos principales empresas del sector que pujaba por el lucrativo contrato para construir un oleoducto desde Uzbekistán hasta los puertos marítimos de Pakistán, pasando por Afganistán—, e hijo de un ex presidente del Parlamento afgano.» Ilene R. Pusher, Scott Baldauf, y Edward Girardet: «Afghan power brokers», *Christian Science Monitor* (10-6-2002), <www.csmonitor.com/2002/0610/p01s03e-wosc.html>.

FUENTE: «El presidente afgano Hamid Karzai, antiguo asesor de Unocal, firmó un tratado con el dirigente paquistaní Pervez Musharraf y el dictador turcomano Saparmurat Niyazov para autorizar la construcción de un gasoducto de 3.200 millones de dólares a través del pasillo Heart-Kandahar de Afganistán.» Lutz Kleveman, «Oil and the New "Great Game"», *The Nation* (16-2-2004).

FUENTE: «Era asesor de la compañía petrolera estadounidense Unocal, mientras ésta estudiaba la construcción de un gasoducto en Afganistán.» Chipaux Francoise: «Hamid Karzaï, Une Large Connaissance Du Monde Occidental», *Le Monde* (6-12-2004).

«Bush también nombró enviado a Afganistán a Zalmay Jalilzad, quien también era ex asesor de Unocal.»
FUENTE: «El propio Jalilzad sabe cómo cambian los tiempos. A mediados de los noventa defendió por un breve espacio de tiempo a los talibanes mientras trabajaba como asesor en Unocal, la petrolera que entonces intentaba construir un gasoducto a través de Afganistán. Más tarde se convirtió en uno de los más feroces críticos de los talibanes.» Amy Waldman: «Afghan Returns Home as American Ambassador», *New York Times* (19-4-2004).

«Afganistán firmó un acuerdo [...] para construir un gasoducto que transportara a través del país que transportara gas natural del mar Caspio.»
FUENTE: «El acuerdo marco define mecanismos legales para establecer un consorcio que construya y gestione el tan retrasado gasoducto de gas natural de 3.200 millones de dólares estadounidenses, conocido como Tras-Afghanistan Pipeline, que transportaría gas de las generosas reservas de Turkmenistán hasta Pakistán. Sería uno de los primeros proyectos de inversión de gran calado realizados en Afganistán en décadas.» Baglia Bukharbayeva: «Pakistani, Turkmen, Afghan Leaders Sign US$3.2 Billion Pipeline Deal», Associated Press (27-12-2002).

CREAR MIEDO COMO PRETEXTO PARA UNA GUERRA; UNA GUERRA CONSTRUIDA SOBRE EL ENGAÑO

«En 2000, [John Ashcroft] se presentaba a la reelección como senador por Misuri contra un hombre que murió el mes antes de los comicios. Los votantes prefirieron al muerto.»
FUENTE: «El senador John Ashcroft reconoció el miércoles

con elegancia su derrota en la campaña de reelección contra el difunto gobernador Mel Carnahan e instó a sus compañeros republicanos a no interponer impedimentos legales.» Eric Stern: «Ashcroft Rejects Challenge to Election; Senator Says He Hopes Carnahan's Victory Will Be "of Comfort to Widow"», *St. Louis Post-Dispatch* (9-11-2000).

«Durante el verano anterior al 11-S, Ashcroft le dijo al director en funciones del FBI Thomas Pickard que no quería oír hablar más de amenazas terroristas.»

FUENTE: «El ex director en funciones del FBI Thomas Pickard testificó el martes que el fiscal general John Ashcroft no quiso oír hablar de terrorismo cuando Pickard intentó informarle durante el verano de 2001, puesto que los informes de inteligencia sobre amenazas terroristas estaban alcanzando cotas históricas.» Cam Simpson: «Ashcroft Ignored Terrorism, Panel Told; Attorney General Denies Charges, Blames Clinton», *Chicago Tribune* (14-4-2004).

«Su propio FBI sabía ese verano que había miembros de al-Qaeda en Estados Unidos y que Bin Laden enviaba a sus agentes a escuelas de vuelo de todo el país.»

FUENTE: «[E]l "memorándum de Phoenix" de julio de 2001, redactado por un agente del FBI de Arizona, advertía que "un número exagerado de individuos señalados para investigación" estaban tomando clases de vuelo. Instaba a la agencia a recopilar datos sobre escuelas de vuelo y estudiantes extranjeros, y comentar la amenaza potencial con otras agencias de inteligencia [...] [U]no de los hombres mencionados en el memorándum fue arrestado en Pakistán en 2002 con un destacado colaborador de al-Qaeda, Abu Zubayda.» R. Jeffrey Smith: «A History of Missed Connections; U.S. Analysts Warned of Potential Attacks but Lacked Follow-Through», *Washington Post* (25-7-2003).

FUENTE: Extracto del «Memorándum de Phoenix»: «El objeto de esta comunicación es poner sobre aviso a la Oficina y a Nueva York sobre la posibilidad de un empeño coordinado por parte de Ossama Bin Laden para enviar estudiantes a Estados Unidos a fin de que asistan a universidades y facultades de aviación civil. Phoenix ha observado que un número exagerado de individuos señalados para investigación están asisitiendo o han asistido a universidades y facultades de aviación civil del estado de Arizona.» El Memorándum de Phoenix puede leerse íntegramente en: <www.gpo access.gov/serialset/creports/911.html>.

«[L]a foto del hombre del periódico no era el Aaron Stokes que habían conocido [un miembro de Peace Fresno]. Se trataba en realidad del ayudante del sheriff Aaron Kilner. Y se había infiltrado en su grupo.»

FUENTE: «Aaron Kilner, de veintisiete años, que se unió al cuerpo en junio de 1999 y había estado asignado los últimos 18 meses al equipo antiterrorista a las órdenes de la unidad de antivicio-inteligencia, al parecer resultó muerto al instante cuando su motocicleta Yamaha azul se estrelló contra la parte delantera derecha de un Buick de 1999, según la policía de Fresno.» Louis Galvan: «Crash Kills Off-Duty Detective, Victim Joined Fresno County Force in 1999», *Fresno Bee* (31-8-2003).

FUENTE: «Sigue sin saberse por qué el Departamento del Sheriff del Condado de Fresno se infiltró en el grupo pacifista de la zona, pero Pierce ha dicho que las acciones de su departamento fueron legales. "Podemos meternos en cualquier sitio que esté abierto al público", dijo Pierce en una entrevista telefónica desde su oficina de Fresno.» Sam Stanton y Emily Bazar: «More Scrutiny of Peace Groups, Public Safety Justifies Surveillance Since 9/11, Authorities Say», *Sacramento Bee* (9-11-2003).

La historia de Barry Reingold.

FUENTE: «Después está Barry Reingold, de San Francisco, a quien una llamada al interfono despertó de su siesta el 23 de octubre. Cogió el telefonillo y preguntó quién era. "El FBI", fue la respuesta. Abrió a los dos hombres, pero decidió recibirlos en el rellano. "Estaba un poco agitado —explica Reingold—. O sea, ¿qué interés podría tener el FBI en mí, un operario telefónico jubilado de sesenta años?" Cuando le preguntaron si frecuentaba determinado gimnasio, se dio cuenta del motivo que había provocado la visita. El gimnasio es donde levanta pesas... y expone sus opiniones políticas.» Kris Axtman: «Political Dissent Can Bring Federal Agents to Door», *Christian Science Monitor* (8-1-2002). Véase también, Sam Stanton, Emily Bazar: «Security Collides with Civil Rights, War on Terrorism Has Unforeseen Results», *Modesto Bee* (28-9-2003).

El Congreso no se leyó la Patriot Act antes de votarla.

FUENTE: «Esa misma mañana [del 12 de octubre], la Cámara aprobó el proyecto de ley por 337 votos a 79. Los indignados opositores a la ley se quejaron de que era imposible que nadie hubiera tenido tiempo de leer las complejísimas 342 páginas del proyecto, que enmendaba quince estatutos federales distintos y que había sido impreso tan sólo horas antes.» Steven Brill: *After: How America Confronted the September 12 Era,* Simon & Schuster, 2003.

FUENTE: «A muchos legisladores los indignó que una ley refrendada por los dos partidos, que el Comité Judicial había aprobado por unanimidad, fuera dejada de lado en favor de una legislación negociada en el último minuto por un grupo muy reducido. Los diputados tomaron la palabra para decir que casi nadie se había leído el nuevo proyecto de ley, y rogaron más tiempo y más deliberaciones [...] Preguntado por las protestas de los legisladores a los que se pedía votar una ley que no habían leído, el presidente del Comité de Normas, el diputado David Dreier, republicano de California, replicó: "No carece de precedentes."» Robin Toner y Neil A. Lewis: «House Passes Terrorism Bill Much Like Senate's, but with 5-Year Limit», *New York Times* (13-10-2001).

Véase también en la película a los congresistas Conyers y Mc-Dermott.

«[L]a Agencia de Seguridad en el Transporte da el visto bueno a llevar cuatro librillos de cerillas y dos mecheros de butano en los bolsillos cuando se sube a un avión.»

FUENTE: «En conformidad con la normativa del Departamento de Transporte sobre materiales peligrosos, a los pasajeros también se les permite llevar encima no más de cuatro librillos de cerillas (y no cerillas sueltas) y no más de dos mecheros para su uso individual, si los encendedores usan como combustible gas licuado (tipo BIC o Colibri) o un líquido inflamable (tipo Zippo).» 49 CFR 1540; <www.tsa.gov/interweb/assetlibrary/68_FR_9902.pdf>.

«[G]racias a los recortes presupuestarios, el agente Kenyon tuvo que acudir en su día libre para ponerse al día del papeleo.»

FUENTE: «Los recortes de presupuesto que prescindieron de 129 agentes de la Policía Estatal de Oregón a principios de año han dejado un solo agente a cargo de la vigilancia de los 3.500 kilómetros cuadradas de territorio y los 160 kilómetros de carreteras estatales que rodean esta ciudad de la costa central de Oregón.» «Layoffs Leave Oregon Trooper Alone in Big Coastal Territory», *Seattle Times* (6-10-2003).

«El 19 de marzo de 2003, George W. Bush y el ejército de Estados Unidos invadieron [...] Irak, una nación que nunca había atacado [o] amenazado con atacar a Estados Unidos. Una nación que nunca había asesinado a un solo ciudadano estadounidense.»

FUENTE: «Irak nunca ha amenazado ni se ha visto implicado en ningún atentado contra territorio estadounidense y la CIA no ha dado parte de ningún ataque patrocinado por Irak contra intereses americanos desde 1991.» Stephen Zunes: «An Annotated Overview of the Foreign Policy Segments of Presidente George W. Bush's State of the Union Address», *Foreign Policy in Focus* (29-1-2003).

FUENTE: «Irak nunca amenazó la seguridad de Estados Unidos. Los políticos de Bush atacaron con cinismo a un país infame porque sabían que sería más fácil que encontrar al auténtico infame del 11-S, que no tenía país. Y ahora su propio bulo se ha vuelto contra ellos.» Maureen Dowd: «We're Not Happy Campers», *New York Times* (11-9-2003).

FUENTE: «Irak nunca amenazó a Estados Unidos, y menos a Australia. La consideración básica fue y sigue siendo la percepción del más amplio interés estratégico de Estados Unidos en Oriente Próximo.» Richard Woolcott: «Threadbare Basis to the Homespun Yarn That Lead Us into Iraq», *Sydney Morning Herald* (26-11-2003). (Woolcott fue secretario del Departamento de Asuntos Exteriores y Comercio de Australia durante la guerra del Golfo.)

FUENTE: Véase la definición de matar civiles (por oposición a combatientes) en el Artículo 3 de la Convención de Ginebra. («Al respecto de las personas que no participen directamente en las hostilidades, se prohiben en cualquier tiempo y lugar [a] los atentados contra la vida y la integridad física, especialmente el homicidio en todas sus formas.»)

La Coalición de los Dispuestos incluyó a Palau, Costa Rica, Islandia, Rumania, Países Bajos y Afganistán.
FUENTE: Lista de miembros de la Coalición de la Casa Blanca, 20 de marzo, 2003: <www.whitehouse.gov/news/releases/2003/03/print/20030320-11.html>.

Marruecos, según un informe, ofreció enviar dos mil monos para ayudar a detonar las minas terrestres.
FUENTE: «La administración ha recurrido incluso al reino animal en busca de ayuda para la guerra. Primero fueron los delfines, aquellos mamíferos tan listos reclutados para ayudar a despejar de minas el puerto iraquí de Um Qasr. Después se ha sabido que Marruecos ofrecía 2.000 monos para ayudar a detonar minas terrestres.» Al Kamen: «They Got the "Slov" Part Right», *Washington Post* (28-3-2003).

«El Gobierno no permitía que ninguna cámara mostrara los ataúdes que llegaban a casa.»
FUENTE: «Durante los últimos 13 años, el Pentágono ha impedido que los periodistas presenciaran el transporte de los ataúdes de soldados envueltos en la bandera a la base de Dover de las Fuerzas Aéreas en Delaware.» Amanda Ripley: «An Image of Grief Returns» (3-5-2004).

«Al final de enero de 2004, el índice de desempleo en Flint era del diecisiete por ciento.»
FUENTE: Ciudad de Flint, enero de 2004, índice de desempleo, 17 %. Oficina de Información del Mercado de Trabajo, Gobierno del estado de Flint. <www.michlmi.org/LMI/lmadata/laus/lausdocs/049lf04.htm>.

Bush «propuso recortar la paga de los soldados en combate en un treinta y tres por ciento y la asistencia a sus familias en un sesenta por ciento.»
FUENTE: La administración Bush anunció que reduciría unos

aumentos «modestos» en las prestaciones para soldados. El *Army Times* señaló: «La administración anunció que el 1 de octubre pretende reducir de 225 dólares a 150 dólares (un recorte del 33 %) los recientes aumentos modestos en los complementos mensuales por peligro inminente, y de 250 dólares a 100 dólares (un recorte del 60 %) los correspondientes a separación familiar, para los soldados a los que están disparando en las zonas de combate.» <www.army times.com/story.php?f=1-292259-1989240.php>.

FUENTE: «Gracias a la ley aprobada este año, los soldados en Irak, Afganistán y otras zonas de alto riesgo reciben ahora 225 dólares al mes como complemento a su paga. Eso supone un aumento de 75 dólares respecto de la cantidad previa para paga de combate. Según esa misma ley, los soldados que se han visto obligados a dejar atrás cónyuges e hijos reciben 250 dólares al mes en concepto de paga adicional por separación como ayuda para la atención infantil y otros gastos extra ocasionados por las misiones en el extranjero. Eso supone un aumento de 150 dólares respecto del anterior complemento [...] En su solicitud de presupuesto para 2004, el Pentágono pidió al Congreso que devolviera a sus niveles anteriores tanto la paga por combate como el complemento por separación.» «Our Opinions: Proposal to Reduce Pay No Way to Salute Military», *Atlanta Journal-Constitution* (15-8-2003).

«Se opuso a un aumento de mil trescientos millones [...] en atención médica a veteranos, y cerró siete hospitales para ellos, trató de doblar el coste de los fármacos con receta para los veteranos y se opuso a que los reservistas a tiempo parcial recibieran las prestaciones completas.»

FUENTE: «El 12 de noviembre, la Oficina de Gestión y Presupuesto se opuso a recuperar los 1.300 millones en financiación para hospitales de la Administración de Veteranos que el Comité de Gastos de la Cámara de Representantes había recortado. "Es como si ni siquiera fueran conscientes de que está en marcha una guerra contra el terror", dice Steve Thomas, portavoz de la Legión Americana y veterano de la Marina que señaló que las bajas en Irak podrían provocar un gran aumento de la demanda de servicios de la AV.» Stan Crock en Washington, con William C. Symonds en Boston, «Will the Troops Salute Bush in '04?», *Business Week* (8-12-2003).

FUENTE: «La Casa Blanca ha manifestado su "firme oposición" al esfuerzo del Senado por ampliar las prestaciones sanitarias militares a reservistas y miembros de la Guardia Nacional e impulsar el gasto en asistencia sanitaria a veteranos en 1.300 millones.» Jonathan Weisman: «Bush Aides Threaten Veto of Iraqi Aid Measure», *Washington Post* (22-10-2003).

FUENTE: A principios de 2003, la administración Bush anunció que cerraba «siete de sus 163 hospitales para veteranos en un esfuerzo por "reestructurar" el Departamento de Asuntos de Veteranos». Suzanne Gamboa: «VA Proposes Overhaul, 13 Facilities Would Close or See Major Changes», Associated Press (4-8-2003).

FUENTE: En 2003, la administración Bush propuso aumentar el coste de los fármacos con receta para veteranos, una propuesta que habría doblado el precio de dichos medicamentos. «El plan de Bush habría incluido una nueva cuota de inscripción de 250 dólares y un aumento del copago de 7 a 15 dólares para los veteranos que ganaran más de 24.000 dólares.» La Cámara de Representantes corrigió la propuesta para rechazar los aumentos de las cuotas de la administración Bush y recuperar los 264 millones en costes reduciendo la financiación administrativa para la Administración de Veteranos. «Panel Rejects Extra Funds for AmeriCorps», *Washington Post* (22-7-2003).

FUENTE: «La administración Bush se opone en redondo a concederle acceso al sistema sanitario del Pentágono a la Guardia y a la Reserva.» Opinión, *Daily News Leader* (Staunton, Virginia) (25-10-2003).

FUENTE: «El senador de Estados Unidos Lindsey Graham (rep., Carolina del Sur) ha ayudado a presentar un proyecto de ley en el Senado que mejorará las prestaciones sanitarias de los miembros de la Guardia y la Reserva. El proyecto ha contado con amplio apoyo en ambos partidos desde que se presentó en mayo. La semana pasada Graham adjuntó su plan de asistencia sanitaria como enmienda al proyecto de ley de gastos complementarios de 87.000 millones que el presidente Bush pretende pagar para las existentes operaciones militares en Irak y Afganistán. La Cámara de Representantes debería recoger la enmienda la semana que viene. Lo extraño es que la administración Bush se ha opuesto a estos nuevos beneficios para miembros de la Guardia y de la Reserva, argumentando que resultarían demasiado caros.» Editorial: «Helping Our Guard and Reserve», *Greenville News* (16-10-2003).

«Casi 5.000 heridos en ... [la] guerra.»

FUENTE: «Un año atrás por estas fechas, habían muerto más de 160 soldados estadounidenses en Irak. El total desde entonces ha ascendido a más de 800, y la semana pasada el Pentágono comunicó que la cifra de heridos en acto de servicio se está acercando a los 4.700.» Pete Yost: «Bush Hails U.S. War Dead and Veterans», Associated Press (1-6-2004).

«[D]e los 535 miembros del Congreso, sólo uno tenía un hijo alistado en Irak.»

FUENTE: «Sólo cuatro de los 535 miembros del Congreso tienen hijos en el ejército; sólo uno, el senador Tim Johnson (dem., Dakota del Sur) tiene un hijo que combatió en Irak.» Kevin Roigan: «Hired Guns», *St. Louis Post-Dispatch* (11-5-2003).

PARTE III

LO QUE PENSÓ EL PÚBLICO DE *FAHRENHEIT 9/11*

DE: Susan
FECHA: Miércoles, 7 de julio de 2004 6.36 h
PARA: mike@michaelmoore.com
ASUNTO: GRACIAS

Querido Sr. Moore:
Como madre soltera de tres chicos adolescentes (13, 17 y 19 años), le doy las gracias de todo corazón. Me senté en la sala con mis dos mayores, totalmente preparada para ser sermoneada con la misma retórica de siempre sobre los males de la administración Bush.

En cambio, fui educada y, como resultado, lloré.

Lloré por nuestros hombres y mujeres que han muerto sin necesidad en esta guerra ilegal. Lloré por mi propio hijo de 17 años, que ha decidido alistarse en la Marina. Lloré por nuestro país y por aquellos que viven todos los días en la pobreza, al parecer sin esperanza.

Y entonces, sentí la inspiración.

He tomado la decisión de volverme activa en mi iglesia, un lugar pequeño en pleno centro de una parte realmente pobre de la ciudad [...] un lugar que tiende la mano a los habitantes de bajos ingresos y pobre educación del barrio y les ofrecer esperanza.

En eso consiste ser americana: en tender la mano a los afligidos del mundo y ofrecer esperanza.

Así pues, le doy de nuevo las gracias... Mis hijos le dan las gracias.

Susan
Rochester, Nueva York

DE: Jennifer Layton
FECHA: Sábado, 24 de julio de 2004 16.29 h
PARA: mike@michaelmoore.com
ASUNTO: ¡Estoy registrada!

Hola, Sr. Moore. Hace poco me mudé a una nueva casa, y mi nueva tarjeta de registro para el voto llegó hace un par de semanas. Cuando recibí mi anterior tarjeta, me limité a firmarla y guardarla en el bolso, sin darle demasiada importancia hasta que llegó el momento de enseñarla el día de las elecciones. Pero no sé cómo describir lo que sentí cuando me llegó esta tarjeta. Había visto su película. Incluso antes de verla, estaba enfadada con George W. Bush por haber robado las últimas elecciones y preocupada de que se saliera con la suya también en las siguientes. Pero tengo una tarjeta de votante. Y mi lugar de voto es la escuela que hay cruzando la calle. Mi nueva tarjeta de votante, por melodramático que suene, me da esperanza y un poquito de poder.

El día de las elecciones, aunque haya quince metros de nieve en la calle, me haya roto las dos piernas y la Alerta de Terror haya llegado al Rosa Pánico: voy a arrastrar el culo hasta la escuela de enfrente con mi nueva tarjeta de votante registrada, y voy a votar.

Gracias por ayudarme a darme cuenta de lo importante que es mi tarjeta de registro de votante. Nos vemos en las urnas.

Jennifer Layton

DE: Adam Shoup
FECHA: Jueves, 29 de julio de 2004 11.24 h
PARA: mike@michaelmoore.com
ASUNTO: Gracias... ¡por convertirme en votante!

Sr. Moore:
Sé que es usted un hombre ocupado, pero quería agradecerle personalmente que me hiciera más consciente de lo que sucede en nuestro gobierno. Si quiero cambiar las cosas tengo que votar. Gra-

cias a su película *Fahrenheit 9/11*, ahora acudiré a las urnas en las próximas elecciones de este año.

Gracias,

Adam Shoup

DE: Diamond, Elizabeth A.
FECHA: Jueves, 1 de julio de 2004 16.09 h
PARA: mike@michaelmoore.com
ASUNTO: Gracias

Muchas gracias por esta película. Ya me he registrado para votar. Tengo 27 años y éste será el primer año en que vote... ¡¡¡Lo sé, lo sé!!! He visto lo que pasa de verdad cuando una no cree que su voto suponga una diferencia. Le he estado dando la murga a mis compañeros de trabajo no sólo para que vean *Fahrenheit 9/11*, sino para que se registren para votar. Mi primo estaba en el *USS Abraham Lincoln* cuando Bush lo visitó. Me entristeció ver allí el cartel de «Misión cumplida». Sobre todo cuando esos hombres y mujeres deberían haber vuelto a casa muchos meses antes de eso. Desde entonces ya han vuelto a embarcar a mi primo. Sólo quería tomarme el tiempo de agradecerle que haya hecho consciente a la gente. Si alguna vez pasa por la zona de Connecticut le ruego que nos lo haga saber. A mi marido y a mí nos encantaría conocerle. Le ha hecho pensar de verdad sobre Bush. Quería votarle, pero yo no le dejo porque eso cancelaría mi voto: en casa hay una batalla permanente.

Gracias de nuevo,

Liz Diamond

DE: Damian Geiss
FECHA: Lunes, 5 de julio de 2004 18.06 h
PARA: mike@michaelmoore.com
ASUNTO: Primer voto de mi vida :)

Hola Sr. Moore:
Estoy seguro de que este mensaje se perderá entre muchos millares, pero tenía que darle las gracias, aunque fuera sólo para saber que he intentado darle las gracias, Sr. Moore.

Tengo 42 años, soy funcionario federal y ex militar, y no he votado *nunca* en mi vida. Sin embargo, su valor al practicar la libertad de expresión y demostrar un verdadero razonamiento crítico han hecho que *me registre para votar por primera vez en mi vida*.

Gracias y ojalá coincidamos algún día para que le estreche la mano y le invite a un café. ¡No veo la hora de que llegue noviembre!

Paz y buena voluntad, Sr. Moore,

Su amigo entre las Masas,

Damian Geiss

DE: Janell M. Schuller
FECHA: Jueves, 1 de julio de 2004 1.37 h
PARA: mike@michaelmoore.com
ASUNTO: Gracias por su coraje

Sr. Moore:
Sé que está inundado de mensajes, y que es probable que ni siquiera llegue a leer éste, pero me siento obligada a escribirlo de todas formas.

Acabo de ver *Fahrenheit 9/11* esta noche con mi marido y debo decir que sigo aturdida. Me siento tan inocente... ¡casi como si hubiera vivido en una burbuja! ¡Gracias a Dios que mi marido me ha arrastrado hasta ese cine!

Soy una madre y ama de casa con dos niños pequeños, uno de 4 años y otro de 11 meses. Somos la típica familia de clase media que vive en un barrio residencial de Seattle.

Me avergüenza decir que voté a George Bush. No estoy del todo segura de por qué, ahora que lo pienso, pero lo hice. No cometeré dos veces el mismo error. Mi marido lee las noticias alternativas en páginas de Internet y me tiene informada sobre lo que pasa de verdad en América y cómo el Gobierno y los medios han embaucado al pueblo americano, pero aun así yo seguía con los ojos cerrados.

Desde el 11-S, lamento haber votado a G. W. B. No estoy de acuerdo con la guerra de Irak y el lío en el que nos ha metido G. W. B. Apoyo a nuestros soldados y quiero que vuelvan a casa sanos y salvos, pero la guerra no ha tocado de verdad a MI familia. No he perdido ningún familiar ni amigo en la guerra ni en los atentados del 11-S. En consecuencia, he seguido adelante con mi vida como de costumbre. Veo las noticias, leo el periódico y me apiado de los que han tenido alguna pérdida pero, con todo, he sido incapaz de identificarme.

Su documental lo ha colocado todo ante mis ojos y en mi corazón. Son los mejores ocho dólares y medio que he gastado EN MI VIDA. He llorado muchísimo y no me lo quito de la cabeza. Cuando he visto a ese niñito iraquí tendido en la camilla, me he imaginado a mi hijo. No creo que olvide nunca esa imagen.

Su película ha despertado algo en mi interior. Me ha dado ganas de plantarle cara a los líderes de nuestra nación, de levantarme y hacerme oír. Me ha abierto los ojos, y por eso quiero darle las gracias. No quiero que mis hijos crezcan en un mundo de corrupción y mentiras. Tengo que intentar cambiar las cosas para su futuro. Voy a implicarme más y a animar a la gente a que vote y adopte un papel activo para cambiar a mejor este país. Somos mucha gente pequeña, y si hacemos piña tiene que contar para algo. He animado a mis padres, partidarios de Bush, a que vean esta película. NECESITAN verla. Creo que después verán las cosas de otro modo. ¡¡¡Hay que tener esperanza!!!

Así pues, Sr. Moore, gracias por su coraje y franqueza. Creo que usted y su película han ejercido un profundo impacto en muchos americanos. Sé que ya no pondré la otra mejilla ni mantendré la boca cerrada. ¡¡¡En lo que a mí respecta es usted un héroe!!!

Sinceramente,

Janell Schuler
Auburn, Washington

DE: Dave
FECHA: Viernes, 2 de julio de 2004 11.40 h
PARA: mike@michaelmoore.com
ASUNTO: genial

Ayer vi su película. Fua, me ha impresionado. Voté a Bush en el 2000 y, macho, menudo error. ¡¡¡Nunca más!!! Gracias una vez más por hacer una película genial...

Dave Kidd

DE: Matthew Heffelfinger
FECHA: Sábado, 26 de junio de 2004, 11.09 h
PARA: mike@michaelmoore.com
ASUNTO: Estreno en Las Vegas

¡Qué noche en Las Vegas!
Sitio sólo de pie, cines con sobreventas, colas tan largas que parecía el estreno de *La guerra de las galaxias* en 1977. Pero esperad, hay más: equipos de noticias de la tele local, muchísimos aplausos, ovaciones en pie y, al final de la película, gente pidiéndole a otros que se registraran para votar. Qué poderosa ha de ser una película para afectar tanto a la gente que les haga registrarse para votar en el acto.

Heff en Las Vegas, Nevada

DE: Faye Walker
FECHA: Miércoles, 7 de julio de 2004, 1.23 h
PARA: mike@michaelmoore.com
ASUNTO: ¡Votaré por primera vez!

Soy una afroamericana de 37 años y en mi vida he votado en unas elecciones. Su película me ha animado a registrarme para votar. (¡No sé cómo hacerlo, pero ya me enteraré!)

Gracias por sus películas. He sido fan de su obra desde *Roger y yo*. *Fahrenheit 9/11* es una excelente composición de hechos y le aplaudo por su regalo al público americano.

Estoy de acuerdo en que «los liberales nos han fallado a los trabajadores de este país». Sólo puedo rezar por que el demócrata que sustituya a Bush haga un mejor trabajo para América que el realizado por los demócratas de la Cámara de Representantes y el Senado. En cualquier caso, Bush y su pandilla son personas non gratas.

Sería interesante que Lila Lipscomb y otros familiares de militares demandaran a Bush y su administración por muertes injustificadas en representación de los soldados que dieron su vida en Irak para que se aprovechasen Bush y «su base».

Estoy segura de que sabe que sería una gran idea lanzar *Fahrenheit 9/11* en DVD a finales de octubre para asegurarnos su efecto en las próximas elecciones.

¡Por favor, siga así! La suya es una voz necesaria en la sociedad americana.

Faye (en breve votante recién registrada)
Chicago, Illinois

DE: Terry Endres
FECHA: Martes, 6 de julio de 2004 19.39 h
PARA: mike@michaelmoore.com
ASUNTO: ninguno

Sr. Moore:
Me llamo Terry Endres, y soy de Seattle, Washington. Tengo 29 años y no he votado en mi vida. Soy ex militar y siempre he cumplido con mi país. Después de ver su película, no sólo votaré por cualquiera o cualquier cosa en contra de cualquier Bush, sino que quiero más respuestas a un montón de las cosas sobre las que ahora tengo preguntas. Gracias por abrirme los ojos a lo que me enseñó a ignorar la misma gente que creaba los problemas. Creo que el mundo necesita saber lo que pasa en las vidas y trabajos de nues-

tros funcionarios «ELECTOS» del Gobierno. Me pone malo. Si hay algo que pueda hacer para ayudar hágamelo saber.

Terry Endres

DE: Cassandra Smith
FECHA: Jueves, 1 de julio de 2004 11.28 h
PARA: mike@michaelmoore.com
ASUNTO: Acabo de ver tu película

Hola, Mike:
Acabo de ver tu película ayer, y quería darte las gracias personalmente. Reí, lloré y me enfadé mucho. Lo que es más importante, llevé a verla a mis dos hijos, de 20 y 18 años, y ahora hay dos votantes registrados más en este país.
Sólo quería decirte que lo que estás haciendo es muy importante y que has supuesto una diferencia en este rincón del mundo.
¡Sigue adelante con la lucha justa!

Cassandra Smith

DE: Kimberly Green
FECHA: Sábado, 26 de junio de 2004 10.34 h
PARA: mike@michaelmoore.com
ASUNTO: ¡¡¡He visto la luz!!! (en Tejas)

Querido Sr. Moore:
Debo admitir que he sido republicana, que voté a Bush para gobernador de Tejas, trabajé en su campaña presidencial de 2000 y estoy apuntada como voluntaria para su campaña de reelección. Oí sus comentarios en los Oscars y pensé: «¡Nunca veré una de sus películas! ¡Menudo imbécil!» Pues bien, no soy tan corta de miras que no sepa admitir cuándo me he equivocado. Hace poco he tenido contacto con varias historias sobre Bush, su familia, sus

amigos y sus turbias relaciones en el último par de meses (muchos hechos que usted trató en su película) y he empezado a preguntarme cuál es la auténtica verdad. Mi opinión empezaba a cambiar poco a poco, pero, después de ver su película a las 11.30 h el día del estreno en Frisco, Tejas, ¡soy oficialmente una mujer cambiada! ¡Me siento como si todo hubiera encajado y se hubiese encendido la bombilla! Juntó usted todas las piezas perdidas de mi rompecabezas. Salí del cine enfadada por haber estado tan ciega durante tanto tiempo ¡y de haber incluso ayudado a Bush a llegar donde hoy está! Este año trabajaré en una campaña... para ECHAR a Bush del cargo. Ya he empezado a llamar a gente, colgar mensajes, etc., intentando que la gente vaya a ver su película y también les abra los ojos.

Gracias por tomarse el tiempo... y los riesgos de poner la verdad ante los ojos del público. Espero que mucha más gente piense como yo ahora.

¡¡¡Siga así!!!

Kim,
Plano, Tejas

DE: Robyn Larsen
FECHA: Jueves, 22 de julio de 2004 15.18 h
PARA: mike@michaelmoore.com
ASUNTO: me quito el sombrero

Querido Michael:

Antes de empezar, quiero decirle que soy consciente de lo agobiado que debe de estar con toda la actividad generada a partir de *Fahrenheit 9/11*, y no necesito ni espero una respuesta. Sólo quería tomarme un momento para darle las gracias y ofrecerle una palabra de ánimo para sus futuros proyectos.

Soy el tipo de persona que ha sido culpable de perder la fuerza por la boca en lo tocante a política. Disfruto de sostener una sana y apasionada discusión política con mis amigos, y considero crucial leer las noticias de distintas fuentes al margen de los medios de masas dominantes para sentirme más informado y menos primo. Sin embargo, en el pasado he sido culpable de votar de manera esporádica y, después de ver su película, dudo que jamás me permita otra vez desatender mi deber cívico como elector. Ahora espero ansiosamente la ocasión de votar en noviembre.

Después de ver la película por primera vez (acabo de volverla a ver), mis amigos y yo fuimos a un bar de por aquí a comentarla. Y lo hicimos, durante horas. La película ha generado infinidad de horas de discusión EN TODAS PARTES, y esa noche todos estuvimos de acuerdo en que el objetivo más poderoso que la película puede producir es un debate a escala nacional. Necesitamos desesperadamente cuestionar la guerra de Irak, así como la versión minimizada con la que nos bombardean en las noticias de por la noche. Le necesitamos, Michael, porque ayuda a compensar la naturaleza categórica del político de extrema derecha. Ha dado usted voz a opiniones que también yo me he formado por mi cuenta y, al hacerlo, me siento más representado en este país en general.

Gracias por tomarse las farragosas molestias de comprobar y recomprobar sus datos. Gracias por revelar el coste real de la guerra en términos de sangre, miembros perdidos, hogares perdidos.

Gracias por obligarnos a mirar a los ojos a las llorosas madres iraquíes.

Gracias por volver a sacar a la luz la pantomima de las elecciones de 2000; que no las olvidemos nunca.

Ante todo, gracias por hacer preguntas y escuchar de verdad las respuestas que oye. Escuchando a alguien como Lila Lipscomb ha ilustrado dónde está su corazón: con el pueblo, para el pueblo.

Espero con ganas su próximo proyecto.

Sinceramente,

Robyn Larsen

DE: Eric Sparks
FECHA: Miércoles, 28 de julio de 2004 17.04 h
PARA: mike@michaelmoore.com
ASUNTO: ¡Nunca he votado hasta ahora!

Michael Moore:
Soy un varón blanco de 26 años y nunca he votado en unas
elecciones presidenciales. Ha animado a más de una persona a dar
ese paso y votar. No me importa lo que cueste, llegaré hasta esa cabina y votaré contra Bush. Me gustaría agradecerle todo lo que ha
hecho; es un auténtico rebelde.

Eric Sparks

DE: Tom Williamson
FECHA: Viernes, 2 de julio de 2004 10.27 h
PARA: mike@michaelmoore.com
ASUNTO: Le ha llegado al menos a uno

Hola:
Anoche vi *Fahrenheit 9/11*.
Gracias.
Hoy me he registrado para votar.

Tom Williamson

DE: Kirk Riutta
FECHA: Sábado, 26 de junio de 2004 11.34 h
PARA: mike@michaelmoore.com
ASUNTO: Fahrenheit en el Interior

Viviendo en Indiana, debo admitir que me ponía un poco nervioso pensar a cuánta gente podría interesarle ver *Fahrenheit 9/11*.
Cuando llegué al Kerasotes Showplace 16 del Southside de India-

napolis me quedé patidifuso al descubrir que la película acabó
agotando localidades, igual que el siguiente pase y el otro. ¿De
dónde salía toda esa gente, que soportaba largas colas? El público
se mostró en un principio muy circunspecto, pero después de unos
cuantos vítores y pitos espontáneos se convirtió en dos horas de
ovaciones, aplausos y silbidos y, al final, varias personas gritaron
«¡VOTAD!». La verdad, si la película puede llenar cines en la América Conservadora, tal vez exista esperanza de verdad para el día de
las elecciones. Lo más raro de la película es que por primera vez en
mi vida me hizo sentir cierta solidaridad patriótica con mis paisa-
nos de Indiana. Mi esperanza es que vayan a ver la película personas de todas partes y cualquier tendencia política para que piensen
y debatan la dirección que debe tomar nuestro país.

Kirk Riutta
Shelbyville, Indiana

DE: Colleen Russell
FECHA: Martes, 29 de junio de 2004 19.45 h
PARA: mike@michaelmoore.com
ASUNTO: reacción perturbadora a Fahrenheit 9/11

Soy republicana y de una larga saga de familiares que han sido
republicanos a ultranza. Hoy he visto sola su película y no he parado de llorar. Nunca me había conmovido una película y como americana me avergüenzo de saber tan poco sobre quién detenta el poder en nuestro país. Me gustaría formar parte de su equipo a la hora
de exponer la verdad sobre nuestra nación. Soy enfermera diplo-
mada pero me gustaría tener experiencia filmográfica. Gracias por
tener las pelotas y educación de suponer una diferencia. Ahora me
da miedo vivir en este país y ojalá pudiera mudarme a Canadá.

Colleen Russell

DE: Lourdes Luis
FECHA: Viernes, 2 de julio de 2004 21.23 h
PARA: mike@michaelmoore.com
ASUNTO: Votante primerizo

¡Hola, Mike!
Sólo quería hacerte saber que anoche te vi en Charlie Rose y te oí comentar que esperas que *Fahrenheit 9/11* consiga que los no votantes se registren para votar. Pues bien, yo soy una de esos no votantes, pero este año me estaba planteando votar porque no soporto más a ese payaso. Nunca he sido una persona política, pero después de ver lo que ha hecho y está intentando hacer con este país, y después de ver *Fahrenheit 9/11*, ¡voy a votar por primera vez! ¡Esta vez es algo personal! ¡Siento que mi voto será muy importante y con suerte supondrá una diferencia!
¡Gracias por los grandes documentales!

Lourdes
Miami, Florida

DE: Lois
FECHA: Martes, 27 de julio de 2004 21.37 h
PARA: mike@michaelmoore.com
ASUNTO: la película: respuesta de una republicana de 84 años

Hola:
Me llevé a una persona de 84 años republicana de toda la vida a ver la película. Ya se estaba inclinando por votar contra Bush: odia su fundamentalismo, entre otras cosas. Le ENCANTÓ su película, y ahora piensa llevar a otras personas a verla.
¡BRAVO!

Lois

DE: Thomas O'Keefe
FECHA: Domingo, 11 de julio de 2004 1.18 h
PARA: mike@michaelmoore.com
ASUNTO: gracias

Mike:
Acabo de tener la ocasión de ver tu película esta tarde. No siempre estoy de acuerdo con todas tus interpretaciones, pero es una impresionante película documental. Aprecio sinceramente el que le hayas dado un rostro humano a los sucesos que se han dado a conocer en los últimos años.

Gracias por tu dedicatoria a aquellos que han perdido la vida; eso ha supuesto mucho para mí. El 11 de septiembre perdí un amigo; trabajaba en uno de los pisos más altos del World Trade Center.

Saludos,

Tom
Seattle, Washington

DE: John Carr
FECHA: Domingo, 4 de julio de 2004 13.48 h
PARA: mike@michaelmoore.com
ASUNTO: Mi esfuerzo por conseguirle entradas de *Fahrenheit 9/11* a cualquiera que las quiera.

Ésta es mi pequeña contribución para difundir el mensaje. Se lo he enviado a todo el mundo que conozco, reenviadlo cuanto queráis:
Hola, amigos, familia y amigos y familia de amigos y familia.
Pido disculpas por enviar este mensaje masivo, pero se trata de un asunto importante y tengo la esperanza de que llegue lo más lejos posible.
Hace dos noches mi mujer y yo vimos la nueva película de Michael Moore *Fahrenheit 9/11*. Os ahorraré la palabrería —que puede encontrarse de sobra en otras partes— pero sí diré que suscita varias preguntas muy importantes sobre nuestro proceso político y la dirección en la que avanza este país.

Creo que conseguir que la gente se interese y DEBATA los temas que rodean a nuestra economía, la guerra de Irak, el terrorismo y los medios de comunicación es esencial para el funcionamiento de nuestra democracia.

También creo que, pienses lo que pienses de la actual administración o de Michael Moore, *Fahrenheit 9/11* es un buen punto de partida para ese debate.

Con ese fin realizo la siguiente petición y la siguiente oferta.

1. Le rogaría a todo receptor de este mensaje que fuera a ver *Fahrenheit 9/11* al cine y que reenviase este mensaje a al menos diez personas que conozca, sean cuales sean sus opiniones políticas.

2. HE RESERVADO 200,00 $ DE MI PROPIO DINERO PARA COMPRAR ENTRADAS PARA VER *FAHRENHEIT 9/11* A CUALQUIER RECEPTOR DE ESTE MENSAJE que no tenga dinero para comprársela él o no piense pagar de su propio bolsillo para verla. Como estudiante de posgrado que apenas gana más del salario mínimo como profesor adjunto, y que no está contratado en verano, no dispongo de mucho dinero. Dicho lo cual, creo que esto es lo bastante importante para que ponga mi dinero en vez de hablar tanto para intentar conseguir que empiece algún debate. POR FAVOR REENVIAD ESTE MENSAJE a cualquiera que penséis que quiera una entrada.

A cambio de compraros una entrada para *Fahrenheit 9/11*, lo único que quiero es que me enviéis un breve mensaje después de verla para contarme lo que pensáis y con quién la habéis comentado o penséis comentarla. (Podéis olvidaros de los apellidos, por preservar la intimidad. Algo en plan «mi vecino Jim» me vale.)

Compraré entradas a través de Fandango para cualquiera que me las pida hasta que agote los 200,00 dólares que he reservado. Basta que me enviéis un mensaje con el cine y la hora a la que os gustaría ver *Fahrenheit 9/11*.

Si ya habéis visto la película y estáis de acuerdo conmigo en que es un buen punto de partida para el debate, sólo puedo animaros a que hagáis lo mismo que yo. Ofreceos a llevar amigos o conocidos a ver la película y comentadla después. Espero recibir un montón de peticiones, gastar con rapidez la cantidad que he preparado y que otros sigan adelante donde yo lo deje.

La democracia no tiene sentido a menos que estemos todos dispuestos a dar los siguientes 3 pasos: (1) debatir los temas entre nosotros, (2) registrarnos para votar y (3) votar.

Gracias por tomaros el tiempo de leer este mensaje.

John Newman Carr
Seattle, Washington

DE: Andrew J. Marsico
FECHA: Viernes, 2 de julio de 2004 9.20 h
PARA: mike@michaelmoore.com
ASUNTO: Fahrenheit 9/11

Michael:

Sólo quería darte las gracias por la obra maestra que has creado. Mi primo y yo acabamos de ver la película. Vivimos en Nueva York y mientras esperábamos a que empezara la película tenía la sensación de que estaba en una reunión familiar. Todos hablaban con todos y se lo pasaban bien, casi como si presintieran que a lo mejor esta pesadilla de cuatro años está a punto de terminar. Sabía que en Nueva York obtendría este tipo de reacción. Espero que la consiga en las zonas conservadoras del país.

Perdí muchos amigos y conocidos el 11 de septiembre, y los meses posteriores a ese día horrible fueron surrealistas en la ciudad. Fue el «día que pervivirá en la infamia» de nuestra generación.

En la película, cuando muestras las imágenes de las personas en Nueva York el 11-S y también la pantalla en negro con el sonido, sentí escalofríos y lloré. En el cine no se oía ni una mosca. Creo que todos los espectadores lloraban. Fue muy impactante. Como neoyorquinos ese día perdimos parte de nuestra alma y todavía no estamos curados. Esas torres y muchas de las personas que las ocupaban eran una parte muy importante de mi vida y ahora han desaparecido.

Gracias por todo lo que has hecho. Eres un auténtico héroe. ¡El nuestro es realmente un Régimen del Mal de malhechores!

Mike, estoy muy preocupado por lo que está pasando en este país. ¿Cómo es posible que esta carrera presidencial siga todavía tan reñida? Hay demasiados idotas en este país que son demasiado vagos para leer y educarse sobre lo que sucede con este Gobierno y en el mundo porque podría interferir con *The Bachelor*, *Survivor* (que admito que veo) y *American Idol*. Cuando les da por querer ponerse al día de las noticias sintonizan Fox News mientras ondean sus banderas ante el televisor y vitorean a Hannity y Colmes (Al Franken es para morirse de risa), Bill O'Reilly y escuchan a Rush Limbaugh por la radio.

Siento extenderme tanto y sé que tienes millones de mensajes y cartas que debes de recibir a diario, pero sólo quería darte las gracias por hacer una película como ésta en un momento como éste. ¡Eso es patriotismo, eso es libertad de expresión, eso es la verdad! Yo hago todo lo que puedo en mi rinconcito del mundo para asegurarme de que Bush no consiga otros cuatro años.

Gracias,

Andrew J. Marsico

DE: Marge McCarthy
FECHA: Jueves, 1 de julio de 2004 18.39 h
PARA: mike@michaelmoore.com
ASUNTO: «¡Mamá, han llegado tus demócratas!», declara con orgullo un republicano menos después de ver *F9/11*

Fui a ver *F9/11* por mi cuenta. Mi marido es republicano registrado y habría ido, pero quería experimentarlo sin su influencia. Le pedí que se llevara a nuestro hijo, un sabelotodo de 19 años, a cenar y a ver *F9/11*. Fueron y entraron por la puerta proclamando «¡Mamá, han llegado tus demócratas!».

No es que yo sea una partidaria de votar por partidos, sobre todo cuando por estos lares no hay mucho donde elegir, pero esta película cambió mi dinámica familiar. Mi hijo, que de un tiempo a esta parte se mostraba muy rebelde, vino a mí con lágrimas en los ojos y dijo: «Gracias por hacernos ir, mamá.» No les HICE ir, pero les animé con vehemencia y al final salió bien. Mi marido ya no se considera republicano, y mi hijo pasa tiempo en casa y se porta

bien con nosotros. (A lo mejor ver lo que le esperaba si se reinstau-
raba el servicio militar obligatorio le abrió un poco los ojos.)

Por último, la hija de mi mejor amiga es la nieta de un hombre que
no sólo se presentó a gobernador de Colorado en los ochenta, sino
que también financia en solitario la mayor campaña para crear un sistema de bonos para nuestros colegios públicos. Esta hermosa pero
inocente jovencita de 16 años me dijo que quería ver *F9/11* y que iba a
pedirle a su padre o abuelo que la llevaran esta semana. Ni que decir
tiene que no ha visto la película, pero su madre (divorciada) la llevará.

Gracias a usted y a todos los que contribuyeron a la creación de
la impactante *F9/11*. Gracias a Lila por compartir su dolor y permitir que todos lo compartiéramos.

Marge McCarthys
Colorado Springs, Colorado

DE: Mike Halcomb
FECHA: Jueves, 22 de julio de 2004 0.07 h
PARA: mike@michaelmoore.com
ASUNTO: Persona Cambiada

Apreciado Sr. Moore:

Soy un estudiante de 24 años de Tulsa, Oklahoma. He sido republicano registrado desde que tengo edad de votar. Siempre he sido
bastante «tibio», pero me las doy de conservador para evitar críticas
de mi familia y amigos que son, en su mayor parte, extremadamente
conservadores. Consciente de que tendría pocas posibilidades de
convencer a cualquiera de mis amigos de que fuera conmigo a ver
Fahrenheit 9/11, he ido solo entre clases esta tarde. A estas alturas se
estará preguntando «¿Qué sentido tiene este mensaje?». Pues bien,
aquí está: me gustaría darle las gracias. Su película me ha abierto los
ojos a muchas cosas. América es un gran país, pero no somos las únicas personas del mundo. Los americanos tienen cierta tendencia a
anteponer la bandera a las personas. Por grande que sea un país, su
valor no es superior al de una sola vida humana.

No soy una persona demasiado sentimental. No recuerdo más

de cinco ocasiones de mi vida adulta en las que haya llorado de verdad. Una de ellas fue el 11 de septiembre de 2001. Otra ha sido esta tarde. Oír a la Sra. Lipscomb al final de la película hablando de su hijo y casi derrumbándose en las aceras de Washington por el dolor me ha metido en la guerra. Las imágenes de la televisión no hacen eso. En la tele, la guerra es un palacio arrasado por las bombas. En la vida, es mucho más: personas. Su película me ha abierto los ojos de un modo que no creía posible. En las 12 horas transcurridas desde que la he visto, he «salido del armario» y expuesto mi liberalismo a mi madre, exclamando con orgullo que había visto una película que me había cambiado más de lo que creía posible. Me estoy planteando seriamente ofrecer mi tiempo de manera voluntaria al partido demócrata local, de modo parecido al soldado de su película. En las últimas 12 horas me he convertido en un firme admirador suyo, de quien apenas ayer era crítico. Siempre habrá críticos para hablar mal de usted y su película, pero no pasa nada. ¿Por qué no pasa nada? Porque esto es América, el lugar que usted, obviamente, ama lo suficiente para cuestionar a sus líderes. Eso no tiene nada de antiamericano. Gracias por su tiempo y espero que esta carta le encuentre bien.

Michael H.
Tulsa, Oklahoma

DE: Stefanie Mathew
FECHA: Viernes, 23 de julio de 2004 21.25 h
PARA: mike@michaelmoore.com
ASUNTO: gracias

Hola:

Sólo quería añadir mi voz a los millares que le dan las gracias por haber hecho *Fahrenheit 9/11*. Hace mucho que formo parte del coro, pero me maravilla que —tras 56 años como republicano acérrimo— haya sido su película la que por fin haya decidido a mi padre a votar a los demócratas. Llevaba un tiempo descontento con la guerra y con Bush como persona, pero ver su película ha sido la gota que desborda el vaso. Nunca pensé que vería esto, pero la decisión de mi padre me ha dado esperanzas de que sigue existiendo un núcleo de americanos decentes y honestos que, al margen de sus opiniones políticas particulares, siguen reconociendo la diferencia entre lo que está bien y lo que es inaceptable, y que votarán de acuerdo con su conciencia en noviembre. Gracias.

Stefanie Mathew
Washington, D.C.

DE: Pam & Rick Bennett
FECHA: Domingo, 25 de julio de 2004 12.08 h
PARA: mike@michaelmoore.com
ASUNTO: otro hombre ve la luz... gracias

Michael:
Quiero contarte que hoy he llevado a mi padre a ver tu película. En los últimos dos años mi padre ha apoyado a Bush de todas las maneras. En un momento dado llegó incluso a retirarme la palabra durante unos meses por lo mucho que hacía oír mi oposición a que fuéramos a la guerra en Irak. Ha creído de verdad que Bush es un hombre de Dios. Hoy he llevado a mis padres a comer y después les he dicho que íbamos a ver una película. La película era *Fahrenheit 9/11*. Tenía miedo de que mi padre se enfadara o saliera a la calle. Pero escuchó hasta la última palabra, y al salir comentó que había sido «una auténtica revelación». Un poco más tarde dijo que iba a escribir una carta al director del periódico de su pueblo para decir que todos los cristianos deberían ver esta película. Si conocieras a mi padre, sabrías que esto da testimonio del poder de la película. Muchas gracias por hacerla. No sólo has hecho que un hombre vea la verdad, también has conseguido que comprenda las diatribas de su hija en los últimos años. Tengo auténtico miedo por nuestro país. Por favor, sigue así...
Que llegues muy lejos...

Pam Bennett
Lewis Center, Ohio

DE: Miss Taylor Parson
FECHA: Viernes, 23 de julio de 2004 17.38 h
PARA: mike@michaelmoore.com
ASUNTO: Un momento de la historia...

Michael:

Soy una estudiante de 25 años que asiste a la Universidad de Carolina del Norte en Wilmington, Carolina del Norte. Mi padre, un estricto hombre de negocios republicano, pero a la vez una de las personas más racionales, honestas y sin prejuicios que he conocido nunca, vive en Kinston, Carolina del Norte, y fue a ver *Fahrenheit 9/11* el martes, 20 de julio.

Después de oír hablar de la película a los medios, a mí y a mis hermanos, decidió ir a verla. Le parecía que era de justicia escuchar una perspectiva diferente.

Como he comentado, tiene una actitud abierta y no tiene la personalidad de un Bill O'Reilly o un Rush Limbaugh. Ha investigado las alegaciones contra Bush, y es muy consciente de su descuidada carrera como presidente. No es un republicano cerril, ni que decir tiene. Pero me sorprendió su deseo de ver tu película. Fui a verla con él, por cuarta vez. Cuando acabó, mi padre se volvió hacia mí y me dijo: «Supongo que tendré que cambiar mi registro a Independiente para poder votar a John Kerry.»

Mi padre, que tiene 58 años, no ha votado JAMÁS a un demócrata en su vida. Ésta será la PRIMERA VEZ. Afirmó que los hechos que presentabas eran en verdad ciertos, y créeme, mi padre no es ni inocente ni estúpido. Es un hombre brillante con un coeficiente intelectual que dobla al de Bush, y si él dice que dices la verdad, es que la dices. Punto.

A raíz de su propia investigación independiente del historial deshonroso de George W(ar) Bush y la confirmación de tu increíble película, mi padre desea un cambio rápido, y votará a Kerry el 2 de noviembre.

Ahora ha insistido en leer y ver todas tus excelentes obras, de las que le he informado cronológicamente y con gran entusiasmo. Y si dice que va a ver todas tus películas y leer todos los libros, le creo. Él, a diferencia de nuestro vaquero, tiene credibilidad, honor, fuerza y es una persona muy cultivada.

De modo que, en mi nombre y en el de mi padre, gracias Michael por confirmar todo lo que ya sabíamos y por arrojar luz sobre lo que no. Mi padre dice que eres un americano importante y legítimo. Y recuerda, siempre tiene razón.

Miss Taylor Parson

DE: Angela
FECHA: Miércoles, 30 de junio de 2004 9:27 AM
PARA: mike@michaelmoore.com
ASUNTO: muchas gracias

Querido Mike:
Muchas gracias por hacer *Fahrenheit 9/11*. No tengo palabras para expresar lo agradecida que estoy de que rodaras esta película.

El 11 de septiembre de 2001 vivía en Nueva York, trabajaba en la parte baja de Manhattan y vi desde la calle cómo el segundo avión se estrellaba contra el World Trade Center poco después de las 9. Puedo decir con sinceridad que recuerdo hasta el último minuto de ese día. Desde correr hasta mi oficina hasta esconderme bajo mi mesa y sentir el temblor de la ciudad cuando las torres se derrumbaron.

Siempre recordaré el ruido del avión al chocar contra el edificio, es un sonido que se grabó a fuego en mi memoria. Ver tu película —y oír los sonidos del atentado con tan sólo una pantalla en negro— hizo que me diera un vuelco el corazón. Era la primera vez que los oía desde aquel día. Gracias por ser respetuoso y no mostrar las torres en llamas y la gente que saltaba por las ventanas. Los canales de noticias de Nueva York mostraban esas imágenes todos los días.

Los meses que siguieron fueron de mucho miedo, con «advertencias», subidas del nivel de terror y amenazas diarias. Pero para mí lo más difícil era cruzarme con una mujer en la calle de delante de mi finca todos los días, durante meses. Su hija trabajaba en el World Trade Center y no había sido vista desde el 11-S. Pero su madre se plantaba delante de mi edificio todos los días, durante meses, me preguntaba si había visto a su hija y repartía folletos con su foto a los transeúntes. La chica también se acababa de licenciar y había empezado su carrera en Nueva York. Me partía el corazón ver a su madre todos los días y tener que decirle que no, que no había visto a Sarah. Recuerdo cómo lloré cuando la madre de Sarah dejó de presentarse por las mañanas, allá por Navidad.

Enviaron a mi primo a Irak poco después del 11-S. Recuerdo que en aquel momento pensé: «¿Por qué Irak? ¿Por qué no Afganistán?» Me parecía muy extraño. Cuando Bush declaró la guerra a Irak me di cuenta de que estábamos todos manipulados por la Administración, de que elevaban esas advertencias de «nivel de terror» cada vez que volvíamos a sentirnos seguros.

Probablemente habrás oído millares de historias de personas que vivían en Nueva York el 11 de Septiembre. Aunque soy originaria de un pueblecillo costero de Maine, a causa de esta experiencia seré para siempre neoyorquina de corazón. Recuerdo que llevé con orgullo mi pin de la bandera americana en honor de nuestros héroes caídos. Dejé de llevarlo cuando invadimos Irak, al darme cuenta de que la administración a la que estábamos desesperados por creer nos había manipulado.

Mike, gracias por hacer tu película. Me has vuelto a hacer una americana orgullosa. Creo que sacaré mi pin con la bandera del joyero.

Sinceramente,

Angela

DE: Susan Brown
FECHA: Viernes, 2 de julio de 2004 10.58 h
PARA: mike@michaelmoore.com
ASUNTO: no hace falta que respondas, sé que estás ocupado pero

he pensado que te gustaría leerlo. Mi madre, que es la persona más apolítica del mundo y que siempre ha votado a los republicanos porque su padre lo hacía y su marido lo hace, vio *Fahrenheit 9/11* hace dos días (mamá tiene 71 años). Al día siguiente llamó para preguntar cómo cambiar su registro de republicana a «declina pronunciarse». Me llamó porque soy una liberal recalcitrante y trabajo todas las elecciones en un colegio electoral, y no quería contarle a mi padre lo que iba a hacer.

No estaba segura de hacerlo antes de las elecciones, pero le dije que era importante que cambiara ahora para que el partido viera que la película está causando efecto (mi esperanza es que muchas personas más den este paso).

Así pues, ayer le envié a mi madre una tarjeta de registro de votante.

De parte de mis hermanos liberales y de mí.

¡Gracias! ¡¡¡Has interesado a mamá en la política!!!

Susan Brown
Davis, California

DE: A. Keith Rutherford
FECHA: Jueves, 17 de junio de 2004 16.21 h
PARA: mike@michaelmoore.com
ASUNTO: 9/11

Querido Sr. Moore:

¡Acabo de ver hoy su película y a decir verdad estoy aturdido! ¡Voté a Bush y me avergüenzo de ello! Ojalá hubiera sido un tipo distinto de presidente. Muchas gracias por abrirme los ojos...

A. Keith Rutherford
Los Ángeles, California

DE: Charlene Wall
FECHA: Viernes, 2 de julio de 2004 14.03 h
PARA: mike@michaelmoore.com
ASUNTO: Sr. Moore he ido a ver su película

Hola, Mike:

Me llamo Charlene Wall y soy una republicana registrada prometida con un demócrata. Soy una republicana de ideas abiertas y mi casa está llena de animados debates. Creo en ser sincera y respetar la verdad. Tu película *Fahrenheit 9/11* me pareció conmovedora y bien hecha. No me la he quitado de la cabeza durante días. Ya había decidido por mi cuenta que el presidente George W. Bush me había mentido y que no iba a apoyar su campaña de reelección. Al ver la película, cogí una pegatina de «John Kerry Presidente» y la puse en mi coche. Me siento una panoli por haber votado y apoyado a GWB y estoy animando a todos mis amigos y compañeros de trabajo a que se informen. En realidad, le he hecho a mis amigos republicanos la oferta de pagarles la entrada para *Fahrenheit 9/11*, pero hasta el momento nadie ha tenido el valor de aceptarla. En cambio me llenan de retórica y declaraciones catastróficas y te condenan como persona. Yo te admiro por dar la cara por tus ideas y después hacer algo al respecto. Eres un hombre con agallas.

Si alguna vez pasas por la ciudad (Camarillo, California, Condado de Ventura), a Todd y a mí nos encantaría llevarte a cenar.

Un afectuoso saludo,

Charlene

UNAS ÚLTIMAS PALABRAS SOBRE
FAHRENHEIT 9/11

«Creo que todo americano debería verla.»
Ex presidente BILL CLINTON, *Rolling Stone* (13-7-2004)

«Será una buena experiencia de hermanamiento, al margen del credo político. Es bueno verla como americano.»
DALE EARNHARDT Jr., campeón de la Nascar (que había llevado a su equipo a ver *Fahrenheit 9/11* la noche antes), Fox TV (27-7-2004)

«Creo que es una de las películas más importantes que jamás se hayan estrenado. Tiene potencial para influir realmente en las elecciones y, si lo hace, cambiará el mundo. Hay muy pocas películas u obras de arte que ejerzan un efecto profundo en los asuntos mundiales —dijo, mencionando *La cabaña del tío Tom* y *Soy un fugitivo*—, pero ésta tiene una posibilidad real de cambiar el mundo.»
ROB REINER, *Hollywood Reporter* (10-6-2004)

«Ver *Fahrenheit 9/11* me hizo reflexionar sobre el amor al país, sobre cómo nos moldea, impulsa y da valor y cómo a veces puede llenarnos de tanta rabia que queremos gritarle al mundo: "No, eso está mal." Se han dicho muchas cosas de la película, y por supuesto de su director, Michael Moore. Pero no creo haber oído a nadie que comente el amor de Moore por América. A mí me pareció evidente que la película había nacido de ese amor.»
PATTI DAVIS, hija de Ronald Reagan, *Newsweek* (20-7-2004)

«No creo haber llorado tanto con una película en mi vida. Os recomiendo a todos y cada uno de vosotros que la veáis.»

MADONNA, *New York Daily News* (18-6-2004)

«Al final, si nos las apañamos para salir de ésta sin que estalle la Tercera Guerra Mundial o cualquier otro escenario de los que esta administración nos tenga previstos, será porque la gente ha seguido haciendo cosas como pronunciarse y firmar peticiones. Será porque los Michael Moore del mundo no se rindieron.»

JOAN BAEZ, *San Diego Union-Tribune* (17-6-2004)

«Que un documental gane por encima de todas las demás películas de Cannes es algo inaudito, de modo que es todo un genio.»

TONY BENNETT, estreno de *Fahrenheit 9/11* en el Ziegfield Theater, Nueva York (14-6-2004)

La Sra. Blige, que no ha votado nunca, dijo que después de ver el documental de Michael Moore *Fahrenheit 9/11* estaba ansiosa por acudir a las urnas en noviembre.

«Este año tengo que votar —dijo—. Después de ver esa película, no puedo hacer otra cosa.»

MARY J. BLIGE, *The New York Times* (6-7-2004)

«Estaba convencido de que todos los americanos que pudieran debían verla y reflexionar sobre ella [...] sobre todo los jóvenes que, dentro de unos años, tal vez formen parte de nuestras fuerzas armadas. Estoy personalmente comprometido, como algo más que un simple abogado, con la idea de que todo el mundo debería ver esta película.»

MARIO CUOMO después de ver *Fahrenheit 9/11* por tercera vez, *Chicago Sun-Times* (17-6-2004)

«A causa de la película de Michael Moore, ciertos presentadores de programas de entrevistas conservadores lo llaman antiamericano. A él y a cualquiera que diga cualquier cosa sobre la guerra [...] Poner en duda la política de nuestro país, sobre todo en una guerra que mata personas, no es de ninguna manera antiamericano. Probablemente es lo más patriótico que puede hacerse.»

JOHN FOGERTY, Scripps Howard News Service (14-7-2004)

«Me conmovió, sobre todo, la historia de la mujer que perdió a su hijo en la guerra. Fui con una pandilla de amigas, y lloramos todas. Después de la película no pude ni hablar durante treinta minutos.»
EMILY SALIERS de Indigo Girls, *Denver Post* (23-7-2004)

«La verdad es que es muy irónico. La mejor información que podemos conseguir sobre estas elecciones tal vez proceda de una combinación de *The Control Room*, *Fahrenheit 9/11*, John Sayles y las noticias de Jon Stewart por la noche.»
SEYMOUR HERSH, Conferencia de Miembros de la
Unión Americana de Derechos Civiles (ACLU),
San Francisco (7-7-2004)

«Creo que mucha gente va a hablar de esta película. Y creo que mucha más gente que está indecisa sobre a quién votar, después de ver la película, verá su voto consolidado.»
LEONARDO DI CAPRIO, *The New York Observer*,
(21-6-2004)

«[N]o sólo instó a la gente a que reclame su derecho al voto, sino a que saque tiempo para ver *Fahrenheit 9/11* de Michael Moore.»
BIG BOI DE OUTKAST, Cuarta Entrega Anual de los
Premios BET (15-7-2004)

«Quiero que Michael Moore tenga mis siete pavos por esa película.»
TOM HANKS, *USA Today* (15-6-2004)

«Le he estado dedicando *Desperado* a Michael Moore todas las noches, porque quiero que la gente vaya a ver *Fahrenheit 9/11*.»
LINDA RONSTADT, *Las Vegas Review-Journal* (16-7-2004)

«Muchos de nosotros confiamos en que Michael Moore nos descubra la auténtica verdad.»
CAMRYN MANHEIM, *USA Today* (10-6-2004)

«Anoche tuve la ocasión de ver la nueva película de Michael Moore *Fahrenheit 9/11*. Me pareció absolutamente absorbente y profunda, recomendaría encarecidamente verla.»
ANNIE LENNOX, <www.alennox.com> (9-7-2004)

«Creo que es importante que haya algo provocador para los jóvenes. Yo tengo treinta años, de modo que para cualquiera que no piense en lo que es importante para el país, al menos hay algo provocador que pueden ir a ver para formarse una opinión.»

CARSON DAILY, estreno de *Fahrenheit 9/11* en el
Ziegfield Theater, Nueva York (14-6-2004)

«Creo que vivimos los tiempos más peligrosos desde que estoy en el planeta, y cada vez que actúo hoy en día protesto contra este ciclo descabellado de violencia al que nuestro gobierno parece abocado. No hacen nada por detenerlo, y ahora mismo el país está crispado y dividido. Es peor que durante los años de Vietnam.

»Cuando el inocuo comentario de Linda Ronstadt sobre la película de Michael Moore puede provocar semejante escándalo, uno sabe que ha llegado el momento de pronunciarse. Yo pienso que *Fahrenheit 9/11* debería ser de visión obligatoria en todo colegio e instituto.»

KRIS KRISTOFFERSON, *The Toronto Star* (26-8-2004)

«Creo que el motivo de que *Fahrenheit 9/11* sea tan importante es que cuenta la verdad sobre unos temas en los que la verdad ha sido ocultada durante los últimos tres años.»

MOBY, CNBC, *Topic [A] with Tina Brown* (20-6-2004)

«Debería exigirse que todos los americanos la vieran como parte de su formación en el instituto.»

LEELEE SOBIESKI, actriz, *USA Today* (10-6-2004)

«Cuando un periodista italiano se quejó de que la película sólo mostraba un punto de vista, la Sra. Swinton replicó: "Ya hemos oído lo que Bush tiene que decir. Vivimos con ello. No es una lucha justa. Esta película ayuda a equilibrar la balanza."»

TILDA SWINTON, actriz, *Chicago Sun-Times* (24-5-2004)

«Queremos que sepa que el contenido político de su película no tiene nada que ver con este premio [...] Se lo concedemos porque ha hecho una gran película.»

Chicago Tribune (30-5-2004)

«Una película puede ser divertida y con eso basta. Puede hacerme llorar. Puede hacerme reír. Puede inquietarme. Puede llenarme de euforia. Esta película ha conseguido todo eso.»

QUENTIN TARANTINO, presidente del jurado de
Cannes 2004, *Toronto Globe and Mail* (25-5-2004)

PARTE IV

ENSAYOS Y CRÍTICAS SOBRE
FAHRENHEIT 9/11

«El mensaje de Moore llega, y a lo grande»

New York Daily News

DENIS HAMILL, 29 de julio de 2004

Se habría oído la caída de una lágrima.

Mientras una madre americana llamada Lila Lipscomb se ahogaba en angustia por la muerte de su hijo en Irak, el abarrotado cine Loews Bay Terrace de Queens estaba tan callado en el pase de las 11 del viernes de *Fahrenheit 9/11* que lo único que se oía era el frufrú de los pañuelos. Yo estaba sentado al fondo de la sala, con un obrero en paro de Brooklyn, y mientras se proyectaba la película observé a hombres y mujeres, jóvenes y viejos, secándose los ojos en silueta.

Eran las lágrimas de la nación este fin de semana, cuando *Fahrenheit 9/11* arrasó de costa a costa como la película n.º 1 de Estados Unidos.

Como aficionado al cine fue una experiencia nueva por completo.

Desde que empecé a ir a ver películas a los 4 años al RKO Prospect de Brooklyn, no creo que me haya sentado nunca con un público tan personalmente implicado en la historia que se cuenta en la pantalla. Aquello no era, al fin y al cabo, un bombazo de taquilla con mucho ruido y pocas nueces.

No, los bombazos de esta película son reales. Los muertos de esta película son reales. El diálogo es real. Soldados reales, víctimas reales, madres reales, niños muertos reales. Los malos, tal y como los retrata el director Michael Moore, son de lo más reales.

Lo único falso son las razones de esta administración para ir a la guerra, al aprovecharse de los casi 3.000 muertos del 11 de Septiembre para que un niño rico que se ausentó sin permiso de la Guardia Nacional durante la guerra de Vietnam enviara soldados americanos a morir en Irak y se hiciera llamar «presidente de guerra».

Y la razón de que los espectadores, el pueblo americano, se haya identificado tanto con esta película es que todos somos extras de la historia.

La película —tan tronchante como desgarradora— es un despliegue espectacular de patriotismo americano, de un tipo que rehuye la clasificación porque se trata de una declaración personal, tal y como *El sentido común* de Thomas Paine fue una completa novedad en su sangrienta época. Como escribió Paine, «El Gobierno, aun en su mejor manifestación, es un mal necesario; en su peor manifestación, es un mal intolerable».

Moore no tolera el Gobierno de Bush. A veces necesitamos que un hombre de a pie ingenioso y divertido aplique algo de sentido común a lo que está sucediendo en su país. Si hubieran existido cámaras en aquel entonces, puede que Tom Paine hubiera rodado un documental en vez de escribir un panfleto instando a la independencia de Inglaterra.

Fahrenheit 9/11 rebosa patriotismo porque es un rotundo homenaje a nuestra gran Declaración de Derechos, y en un año de elecciones le dice a nuestro comandante en jefe que pensamos que su guerra da asco.

Mirad, la campaña de Bush se ha gastado 85 millones de dólares en tres meses para intentar convencer al electorado de que John Kerry es una amenaza izquierdista y chaquetera para la seguridad nacional. Moore se gastó 6 millones de dólares para hacer el documental donde muestra que Bush es un bufón arrogante, interesado y peligroso que supone una amenaza para la seguridad nacional.

Fahrenheit 9/11 es también un correctivo para el martilleo diario de la radio de derechas, que tergiversa las noticias para que encajen en su ideario radical. Aun así los Rush Limbaugh y Sean Hannity desprecian a Moore por atreverse a expresar su punto de vista con imágenes. Pero a los americanos no le gustan los hipócritas, y por eso están aflojando unos 10 dólares por cabeza para decirlo, en lugares como Queens y Brooklyn y en pequeñas localidades y barriadas de clase obrera de toda la fructífera llanura, de donde proceden los jóvenes que dan la vida en las guerras buenas y malas de América.

Fahrenheit 9/11 también ha recibido palos de la prensa legítima. Pero eso se debe a que Moore regaña a los medios informativos estadounidenses por dejarse arrastrar por la miope histeria patriótica post 11-S y permitirse quedar «empotrados» en la administración, que les surtía de noticias patrioteras prefabricadas sobre la guerra de Irak.

Fahrenheit 9/11 es también un testimonio del capitalismo americano, porque en ningún otro lugar del planeta un tipo de clase obrera de un sitio como Flint, Michigan, podría llegar a ensartar al presidente de Estados Unidos con sus propias palabras y acciones y convertirlo en el documental más taquillero de la historia, tras recaudar 21,8 millones de dólares el fin de semana de su estreno.

Se trata de una gran historia americana al estilo de las novelitas de Horatio Alger, merecedora del aplauso de todo estadounidense.

Que es exactamente lo que hizo el público de Queens la semana pasada, en cuanto George W. Bush farfulló su última frase y salieron los títulos de créditos. El aplauso me emocionó tanto como la película, porque era el poderoso sonido de *«Joe Public»*, como nos llama Bush a Nosotros el Pueblo.

Aquí donde la gente se aferra tanto a sus ideas, esperaba algunos abucheos. No oí ni uno. En lugar de eso salí con una multitud profundamente conmovida, por delante de una larga cola para el siguiente pase.

De vuelta en Brooklyn, el obrero parado se compró una copia pirata de *Fahrenheit 9/11* grabada con una videocámara en un cine.

Me llamó para decirme: «Incluso el público de la copia pirata aplaude al final.»

«Gracias, Michael Moore»

truthout | *Perspective*

WILLIAM RIVERS PITT. Viernes, 25 de junio de 2004

> «La luz al final del túnel podría ser la bombilla de un proyector de cine.»
>
> JEANETTE CASTILLO

Se verá en las pantallas de Bartlett, Chattanooga, Jackson, Knoxville y Memphis, Tennessee. Se verá en las pantallas de Layton y West Jordan, Utah. Si se encuentran en Leawood, Merriam, Shawnee o Wichita, Kansas, podrán verla. Lo mismo vale para Centerville, Fairfax y Abington, Virginia. Si por casualidad están en Akron, Bexley, Dublin o Elyria, Ohio, lo tienen hecho. Hoover, Montgomery y Mobile, Alabama, no se quedarán al margen.

¿Laramie, Wyoming? Está. ¿Bozeman, Montana? También. Si tienen por hogar Grand Island, Lincoln u Omaha, Nebraska, no han sido olvidados. El centro comercial más grande del país, el Mall of America de Bloomington, Minnesota, la tendrá en su cine. Si son soldados en Camp Lejune o Fort Bragg, a punto de zarpar rumbo a Irak, podrán verla en la cercana Fayetteville, Carolina del Norte.

Esas poblaciones, grandes y pequeñas, junto con otras ciudades grandes y pequeñas de costa a costa y a través de todo el interior americano, proyectarán el documental de Michael Moore *Fahrenheit 9/11*, desde las 0.01 de la mañana del viernes 25 de junio de 2004. Para la mayoría de gente que verá la película, en esas poblaciones grandes y pequeñas, la experiencia supondrá toda una revolución para sus ideas.

Los Who cantaron una vez que los hipnotizados nunca mienten pero, como hemos visto, las personas hipnotizadas por la televisión y la deliberada imposición del miedo pueden ciertamente apoyar una guerra, y a un presidente, que no se avienen con la más básica decencia americana. De hecho, las personas hipnotizadas por la televisión y la deliberada imposición del miedo se echarán por su propio pie a la trituradora de carne con el «Dios bendiga América» en los labios.

La película de Michael Moore interrumpirá esa hipnosis, y de qué manera. Aquellos americanos que creían lo que su presidente les contaba porque lo veían en la tele, después de menos de dos horas en sus cines locales contemplarán tanto su televisor como a su presidente con recelo y aversión, cuando salgan de la oscuridad a la radiante luz del día. Hay millones de americanos que creyeron lo que les contaron —sobre el 11-S, sobre Irak, sobre el propio George W. Bush— y que saldrán a esa radiante luz con la revelación de que les han mentido.

Hablando a título personal, ninguno de los datos de la película me sorprendió. Después de haber dedicado todos los días de los últimos tres años a exponer ante el mayor número de americanos posible la verdad sobre el hombre al que llaman presidente, era improbable que Moore me pillara desprevenido. Las relaciones entre Bush, los saudíes, el grupo Carlyle y los atentados del 11-S estaban allí. Las relaciones entre Cheney y Halliburton estaban allí. Las relaciones entre Enron, Unocal, los gasoductos, la guerra de Afganistán y un país poco conocido llamado Turkmenistán estaban allí. Me encantó que Moore mostrara copias inalteradas del historial de servicio militar de Bush, lo que nos permitió ver las partes de esos documentos que habían tachado. No encontré hecho ni afirmación de esta película que pudiera ponerse en duda o cuestión. He hecho mis deberes y, como ha quedado dolorosamente claro, Michael Moore ha hecho los suyos.

La mayoría de americanos no están al tanto de esas historias, y verlas completamente documentadas e investigadas a conciencia en la pantalla grande será, por no decir más, revelador. Sí, Virginia, los amigos de Bush tienen miles de millones de dólares que ganar con esta guerra de Irak. La segunda puerta a la izquierda es la oficina de reclutamiento. Firma sobre la línea de puntos y sé el primer chico de tu manzana en morir por el bien de las *stock options* de Carlyle. Asegúrate de ahorrar tus centavos de antemano, sin embargo, porque el Ejército te descontará la paga de los días que pases muerto. Es su política, ya ves.

Michael Moore me ha clavado dos puñales con esta película, el primero de los cuales tiene que ver con los soldados americanos. Un soldado tras otro habla con franqueza a la cámara de Moore, condenando tanto la guerra como a quienes los arrojaron a ella. Varias escenas explican de manera gráfica lo que le pasa al cuerpo de un soldado que se ve atrapado en una explosión. El resultado es desolador, y los gritos de heridos y moribundos resonarán en mis oídos para siempre.

Las escenas más desgarradoras de la película se centran en una mujer llamada Lila, que ama su país, ama su bandera y ante todo ama a sus hijos, a los que convence por todos los medios de que se alisten a las fuerzas armadas. Descubrimos que Lila tiene un hijo en Irak y, por ese motivo, desprecia a los que se oponen a la invasión. Más tarde descubrimos que mataron a su hijo en Kerbala el 2 de abril, cuando derribaron su helicóptero Black Hawk. La vemos leer la última carta a casa de su hijo, en la que despotrica contra Bush y la guerra. Al final vemos a Lila a las puertas de la Casa Blanca, con lágrimas en los ojos, mientras descubre a su auténtico enemigo, el que le arrebató a su criatura.

El otro puñal que Moore me ha clavado llegó durante su montaje de la cobertura mediática de la guerra. Aparece periodista tras periodista entusiasmado con Bush, su administración y la guerra. Todos y cada uno de ellos propagaron lo que hoy sabemos que eran mentiras descaradas: que Irak tenía armas de destrucción masiva, que Irak era una amenaza, que teníamos que ir y que todo iba de maravilla. Era un pase de diapositivas de las paparruchas que nos han hecho tragar durante demasiado tiempo a los americanos.

Si lo ponen en duda, el agresivo y eficaz periodismo real de Sidney Blumenthal, como puede apreciarse en su crónica más reciente, que lleva por título «Reality Is Unraveling for Bush», debería echarles un cable. «La mayor parte de los medios de comunicación se subió al carro o fue intimidada —escribe Blumenthal—. Cheney en persona llamó al presidente de la corporación que poseía una de las cadenas para quejarse de un comentarista díscolo. Los asesores políticos dirigidos por Karl Rove llamaron sin tregua a editores y productores con amenazas veladas sobre un acceso que de todas formas no se concedía. La prensa no mordía la mano que no le daba de comer.»

De un plumazo, Michael Moore ha echado por tierra tres años de periodismo televisivo pobre, sesgado, parcial y desprovisto de hechos. Ésa, a fin de cuentas, es la grandeza última de *Fahrenheit 9/11*. No sólo los americanos se harán una idea de la profundidad del engaño en el que han vivido, sino que los «periodistas» de todo el país se verán obligados a soportar la humillación que tan merecida se tienen.

Tuve el privilegio de ver esta película en compañía de tres grupos —Military Families Speak Out, September 11 Families for Peaceful Tomorrows y Veterans for Peace— que se han opuesto a esta guerra desastrosa desde el primer día. Muchos de los presentes en el cine tenían familia en Irak, o habían perdido familia en Irak o habían perdido familia en el 11-S, y habían visto cómo se utilizaba a sus seres queridos como excusa para una guerra injustificada, y en el cine no había un solo ojo seco.

Fahrenheit 9/11 no es una victoria para nadie. Nosotros el Pueblo deberíamos haber sido más listos, deberíamos haber recibido los hechos antes de enviar 851 de nuestros hijos a la muerte. Nosotros el Pueblo hemos sido traicionados, por nuestros dirigentes y por una prensa que se benefició, y se sigue beneficiando, con la venta cotidiana de mentiras. Esta película nos ha puesto este hecho horrible ante la cara de un bofetón, y duele.

Me vino a la cabeza, mientras desfilaba hacia el exterior con aquella compañía de héroes, un fragmento de la arenga que Shakespeare pone en boca de Enrique antes de Agincourt:

«El que sobreviva a este día volverá sano y salvo a sus lares,
se izará sobre las puntas de los pies cuando se mencione esta fecha
y se crecerá por encima de sí mismo ante el nombre de San Crispín.
El que sobreviva a este día y llegue a la vejez,
cada año, en la víspera de esta fiesta, invitará a sus amigos
y les dirá: "Mañana es San Crispín."
Entonces se subirá las mangas y, al mostrar sus cicatrices,
dirá: "He recibido estas heridas el día de San Crispín."»

Muchos de nosotros no nos dejamos hipnotizar. Millones de nosotros salimos a las calles de este país y del mundo para intentar detener esta locura antes de que se desencadenara. La gente que se encontraba en ese cine conmigo lo había hecho, nunca había dejado de hacerlo, aunque su presidente y su prensa los tacharan de traidores. Ellos tenían razón. Tenían razón. Tenían razón.

Michael Moore ha soltado un lobo dentro de las vallas del Sr. Bush. No hay vuelta de hoja. A lo mejor, ahora que ya es demasiado tarde, nos despertaremos como nación. El día de ese despertar, aquellos de nosotros que nunca dejamos de plantar cara, que nunca dejamos de manifestarnos, que aprendimos a vivir sin dormir, a vivir en una nación que despreciaba la verdad y prefería la fantasía televisada, aquellos patriotas que me acompañaban anoche en el cine, podremos hacer una pausa para tomar aliento. Podremos sentarnos en la hierba un día radiante, arremangarnos y mostrar nuestras cicatrices.

William Rivers es el director ejecutivo de Truthout.org y autor de *The Greatest Sedition is Silence*.

«*Fahrenheit 9/11*: Conexión con una izquierda dura»
Fahrenheit 9/11 corta y trocea la presidencia de Bush en 1.000 pedazos satíricos

Washington Post

DESSON THOMSON, 18 de mayo de 2004

CANNES, Francia. *Fahrenheit 9/11*, la película más impactante de Michael Moore desde *Roger y yo*, corta y trocea la presidencia de Bush en mil pedazos satíricos. Es de extrañar que el jefe de Estado —al menos, el que se retrata en esta película— no se desperdigue a los cuatro vientos como el polvo de Tejas.

A juzgar por el animado pandemónium que ha suscitado este documental en el Festival de Cine de Cannes, *Fahrenheit 9/11* no sólo es la película a batir en la lucha por la Palma de Oro, sino que tiene trazas de convertirse en un gigante cultural, una película para estos tiempos difíciles.

Con una narración irónica que va de la debacle de Florida que decidió las elecciones presidenciales de 2000 al actual conflicto en Irak, Moore se ríe casi hasta la saciedad a costa del presidente. Y con frecuencia lo usa como particular azote tragicómico, en otras palabras, lo ridiculiza con sus propias palabras y expresiones faciales.

En uno de los momentos más dramáticos del filme, vemos llegar al presidente al aula de un colegio de primaria en aquella fatídica mañana del 11 de Septiembre. Un asesor le cuenta al oído la noticia del avión que se ha estrellado contra la Torre Norte del World Trade Center. Bush pone cara de pasmo, como podría pasarle a cualquiera. El reloj va marcando los segundos. Se diría que el presidente no va a levantarse nunca de esa silla. Pasan los minutos.

«¿Se preguntaba si tendría que haberse pasado por el trabajo más a menudo?», dice la voz en off de Moore, un comentario que remite a las frecuentes estancias de Bush en Tejas para limpiar malas hierbas y jugar al golf, que se mencionan brevemente en un momento anterior de la película. El presidente tiene la vista fija en el cuento infantil que sostiene. Se llama *Mi cabrita*.

Pero *Fahrenheit 9/11* no es sólo ridiculización partidista. Momentos antes de esa escena, hemos afrontado lo inenarrable: cuando esos dos aviones se estrellan contra las torres gemelas de Manhattan. Moore muestra sólo una pantalla en negro. Oímos el rugido de un avión. Sabemos lo que va a venir. Oímos el impacto y, un segundo después, los gritos y exclamaciones de horror de los testigos.

Luego llega la segunda colisión. Sólo entonces Moore corta a las caras de quienes lo presencian. Una mujer llorosa le grita a Dios que salve las almas de quienes saltan por las ventanas. Otra, desolada, se sienta en la acera. No vemos a los que saltan, pero nos parece verlos.

Lo más destacable del caso no es la animosidad política o el quisquilloso ingenio de Moore, sino la potencia sincera y bien argumentada de su persuasión. Aunque en el documental hay muchas cosas de las que ya nos habíamos enterado, Moore las agrupa todas en un vistazo hacia atrás que se antoja una nueva mirada hacia delante. La película señala las conexiones sociales y financieras entre la familia Bush y los acaudalados saudíes, entre ellos la familia real, el príncipe Bandar (embajador saudí en Washington) y la familia Bin Laden.

Muestra sorprendentes imágenes tomadas por los equipos de cámaras «empotrados» dentro de las fuerzas americanas en Irak. Y dedica tiempo a personas como Lila Lipscomb, una madre de Michigan que pasa del apoyo patriótico a la administración Bush a la más desgarrada desesperación tras perder un hijo en la guerra.

Hay muchos momentos impactantes que señalar, todos por diferentes motivos: el terror visceral de un hogar de Bagdad cuando unos jóvenes soldados americanos irrumpen para arrestar a alguien; el franco testimonio de los soldados estadounidenses que expresan su indignación por la situación; entrevistas en Michigan con afroamericanos empobrecidos, un grupo social que ha sido el granero de reclutamiento del Ejército de Estados Unidos.

Ver esta película en persona es darse cuenta con naciente apreciación de que el director de *Bowling for Columbine* por fin ha aprendido a estar a la altura de lo que afirma en su película.

«Persuasiva y apasionada. *Fahrenheit 9/11* es las dos cosas. También es la mejor película de Michael Moore»

San Francisco Chronicle

MICK LASALL, 24 de junio de 2004

El gran momento del *Fahrenheit 9/11* de Michael Moore llega a media altura del documental, y no tiene desperdicio: es la mañana del 11 de septiembre de 2001, y el presidente de Estados Unidos está sentado en una sillita en un aula de Florida. Su jefe de gabinete entra y le susurra al oído que el país está siendo atacado. Y el presidente George W. Bush se queda allí sentado sin hacer nada durante siete largos minutos.

En un contundente documental consagrado a desinflar la imagen del presidente como líder responsable, éste será, para muchos, el punto de inflexión. Como mínimo, será la escena de la que todo el mundo hable. Moore no nos muestra los siete minutos enteros. En lugar de eso se recrea en la escena sólo lo suficiente para que el público fantasee con la idea de ver a Eisenhower, Reagan, Truman, Bush padre, Clinton, Nixon o Kennedy en la misma situación, y se imagine a cualquiera de ellos poniéndose en pie, al instante, excusándose y exigiendo que le pongan en contacto con su equipo de seguridad nacional.

Calibrar los méritos de una película política es un asunto peliagudo. Es evidente que su calidad es en parte función de su poder de convicción, pero su capacidad de persuasión está en el ojo de quien la mira. Sin embargo, hay otros elementos que tener en cuenta:

la pasión de la película. Su seriedad de propósito. Su tono. Su mezcla de imágenes y palabras, y el modo en que ambas se le quedan a uno en la retentiva. Está el modo en que la película da forma a sus argumentos, y el efecto acumulativo que proporciona la experiencia: lo que se siente al salir, lo que se piensa al día siguiente. Según todas esas medidas, *Fahrenheit 9/11* es la mejor película de Moore.

Desde luego supone un antes y un después en su carrera, la película que señala su transición de amenizador político a pensador político, de propagandista a periodista idiosincrásico, de criticón pintoresco a patriota. Si *Bowling for Columbine* fue un paso, esto es un salto, con el cual Moore supera a Will Rogers y se adentra en un territorio propio por completo. En los noventa años de historia del largometraje americano, nunca ha habido un documental popular de año de elecciones como éste.

La película, que ganó la Palma de Oro del Festival de Cannes de este año, presenta una sola idea unificadora que ensambla sus diversos elementos. Se trata de una idea emocional, a saber, que Estados Unidos ha estado viviendo en una especie de pesadilla durante los últimos años, pesadilla que no empezó con los sucesos del 11 de septiembre de 2001 sino desde el momento en que las cadenas de televisión quitaron Florida de la columna de Gore la noche de las elecciones de 2000. Moore postula que la principal fuente de la pesadilla americana ha sido la presidencia de George W. Bush. La postura de Moore se nuclea en torno a la rabia, pero él nunca lo evidencia. Y si bien salpica la película con su lacónico humor, juega limpio durante casi todo el tiempo, exponiendo los hechos de manera metódica, confiando en el interés y la atención del público. La conexión entre la familia Bush y los intereses petroleros de la familia Bin Laden domina la primera parte de la cinta. Aunque Moore no revela nada siniestro, el mero calado de esa conexión personal y financiera resulta sorprendente, y alimenta la indignación de Moore al afirmar que después del 11-S se permitió a la familia Bin Laden abandonar Estados Unidos sin interrogatorio previo.

Que Moore se está convirtiendo en un artista queda patente en el modo en que refleja los atentados del World Trade Center. En vez de recurrir a las imágenes de archivo de las noticias, deja la pantalla en negro y nos hace escuchar los sonidos de la parte baja de Manhattan en ese día aciago. Uno lo revive todo. Desde allí,

Moore cuestiona la gestión de la guerra contra el terror del presidente, dando la palabra a expertos que afirman que la guerra de Afganistán fue «una chapuza», que enviaron muy pocos soldados. Detalla algunos fallos de seguridad en tierras americanas. Para reafirmar su tesis de que la administración ha fomentado una cultura del miedo, acude a una minúscula localidad de Virginia y habla con ciudadanos atentos a posibles terroristas. Cuando les pregunta contra qué podrían querer atentar, varios lugareños responden: «El Wal-Mart».

Moore tenía una cámara en Irak, en el terreno, y las imágenes que sacó no se parecen a nada visto en la televisión americana. Una mujer solloza y chilla que han destruido la casa de su familia. Soldados americanos hacen el ganso ante presos encapuchados, mientras que otros expresan dudas sobre su misión. Los efectos de Moore son manipuladores en el mejor sentido de la palabra: aunque el público adivina adónde quiere ir a parar, los momentos siguen teniendo fuerza. Mientras el presidente habla de la necesidad de la guerra, Moore muestra niños jugando en Bagdad. Después nos enseña a un crío tendido en la calle con el antebrazo apenas pegado al cuerpo. Moore muestra en la puerta de su casa a una madre cuyo hijo murió en Irak que lee su última carta, en la que dice que espera que el presidente no sea reelegido.

Moore juega a largo plazo. Pese a su tono sombrío, la película arde de intensidad. Verla es una experiencia agotadora y demoledora, y el estado de ánimo que provoca dura días enteros. Lo que enaltece la experiencia y a la vez cimienta la película es la fe esencialmente patriótica de Moore en que un argumento sincero y fundamentado puede conseguir que América lo escuche. Ver *Fahrenheit 9/11* y experimentar su pasión es preguntarse por qué no ha habido películas políticas populares como ésta desde que empezó el cine, y desde todos los puntos de vista. Parece un uso muy razonable del celuloide, y de un valor inexpresable.

«*Fahrenheit 9/11* pone en el candelero los temas reales»

The Toronto Star

L<small>INDA</small> M<small>C</small>Q<small>UAIG</small>, 11 de julio de 2004

En un artículo de la revista *Time*, Andrew Sullivan echaba la fascinante *Fahrenheit 9/11* de Michael Moore en el mismo saco que la ampulosa *La pasión de Cristo* de Mel Gibson, tachando a ambas películas de «profundamente corrosivas para la posibilidad de un debate y un razonamiento reales en nuestra cultura».

Es una pura tontería acusar a Moore de corroer el debate real.

Vamos, si los medios de comunicación clausuraron el debate real hace mucho tiempo.

Es precisamente porque el debate ha sido corroído tan a conciencia por los medios dominantes —sobre todo en Estados Unidos, donde la presidencia extremista de George W. Bush ha sido tratada con guante de seda— por lo que tanta gente está recibiendo con infinito agradecimiento la película de Moore.

Parece probable que en realidad *Fahrenheit 9/11* genere debate entre los americanos de a pie, que al margen de ella han estado expuestos a poco más que «informativos» nocturnos en los que América combate a los malhechores del mundo.

Moore pone en entredicho el modo en que la administración Bush ha utilizado el 11-S para justificar la «guerra contra el terror», y pregunta en qué consiste realmente esa guerra, empezando por el hecho de que la combaten en principal medida personas pobres, mientras que se benefician los ricos intereses privados.

Moore sigue a los reclutadores del ejército a las zonas empobrecidas, donde las ocasiones de reclutar son altas; casi todos tienen ya un amigo o pariente en Irak.

Después intenta que varios congresistas alisten a sus hijos a la guerra, y no encuentra candidatos, aunque fuera el Congreso el que votó ir a la guerra.

Una escena muestra a Bush dirigiéndose a una cena de partidarios ricos, a los que llama «los que tienen y los que tienen más».

Bush se sonríe y dice: «Algunos os llaman elite. Yo os llamo mi base.»

Los medios de comunicación han pasado soberanamente por alto esta estupenda relación entre Bush y «los que tienen más», cosa que le ha permitido al presidente presentarse como un tipo campechano.

Moore ha sacado al candelero esa relación tan estupenda.

También muestra secuencias de congresistas negros, en su mayoría mujeres, bloqueados en su intento de protestar por los casos de negación del derecho a votar a ciudadanos negros durante las elecciones presidenciales de 2000.

Después hay una secuencia inolvidable de Bush, tras ser informado de que un segundo avión se ha estrellado contra el World Trade Center, sentado en un aula de Florida durante siete minutos mientras los niños leen un cuento sobre una cabrita.

Atrapado en ese aula, con las cámaras enfocándole pero sin nadie que le aconseje qué hacer, a Bush se le ve perdido, confuso y absolutamente inútil para la nación.

¿Habría que ordenar que despegaran los cazas? ¿Habría que evacuar edificios? ¿Encontrará la cabrita un hogar feliz? Quién sabe lo que piensa el hombre que está delante de la clase pero, con aviones secuestrados todavía sobrevolando el país, cuesta imaginarse que ese tipo sea capaz de hacerse cargo de cualquier cosa, por no hablar ya de la defensa del mundo libre.

Lo cual suscita una pregunta: ¿Por qué nunca mostraron esas imágenes las grandes cadenas? Llevan años disponibles en Internet, y son cuando menos tan interesantes como las del examen bucal de Saddam Hussein tras su captura, que las televisiones no se cansan de enseñar.

Si se hubiera proporcionado amplia difusión a las imágenes de la cabrita, como a las de la boca de Saddam —o las de Howard Dean gritando tras perder unas primarias demócratas, que acabaron con su carrera— Bush habría tenido muchos más problemas para presentarse como un tipo duro que defiende a Estados Unidos de los terroristas.

Habría sido para siempre el tipo que escuchaba el cuento de una cabrita mientras ardía América, un comportamiento que resulta como mínimo tan poco presidencial como gritar como un poseso al ser derrotado en las primarias.

A pesar de los esfuerzos por impedírselo, Michael Moore se las ha ingeniado para sacar de la oscuridad algunos temas e imágenes vitales y lanzarlos a la atención del gran público.

Eso parece más impresionante que lo que ha hecho Mel Gibson: coger una historia muy conocida y volverla a contar, pero con mucha más violencia.

Se podría decir que la película de Gibson responde a la pregunta: ¿Qué aspecto tiene un hombre después de que lo muelan a palos durante horas y horas?

La película de Moore, en cambio, plantea la más acuciante pregunta: ¿Qué aspecto tendría el mundo después de cuatro años más de George Bush?

«El interés de Moore en la política nacional: el director liberal reconfigura las elecciones de 2004 en Estados Unidos»

Financial Times

3 de julio de 2004

Toda campaña presidencial estadounidense produce sus iconos antisistema. Barry Goldwater, Eugene McCarthy y el reverendo Jesse Jackson perdieron la votación popular pero todos contribuyeron al fermento democrático. En 2004 el insurgente a observar es Michael Moore, el trasgresor director de cine [...].

Pero *Fahrenheit 9/11* ha roto los récords de taquilla para largometrajes documentales [...].

Lo que no está en absoluto tan claro es si ese tirón de taquilla se traducirá en votos demócratas. El saber convencional advierte que la película de Moore tiene poca aceptación más allá de los activistas liberales ya volcados en echar a Bush de la Casa Blanca. Sus votos están garantizados. Lo que necesita de verdad el senador John Kerry, presunto candidato del partido demócrata, es una estrategia para ganarse a los republicanos descontentos, muchos de los cuales parecen contemplar a Bush con frialdad.

Kerry hace todo lo que puede por superar la brecha entre partidos con una campaña meticulosamente centrista. Puede dar un paso más en esa dirección con el próximo nombramiento de su pareja para la vicepresidencia. Kerry querrá a alguien que atraiga votantes muy alejados de su base en la liberal Massachusetts, de los estados industriales del Medio Oeste como Ohio y Pensilvania, y también en el Sur.

Pese a todo, tanto Kerry como Bush harían bien en examinar con atención el fenómeno *Fahrenheit 9/11*. El éxito de la película concuerda con otras pruebas —en especial la erupción de best-séllers políticos, entre ellos memorias de alcoba de antiguos altos funcionarios de la administración Bush— de que los americanos han redescubierto su interés por la política nacional.

La causa inmediata es Irak. Bush ha apostado fuerte al confiar en que los americanos lo respaldarán como «presidente de guerra» capaz de defender la nación contra el fundamentalismo islámico. Pero el caos en Irak y el número creciente de bajas estadounidenses han erosionado de manera paulatina el apoyo popular al presidente, mientras que la ausencia de armas de destrucción masiva ha socavado la premisa original de la guerra.

Nuevas encuestas sugieren que muchos americanos creen que la guerra de Irak ha aumentado en vez de disminuir la amenaza del terrorismo: el mensaje de *Fahrenheit 9/11*. Además, la tesis de la película de que la de Irak fue una guerra deseada, y no necesitada, goza cada vez de mayor aceptación, no sólo entre los activistas liberales sino también en la comunidad de política exterior.

La réplica del presidente Bush es que la cesión del poder al gobierno provisional iraquí de Bagdad esta semana señala el inicio del fin de la ocupación estadounidense. Apuesta por un realineamiento a largo plazo en Oriente Próximo. Mas no existen garantías de que Irak vaya a parecer un éxito total para noviembre, fecha de las elecciones.

Hace un año, la invectiva antibélica de Michael Moore habría pasado por política alternativa. En la actualidad, el gran hombre de Flint, Michigan, ha producido la mayor sorpresa de todas con una película que ha llegado al corazón de su país.

(Ésta es una versión abreviada de un editorial del *Financial Times* publicado el 3 de julio de 2004.)

«Michael Moore trae la guerra a casa»
es lo que los medios de comunicación
de masas no te contarán

Sojourners Magazine

DANNY DUNCAN COLLUM, septiembre de 2004

En el cine donde vi *Fahrenheit 9/11*, en la sección de próximos estrenos pusieron un tráiler de *Diarios de motocicleta*, una película sobre los años de juventud del revolucionario latinoamericano Ernesto *Che* Guevara. El tráiler terminaba con la coletilla: «Si dejas que el mundo te cambie, puedes cambiar el mundo.»

Un buen presagio, pensé. Pero el día estaba cargado de presagios. La película de Michael Moore, y un reportaje sobre ella, me recibieron en la portada del *Memphis Commercial Appeal* a la hora de desayunar. Fuimos a comer antes de la película, y allí estaba otra vez, a la entrada del café, en primera plana del *USA Today*.

La película de Moore estuvo a la altura de esas expectativas. Allí, en la enorme pantalla del cine, estaba el cabo de marines afroamericano Abdul Henderson, de uniforme, explicando que no piensa volver a Irak porque no quiere «matar a otros pobres» que no suponen ninguna amenaza para nuestro país. Allí, después de noventa minutos en los que se rebatieron una a una las falsedades que había detrás de la guerra de Irak, está la explicación (del *1984* de George Orwell) de que, a fin de cuentas, el mantenimiento de una sociedad jerárquica requiere la guerra. Mantiene a la gente de abajo temerosa y económicamente insegura. «El objetivo de la guerra no es ser ganada —escribió Orwell, con palabras que definen la guerra contra el terror de Bush—, sino ser continua.»

Y ese mensaje se desprendía de los detalles de la incestuosa relación entre el Reino Saudí y la América corporativa, las sorprendentes (e inquietantes) imágenes de civiles iraquíes muertos y heridos, y las voces, por lo común inéditas, de los soldados americanos que han quedado mutilados y amargados por la guerra de Irak. Es todo lo que los medios de comunicación de masas no cuentan. Y allí está, en *Fahrenheit 9/11*, en el mismísimo centro de esos públicos de masas. Me daban ganas de levantarme y gritar: «¡Viva!»

Muchos hemos trazado la analogía entre la invasión americana de Irak y la guerra de Vietnam, y los paralelismos son reales. Pero los contrarios a la guerra haríamos bien en recordar que, en comparación con nuestros predecesores en esas primeras etapas del desastre de Vietnam, nosotros ya sabemos lo que tenemos entre manos. La opinión pública ya se ha decantado en contra de la guerra. Durante la época de Vietnam, eso no sucedió hasta 1969, cuatro años después del inicio del conflicto abierto.

Y en los años sesenta, no había Michael Moore. Bueno, lo había, pero era un chico de escuela católica de Flint, Michigan. Hoy es el autor superventas de cómicas diatribas políticas y el director galardonado con un Oscar de populares documentales. Tenemos suerte de contar con él porque, si prestamos atención, nos señalará el camino para apartarnos de los errores y estupideces del último gran movimiento antibélico.

A diferencia de muchos activistas post Vietnam, Michael Moore siente verdadero amor por este país y su pueblo llano. Su patriotismo no es ideológico, sino arraigado y local. El Flint obrero es su piedra de toque. Se reveló como artista-celebridad contando la historia del abandono de su ciudad natal por parte de General Motors en *Roger y yo* («Roger» era el director general de GM, Roger Smith). En el último acto de *Fahrenheit 9/11* regresa a Flint.

En esta nueva película, las simpatías de Moore recaen claramente del lado de los soldados obligados a realizar el trabajo sucio de esta guerra de ricos, del de sus familias en casa y del de los chavales pobres y de clase obrera que son la presa de los reclutadores militares. Le importan más ellos que cualquier político demócrata o los pacifistas lunáticos que nos encontramos en una subtrama de *Fahrenheit 9/11* relativa a la Patriot Act.

Y también deberían importarnos más a nosotros. Los soldados que sirven bajo el rasero económico de reclutamiento de América —pobres blancos, negros e hispanos, hombres y mujeres— son parte de la gran masa de americanos desheredados y olvidados por la economía global. Acuden a raudales desde sus centros urbanos en ruinas y las moribundas localidades agrícolas para hipotecar sus jóvenes cuerpos a cambio de la oportunidad de una formación y una carrera. Ellos no son el enemigo. Son, a la larga, los únicos que pueden cambiar este país.

Con los títulos de crédito de *Fahrenheit 9/11* oímos el *Rockin' in the Free World* de Neil Young. Esa canción fue originalmente un himno para el derrocamiento del presidente Bush I. *Sic semper tyrannis*. Y *keep on rocking*.

«*Fahrenheit 9/11*: Atraer a los telespectadores al cine para ver las noticias»

Associated Press

FRAZIER MOORE, 14 de julio de 2004

Hubo un tiempo en que era necesario ir al cine para ver las noticias. Entonces llegó la televisión, que llevó los noticieros directo a cada casa.

Ahora, en este año de elecciones medio siglo después, una ingente cantidad de personas ha descubierto que conseguir noticias sobre la guerra de Irak y la política que hay detrás hace que bien valga la pena el trayecto hasta el multicine.

¿Quién habría previsto una regresión como ésa?

Es posible que ni los fans ni los detractores de Michael Moore, cuyo *Fahrenheit 9/11* ha despegado de sus aparatos a carretadas de teleadictos desde que se estrenara hace tres semanas.

Moore, desde luego, sabe cómo llamar la atención. El año pasado mil millones de espectadores lo vieron aceptar su Oscar al mejor documental por *Bowling for Columbine* denunciando la guerra de un «presidente ficticio [...]. ¡Qué vergüenza, señor Bush!».

Pero después ha tirado del hilo de ese tema con *Fahrenheit 9/11*, y la respuesta del público ha sido mayor de lo que nadie hubiera imaginado, con una onda expansiva que ha ido más allá incluso de su taquilla récord de 80 millones de dólares. La suya es una película que está levantando pasiones, tanto a favor como en contra, incluso en gente que no la ha visto.

Y ha conseguido algo más. Con el modo en que la película interpreta la presidencia de George W. Bush («¿Fue todo sólo un sueño?», cavila Moore sobre imágenes de Al Gore celebrando su fugaz victoria), *Fahrenheit 9/11* se las ha ingeniado para eclipsar al periodismo televisivo habitual.

Junto con sus documentales anteriores, un largometraje satírico y sus best-séllers políticos, Moore se ha dedicado al periodismo pensado para la televisión, o a su versión del mismo, en cualquier caso. Encabezó el travieso programa de revelación de trapos sucios *Awful Truth* en Bravo y, antes, fue el cerebro de *TV Nation* para la NBC, que anunció la serie de 1994-1995 como un «magacín humorístico de investigación».

Entre las historias de *TV Nation* se incluyeron un reportaje sobre unas señoras de Avon que vendían maquillaje a los nativos en plena selva amazónica y un esfuerzo de Moore por negociar la paz en Bosnia consiguiendo que los embajadores de Serbia y Croacia se dedicaran mutuas serenatas con la canción de *Barney*.

Ni que decir tiene, *TV Nation* no fue ideado por la sección de informativos de la NBC (cuyo programa informativo estrella *Dateline NBC* se había visto sacudido por el escándalo el año anterior, después de hacer un montaje sobre la colisión de un camión en llamas para su exclusiva sobre los riesgos de incendio de las camionetas GM).

Todo apunta a que Moore nunca podría encajar en el molde de las noticias televisivas. Por ejemplo, cuesta imaginárselo sustituyendo a Stone Phillips como presentador de *Dateline NBC*. Moore tiene lo que podría llamarse una personalidad única.

Cierto, tener un estilo personal e intransferible no ha perjudicado al veterano aventurero Geraldo Rivera del Fox News Channel ni a John Stossel, el libertario panfletista de ABC News.

Pero el voluminoso Moore, pegado a sus tejanos, es un *outsider* convencido de aspecto desaliñado e ideas liberales. Hace mucho que se erigió en reportero-provocador, claramente separado de la corriente dominante del periodismo de manicura.

Más sorprendente incluso resulta entonces que el *establishment* de las noticias televisivas, que emite contenidos gratuitos las veinticuatro horas, pueda ser eclipsado por una película independiente que cuesta un buen dinero ver y que, hasta hace apenas unas semanas, no había conseguido siquiera una distribuidora para los cines.

Así pues, ¿qué le da *Fahrenheit 9/11* a su público que los telediarios por el momento no le ofrecen?

Para empezar: las imágenes grabadas de soldados estadounidenses en recuperación, bajas iraquíes, el presidente Bush en esa clase paralizado durante siete minutos al enterarse de los atentados terroristas. Son imágenes que es probable que no hayas visto en ninguna otra parte, y sales del cine preguntándote: «¿Por qué diantre no me lo habían enseñado?»

Fahrenheit 9/11, que ganó el primer premio del Festival de Cine de Cannes en mayo, aborda los grandes temas con humor, furia y parcialidad descarada que insiste en una respuesta del espectador.

Además ofrece una saludable alternativa a las proclamas de objetividad que imperan en los distribuidores de noticias televisivas (incluido, como es natural, el Fox News Channel, que tanto alardea de «justo y equilibrado» y cuya falta de objetividad sea probablemente su mayor activo). Estos proveedores de noticias de los grandes medios le han allanado el camino a la administración Bush desde el momento mismo de su disputada elección, declara Moore, un hombrecillo cuyo mensaje es inequívocamente personal.

Moore ha llamado la atención de la opinión pública desde que su primera película proyectada en cines, *Roger y yo,* se convirtiera en un éxito salido de la nada en 1989.

Entretanto, las compañías que poseían la ABC, la CBS y la CNN han sido engullidas por otros conglomerados más grandes todavía. La NBC y su filial de noticias por cable la MSNBC, fundada en 1996, siguen bajo el ala del mastodonte General Electric, mientras que el Fox News Channel fue creado en 1996 por el gigante mediático global News Corp.

Inafectado por esta agitación de los medios, Moore sigue siendo una cantidad conocida, una fuerza mediática que traza su propio camino. A lo mejor ése es otro motivo por el que tanta gente ha dejado su sillón para ir a ver su nueva película. Y por el que incluso la gente que no va es incapaz de no hacerle caso.

«*Fahrenheit 9/11* ha reclutado un público imprevisto: soldados estadounidenses»

The Wall Street Journal

SHAILAGH MURRAY, 12 de julio de 2004

FAYETTEVILLE, Carolina del Norte. John Atkins no es el tipo de persona que una esperaría encontrarse abarrotando el Cameo Theatre para ver el *Fahrenheit 9/11* de Michael Moore.

El artillero de 26 años del Ejército de Estados Unidos acuartelado en Fort Bragg votó al presidente Bush. Licenciado por la Universidad de Colorado-Boulder, se alistó el año pasado «para servir a mi país» y espera ir a Irak entrado el año 2004.

«Me ha dado bastante en que pensar —comenta Atkins tras un pase del documental de Michael Moore—. Supongo que estoy algo desilusionado. Ahora tengo más preguntas que respuestas.»

Todos los días desde que se estrenó *Fahrenheit 9/11* hace más de dos semanas, hombres y mujeres del ejército han acudido en tropel al Cameo, de 125 localidades. «Todo el mundo piensa que el Ejército es republicano a muerte —comenta el sargento primero Brandon Leetch, un especialista en inteligencia militar que pasó un tiempo en Afganistán—. Lo que demuestra esto —dice, contemplando la sala antes de la película—, es que no somos todos iguales.»

Aunque un multisalas cercano del extrarradio ha empezado a pasar *Fahrenheit 9/11* en dos pantallas —con lo cual los residentes de Fayetteville pueden elegir entre 10 sesiones al día— la mayoría de las decenas de miles de soldados que viven en la zona probablemente no vea el filme. Pero los soldados y sus familias suponen bastante más de la mitad de todos los aforos del Cameo, calcula el propietario del cine Nasim Keunzel.

Eso sorprende a Peter Feaver, un científico político y especialista militar de la Universidad Duke de Carolina del Norte. Cunde en el ejército la sensación de que «los medios nos están apuñalando por la espalda como hicieron durante Vietnam», y la película de Moore vendría a ser la «Prueba A», dice.

La mayoría de espectadores proceden de Fort Bragg, que está justo carretera arriba. Pero a menudo se les unen unos cuantos marines de Camp Lejeune, situado a dos horas de camino. La noche en que asistió el artillero Atkins, llegaron tres soldados de Carolina del Sur bastante después de que, como de costumbre, se hubieran agotado las entradas para la sesión de las 7.30. La taquillera colocó sillas en un pasillo.

Fahrenheit 9/11 es un controvertido retrato de la presidencia de Bush en clave de áspera sátira, aunque posee escenas emotivas de soldados en combate y sus familias. Quienes la critican dicen que distorsiona los hechos para llevar el agua a su molino.

Se estrenó en 868 cines durante la semana del 25 de junio, y la proyectan en más de 2.011 salas de todo el país. La semana pasada la película se estrenó en el Reino Unido, Bélgica, Francia y Suiza.

El Servicio de Intercambios del Ejército y las Fuerzas Aéreas de Estados Unidos, que distribuye películas a 164 cines situados en bases de todo el mundo, está intentando reservar *Fahrenheit 9/11*, afirma el portavoz Judd Anstey.

«Nuestra política es que si una película es popular en Estados Unidos y podemos hacernos con una copia, la pasamos», explica.

En la actualidad todas las copias se encuentran en salas de cine comerciales. Dice que llevó cerca de un mes conseguir otra sorpresa reciente, *La pasión de Cristo* de Mel Gibson.

Parada infrecuente

El Cameo no es una parada frecuente para los soldados de Fort Bragg. La señora Keunzel y su marido convirtieron un ruinoso edificio del centro de Fayetteville en un cine de dos salas porque les encantaban las películas extranjeras e independientes y estaban cansados de conducir hasta Raleigh para verlas.

La señora Keunzel ni siquiera anunció el estreno de *Fahrenheit 9/11* en el periódico de Fort Bragg. La distribuidora de la película en la zona le dijo: «Los militares no querrán verla.»

Pero las entradas para las primeras dos sesiones programadas se agotaron con tanta rapidez que sumó un pase a medianoche. Al día siguiente, añadió más sesiones, hasta un total de cinco al día. Todas se llenaron, aunque no llegaron a publicarse los nuevos horarios.

El sargento primero Billy Alsobrook, de 28 años, reparador de misiles en un batallón de apoyo, fue en coche hasta el Cameo una tarde con el uniforme de faena para comprar entradas para la sesión nocturna y llevar a su mujer.

«Tengo entendido que hay un montón de entrevistas con soldados», dice el sargento Alsobrook, cuya estancia de un año en Irak terminó en febrero. Espera volver en septiembre.

El nativo de Florida dijo: «Quiero ver otro punto de vista sobre Bush. Nunca viene mal.»

«Acusaciones falsas contra Michael Moore»

In These Times

JOEL BLEIFUSS, 24 de junio de 2004

¿Qué tienen en común Bill Clinton, John Kerry y Michael Moore? Los tres han sido víctimas de la pluma envenenada de Michael Isikoff.

En el *Newsweek* del 28 de junio, Isikoff desdeñaba *Fahrenheit 9/11* como «un batiburrillo de periodismo de investigación, comentario partidista y teorías de la conspiración». Además llega a rebatir tres de lo que él denomina «las más provocadoras alegaciones de Moore», con lo cual mueve al lector desprevenido a preguntarse qué más se habrá sacado Moore de la manga. Después retomaremos ese tema. Antes, un poco de historia sobre el «batiburrillo de periodismo de investigación, comentario partidista y teorías de la conspiración» del propio Isikoff.

En abril de 1989, el Subcomité de Relaciones Exteriores sobre Terrorismo, Narcóticos y Operaciones Internacionales de John Kerry publicó un informe exhaustivo que concluía que la Contra estuvo implicada en tráfico de drogas y que funcionarios de la administración Reagan estaban al corriente de ese hecho.

En un artículo del *Washington Post* del 14 de abril de 1989, Isikoff trivializaba los hallazgos del informe y afirmaba que las acusaciones de tráfico de drogas por parte de contras de alto nivel «no podían corroborarse». En consecuencia, el «Conventional Wisdom Watch» del *Newsweek* tildó a Kerry de «burdo fan de las conspiraciones».

El *Post* no tuvo nada más que decir sobre el tema hasta otoño de 1991, cuando el general Manuel Noriega fue a juicio por cargos de tráfico de drogas en Miami. Isikoff escribió entonces: «Las alegaciones de que el Gobierno federal trabajó con conocidos narcotraficantes para armar a la Contra llevan años presentándose, pero las investigaciones del Congreso a finales de los ochenta hallaron pocas pruebas de que fuera una actividad organizada aprobada por altos funcionarios estadounidenses.»

Tal aseveración se vio contradicha al cabo de poco por los testigos del propio Gobierno estadounidense contra Noriega. En octubre de 1991, Floyd Carlton Cáceres testificó que su operación de contrabando llevaba armas a la Contra de Nicaragua y se traía cocaína a Estados Unidos en el vuelo de regreso. Sin embargo, el juez federal William Hoeveler, admitiendo todas las protestas de la acusación estadounidense, se negó a que el abogado de Noriega le insistiera a Cáceres al respecto. En un momento dado, Hoeveler le espetó: «No vuelva a sacar el tema.»

Y en noviembre de 1991, el señor de la droga colombiano y testigo del Gobierno Carlos Lehder informó al tribunal de que un anónimo funcionario de Estados Unidos se ofreció a permitirle entrar cocaína de contrabando en el país a cambio del uso de una isla bahameña de su propiedad como parte de la ruta de aprovisionamiento de la Contra. Lehder llegó a testificar que el cártel colombiano había donado unos 10 millones de dólares a la Contra.

En ese momento, el *Post* se dio finalmente por enterado: «Las comisiones de investigación de Kerry no obtuvieron en su momento la atención que se merecían», concluía su editorial. «El juicio de Noriega devuelve a la atención pública este sórdido aspecto de la implicación en Nicaragua.» El editorialista del *Post* podría haber añadido: «En verdad, nuestro propio reportero Michael Isikoff nos hizo quedar mal.»

Isikoff realizó un especial sobre Bill y Hillary Clinton para promocionar el escándalo Whitewater. En una serie de artículos en el *Post* de finales de 1993 y principios de 1994 Isikoff, citando fuentes anónimas, ofreció revelaciones de corte ominoso sobre maniobras burocráticas («Los funcionarios del Departamento de Justicia avanzan con dos investigaciones separadas que se han ampliado») y especulaciones infundadas de más fuentes anónimas («Bill y Hillary Clinton podrían haberse beneficiado de la supuesta trama»). La prensa siguió su ejemplo, y una investigación financiada públicamente con 52 millones de dólares no reveló nada.

En la década de 1990, Isikoff fue también uno de los más destacados huelebraguetas de Washington. Iba como loco en busca de un pene presidencial humeante desde 1994, cuando le suspendieron del *Post* tras una disputa con sus directores acerca de su exceso de celo al hacerse eco de las dudosas acusaciones de Paula Jones contra el presidente Clinton.

Pero en 1998, estando en plantilla del *Newsweek*, dio con la gallina de los huevos de oro, con un poco de ayuda de la agente del partido republicano Linda Tripp. Ese año tuvo ocasión de escribir para el *Newsweek* siete artículos que mencionaban el semen del presidente Clinton.

El «Fornigate» tuvo su inicio el 17 de enero de 1998, cuando el chismoso Matt Drudge colgó la siguiente información en «The Drudge Report», su publicación digital: «En el último minuto, a las seis de la tarde del sábado, la revista *Newsweek* frenó un artículo [del reportero Michael Isikoff] que estaba destinado a hacer temblar el Washington oficial hasta sus cimientos: ¡una becaria de la Casa Blanca sostuvo una relación sexual con el presidente de Estados Unidos!» A la mañana siguiente, otro director de derechas, William Kristol del *Weekly Standard*, sacó el tema en el programa de la ABC *This Week with Sam and Cokie*. El miércoles, los periódicos se hacían eco de los rumores. Flotaba en el ambiente la posibilidad de un *impeachment*.

Ahora Isikoff ha puesto el punto de mira en Moore y ha mentido en el *Newsweek* y en una posterior aparición en «The O'Reilly Factor» de la Fox para sostener que no hay que creer a Moore.

Sostiene que, en contra de los hechos presentados en *Fahrenheit 9/11*, los seis vuelos fletados para sacar a los saudíes de Estados Unidos «no empezaron hasta el 14 de septiembre, cuando se reabrió el espacio aéreo». La película dice lo siguiente:

«Resulta que la Casa Blanca aprobó que unos aviones recogieran a los Bin Laden y muchos otros saudíes. Al menos seis *jets* privados y casi dos docenas de aviones comerciales sacaron a los saudíes y los Bin Laden de Estados Unidos después del

13 de septiembre. En total se permitió la salida del país de 142 saudíes, entre ellos veinticuatro miembros de la familia Bin Laden.»

En realidad, el *St. Petersburg Times* informó en junio de que, según los registros del Aeropuerto Internacional de Tampa, el 13 de septiembre, mientras la mayor parte del tráfico aéreo de la nación seguía cancelado, un *jet* privado aterrizó en Tampa, recogió a tres jóvenes saudíes y partió.

Isikoff también pone en duda la afirmación de la película de que el grupo Carlyle —una compañía privada de inversiones con la que estaban relacionados tanto George H. W. Bush como miembros de la familia Bin Laden— se benefició «con el 11 de Septiembre porque era dueño de United Defense, un contratista de defensa». Isikoff puntualiza: «El sistema de cohetes de artillería Crusader de 11.000 millones de dólares que United Defense desarrolló para el Ejército de Estados Unidos es uno de los pocos sistemas de armas cancelados por la administración Bush.»

Una vez más, Isikoff tergiversa la verdad. El contrato del Crusader se canceló después de que el grupo Carlyle vendiera United Defense. *Fahrenheit 9/11* dice lo siguiente:

> «El 11 de Septiembre garantizó que United Defense iba a disfrutar de un muy buen año. Apenas seis semanas después del 11-S, Carlyle sacó a oferta pública United Defense y en diciembre consiguió en un solo día 237 millones de dólares de ganancias.»

A saber, el 10 de enero de 2002, Mark Fineman del *Los Angeles Times* escribió:

> «En un solo día del mes pasado, Carlyle ganó 237 millones de dólares vendiendo acciones de United Defense Industries, el quinto mayor contratista del Ejército. La oferta de acciones llegó en el momento justo: altos cargos de Carlyle dicen que decidieron sacar al público la compañía sólo después de los atentados del 11 de Septiembre [...] El 26 de septiembre [2001], el Ejército firmó un contrato modificado de 655 millones de

dólares con United Defense hasta abril de 2003 para completar la fase de desarrollo del Crusader. En octubre, la compañía citó el Crusader, y los propios atentados, como atractivos de su oferta de acciones.»

Por supuesto, Isikoff ni siquiera menciona uno de los hechos más reveladores presentados en *Fahrenheit 9/11*. En 2004, cuando la Casa Blanca hizo pública la hoja de servicios de Bush, tachó el nombre del buen amigo del presidente James Bath. (En una copia original obtenida por Moore, el nombre de Bath no había sido eliminado.) Los dos se conocieron en la Guardia Nacional del Aire de Tejas, y a los dos los suspendieron en 1972 por no presentarse a su examen médico. (En *Fahrenheit 9/11* la cámara se pasea por el historial militar mientras suena de fondo el *Cocaine* de Eric Clapton.) En 1976, la familia Bin Laden contrató a Bath para que gestionara su dinero en Tejas. Tres años después, Bath le dio a Bush 50.000 dólares a cambio de un 5 % de su primera empresa, Arbusto Energy. Hace mucho que se sospecha, aunque nunca se ha demostrado, que el dinero de Arbusto procedía directamente de Salem Bin Laden, cabeza de la familia y hermano de Ossama Bin Laden. (Véase Wayne Madsen «Questionable Ties: Tracking bin Laden's Money Flow Leads Back to Midland, Tejas» [12-11-2001]).

Fahrenheit 9/11 es un documental de una fuerza extraordinaria. Moore recopila madejas de película de archivo: un joven George W. conduciendo por el campo, Paul Wolfowitz alisándose el pelo con saliva al prepararse para las cámaras, Bush dirigiéndose a una cena de recaudación de fondos: «Es un público impresionante, los que tienen y los que tienen más. Algunos os llaman la elite. Yo os llamo mi base.»

Moore entreteje documentos históricos con sus escenas marca de la casa: dos reclutadores de las Fuerzas Aéreas engatusando a jóvenes para que se alisten, la madre desconsolada cuyo hijo murió en Irak y miembros del Congreso que huyen por piernas cuando les pide que firmen para alistar a sus hijos a la guerra.

A través de todo ello, Moore construye un hábito de penitente para un presidente que no tiene ropa y que, llegado noviembre, electorado mediante, perderá el cargo. Gracias, en buena parte, a Michael Moore.

Sí, *Fahrenheit 9/11* es propaganda, en el mismo sentido en que lo son las noticias de por la noche o la portada de vuestro periódico. La diferencia es que Moore es más franco con las ideas que sostiene. Los críticos le acusan de verter acusaciones falsas contra el presidente. No señor. Construye su argumentación con las propias palabras del presidente, numerosos hechos condenatorios y el testimonio de los más afectados por la guerra.

Lo que indigna de verdad a quienes critican la película es que *Fahrenheit 9/11* podría ejercer influencia en las elecciones presidenciales. Después de batir récords en Nueva York, la película se estrena en todo el país el viernes 25 de junio, y el lunes 28 MoveOn celebrará una noche de fiesta en casas de toda la nación. Las fiestas, más de mil, culminarán en una reunión de vecinos *on-line* con Moore.

Para contraatacar, alguna persona u organización desconocida contrató a la compañía de relaciones públicas Russo, Marsh & Rogers de Sacramento, California. La empresa, que posee fuertes vínculos con el partido republicano, ha montado una página web, MoveAmericaForward.org para atacar a *Fahrenheit 9/11*. Los encargados de prensa que gestionan la página animaban:

«A que los americanos que han visto en la película *Fahrenheit 9/11* de Michael Moore un intento de socavar la guerra contra el terror manifiesten sus objeciones ante los encargados de las salas de cine. Pensadlo: si entrarais en una tienda Wal-Mart y vierais que vende productos que atacan al Ejército, a nuestros soldados y a la batalla de América contra el terrorismo islámico, ¿no os quejaríais al encargado de la tienda o escribiríais una carta para rogarle que no vendiera ese producto porque socavaba nuestro esfuerzo nacional?»

Otros pretenden contraatacar a Moore desde la derecha con su propia película, *Michael Moore odia a América: un documental que cuenta la verdad sobre una gran nación.*

Será difícil vendérselo a cualquiera que vea *Fahrenheit 9/11*, que deja claro que Michael Moore ama América. Lo que no soporta es la administración Bush.

PARTE V

MÁS ALLÁ DE *FAHRENHEIT 9/11*: MÁS ESCRITOS SOBRE LOS TEMAS DE LA PELÍCULA

«La salvación de los saudíes»

Vanity Fair

Craig Unger, octubre de 2003

La mañana del 13 de septiembre de 2001, un detective privado de 49 años llamado Dan Grossi recibió una inesperada llamada del Departamento de Policía de Tampa. Grossi había trabajado durante veinte años en el cuerpo de Tampa antes de retirarse, y no tenía nada de excepcional que la policía recomendara a antiguos agentes para trabajos especiales de seguridad. Pero el nuevo encargo de Grossi se salía de largo de lo habitual.

Dos días antes, unos terroristas habían secuestrado cuatro aviones de pasajeros y perpetrado la peor atrocidad de la historia de Estados Unidos. Quince de los diecinueve secuestradores eran de Arabia Saudí. «La policía había estado ofreciendo protección a los estudiantes saudíes desde el 11 de Septiembre —recuerda Grossi—. Me preguntaron si estaba interesado en escoltar a esos estudiantes desde Tampa a Lexington, Kentucky.»

Grossi recibió instrucciones de ir al aeropuerto, donde un pequeño avión privado le esperaría para llevarlo junto con los saudíes. No tenía mucha fe en las posibilidades de cumplir su misión. «La verdad, sabía que todos los vuelos estaban suspendidos —dice—. En ningún momento pensé que aquello fuera a realizarse.» Aun así, Grossi, a quien le habían pedido que llevara a un colega, llamó a Manuel Perez, ex agente del FBI, para ponerlo sobre aviso. Perez estaba igual de poco convencido. «Le dije: "Olvídalo —recuerda Perez—. Hoy no va a volar nadie."»

Los dos tenían motivos para mostrarse escépticos. Minutos

después de los atentados del 11-S, la Administración Federal de Aviación (FAA) había emitido una notificación especial llamada *notam* —aviso para aviadores— en la que ordenaba a toda aeronave en vuelo sobre Estados Unidos que aterrizase en el aeropuerto más cercano lo antes posible y prohibía el despegue de los aviones que estaban en tierra. Durante los dos días siguientes, cesó la aviación comercial y privada en todo el territorio de Estados Unidos. El ex vicepresidente Al Gore se quedó tirado en Austria cuando cancelaron su vuelo de vuelta. Bill Clinton también pospuso un viaje. Se suspendieron los partidos de béisbol de la liga nacional. Por primera vez en un siglo, los cielos estadounidenses estaban casi tan vacíos como cuando los hermanos Wright volaron por primera vez en Kitty Hawk.

Pese a todo, a las 13.30 o las 14 horas del día 13, Dan Grossi recibió su llamada. Le dijeron que dejarían a los saudíes en el Raytheon Airport Services, un hangar privado del Aeropuerto Internacional de Tampa.

Cuando se encontró con Perez en la terminal, una mujer se rió de él por pensar siquiera que volaría ese día. Los vuelos comerciales habían empezado a recuperarse poco a poco, pero a las 10.57 la FAA había emitido otro aviso para aviadores, un recordatorio de que la aviación privada seguía prohibida. Tres *jets* violaron ese día la prohibición, y en los tres casos un par de cazas les obligaron a aterrizar con rapidez. En lo tocante a aviones privados, América seguía pegada al suelo. «Me dijeron que haría falta el visto bueno de la Casa Blanca», cuenta Grossi.

Entonces llegó uno de los pilotos. «Aquí tiene su avión —le dijo a Grossi—. Cuando quiera nos vamos.»

Sin que Dan Grossi lo supiera, el príncipe Bandar Bin Sultan, embajador de Arabia Saudí en Estados Unidos, de 52 años, había estado en Washington orquestando el éxodo de unos 140 saudíes repartidos por todo el país que eran miembros, o allegados, de dos enormes familias. Una era la Casa de Sa'ud, la familia que gobierna el Reino de Arabia Saudí y que, gracias a sus enormes reservas de petróleo, es la más rica del mundo. La otra consistía en los amigos y aliados de la familia reinante, los Bin Laden, quienes, además de poseer un conglomerado constructor billonario, habían engendrado al conocido terrorista Ossama Bin Laden. Gracias a la estrechísima relación de los Bin Laden con los Sa'ud, la descomunal compañía constructora de la familia, el Saudi Binladin Group, había conseguido contratos para restaurar las mezquitas sagradas de La Meca y Medina, dos de los principales iconos de todo el islam.

La repatriación de los saudíes es mucho más que un simple caso de concesión de un estatus especial a árabes ricos por parte de la Casa Blanca en circunstancias excepcionales. Para empezar, en los dos años transcurridos desde el 11 de Septiembre, una serie de saudíes de las altas esferas, entre ellos miembros tanto de los Bin Laden como de la familia real, han salido a la luz pública por su supuesto papel en la financiación del terrorismo. Cuatro mil parientes de las víctimas del 11-S han presentado una demanda por lo civil de 1 billón de dólares en Washington, D. C., acusando a la Casa de Sa'ud, los Bin Laden y centenares más de homicidio involuntario, conspiración y crimen organizado por haber aportado decenas de millones de dólares a organizaciones benéficas que eran tapaderas de al-Qaeda. *Newsweek* ha informado de que la esposa del príncipe Bandar, tal vez sin saberlo, envió millares de dólares a organizaciones benéficas que acabaron financiando a los secuestradores aéreos. Además, documentos del FBI señalados como «secretos» indican que dos miembros de la familia Bin Laden, que se ha distanciado de manera repetida de Ossama Bin Laden, estaban siendo investigados por la oficina por sospechas de asociación con una organización benéfica islámica designada como grupo de apoyo terrorista.

De manera más reciente, en julio, la administración solicitó al Congreso que retuviera 28 páginas de su informe especial sobre el 11-S. Según las noticias, la sección clasificada sostiene que había vínculos entre los secuestradores y dos saudíes, Omar al-Bayumi y Ossama Bassnan, que mantenían relaciones financieras con miembros del Gobierno saudí. Funcionarios saudíes niegan que su Gobierno estuviera relacionado en modo alguno con los atentados. Los saudíes han solicitado que se desclasifiquen las páginas para poder refutarlas, pero el presidente Bush se ha negado.

Los expertos en terrorismo afirman que los saudíes que se encontraban en Estados Unidos inmediatamente después de los atentados podrían haber arrojado luz sobre la estructura de al-Qaeda y aportado valiosas pistas para la investigación del 11-S. Y aun así, según fuentes que tomaron parte en la repatriación, salieron de Estados Unidos sin siquiera ser interrogados por el FBI.

Oficialmente, la Casa Blanca declinó hacer comentarios, y una fuente interna afirmó que los vuelos nunca se produjeron. Sin embargo, antiguos altos funcionarios de la administración Bush han declarado lo contrario en *Vanity Fair*.

¿Cómo fue posible que, al mismo tiempo que el presidente Bush declaraba una guerra global sin cuartel al terror que enviaría a centenares de miles de soldados americanos a Afganistán e Irak, y a la vez que Ossama Bin Laden se convertía en el Enemigo Público n.º 1 y el blanco de una caza al hombre a escala mundial, la Casa Blanca acelerara la partida de tantos testigos potenciales, entre ellos dos docenas de familiares del mismo hombre que estaba detrás de los atentados?

El incidente adquiere una importancia particular a la luz de las relaciones especiales que desde hace mucho tienen los saudíes con Estados Unidos, y en concreto con la familia Bush. Durante décadas, Arabia Saudí ha sido uno de los dos aliados más poderosos de Washington en Oriente Próximo, y por descontado una enorme fuente de petróleo. La familia Bush y la Casa de Sa'ud, las dos dinastías más poderosas del mundo, han mantenido estrechas relaciones personales, políticas y de negocios durante más de veinte años. En la década de 1980, cuando Bush padre era vicepresidente, él y el príncipe Bandar llegaron a hacerse amigos. Juntos aprovecharon su influencia para conseguir la venta de enormes cantidades de armas estadounidenses a Arabia Saudí y participaron en cruciales empresas de política exterior. En la guerra del Golfo de 1991, los saudíes y Bush padre fueron aliados.

En el sector privado, los saudíes apoyaron a Harken Energy, una compañía petrolífera en apuros en la que George W. Bush era inversor. Hace menos, el ex presidente George H. W. Bush y el ex secretario de Estado James A. Baker III, su aliado de siempre, han aparecido ante saudíes en eventos de recaudación de fondos para el grupo Carlyle, posiblemente el fondo de capital riesgo más grande del mundo. En la actualidad, el ex presidente Bush sigue trabajando de asesor de la compañía, entre cuyos inversores se cuenta supuestamente un saudí acusado de vínculos con grupos de apoyo terroristas.

«Siempre ha estado muy claro que existen profundos vínculos entre la familia Bush y los saudíes —dice Charles Lewis, director del Centro para la Integridad Pública, una fundación de Washington, D. C. que analiza cuestiones de ética en el Gobierno—. Genera un problema de credibilidad. Cuando se habla de guerra contra el terror, mucha gente debe de preguntarse por qué nos preocupamos por unos países y no por otros. ¿Por qué se libra Arabia Saudí?»

En un húmedo día de julio, Nail al-Jubeir, director de información para Arabia Saudí, se sienta en su despacho de la embajada saudí en Washington y rememora la mañana del 11 de septiembre de 2001. Como mucha gente, al-Jubeir iba de camino al trabajo esa mañana y, en cuanto se enteró de que un segundo avión se había estrellado contra la torre sur del World Trade Center, supo que los terroristas habían atacado.

En el curso de los días siguientes, en la embajada imperó la confusión. Se arrestaba a ciudadanos saudíes inocentes que se encontraban en Estados Unidos. «Eso planteaba un problema —dice al-Jubeir—. ¿Cómo protegemos a los saudíes a los que están deteniendo? Nuestra prioridad era la seguridad de los saudíes que se hallaban aquí, en Estados Unidos.»

En un principio, el príncipe Bandar esperaba que se hubieran exagerado los primeros informes sobre el papel saudí en los atentados; al fin y al cabo, se sabía que los terroristas de al-Qaeda empleaban pasaportes falsos. Pero a las 10 de la noche del 12 de septiembre, unas 36 horas después de los atentados, un funcionario de alto rango de la CIA —según el *Newsweek*, fue probablemente el director de la agencia George Tenet— llamó a Bandar y le dio la mala noticia: 15 de los 19 secuestradores eran saudíes.

Tras dos décadas como embajador, hacía mucho que Bandar era la figura más reconocible de su país en América. Conocido como «el Gatsby árabe», con su bien recortada perilla y sus trajes cruzados a medida, Bandar personificaba las contradicciones del miembro moderno de la Casa Real de Sa'ud, de la alta sociedad y con inclinaciones pro occidentales. Sabía que las relaciones públicas nunca habían sido más cruciales para los saudíes.

Con la ayuda del gigante de las relaciones públicas Burston-Marsteller, Bandar lanzó una ofensiva internacional mediática. Colocó anuncios en periódicos de todo el país donde condenaba los atentados y desvinculaba de ellos a Arabia Saudí. Por televisión remachó los mismos argumentos: Arabia Saudí apoyaría a Estados Unidos en su lucha contra el terrorismo. Ni siquiera podía considerarse a los secuestradores auténticos saudíes, afirmó, porque «en el reino, el Gobierno y el pueblo de Arabia Saudí se niegan a que se relacione con nuestro país cualquier persona vinculada al terrorismo». Eso incluía a Ossama Bin Laden, explicó Bandar, puesto que el Gobierno ya le había retirado el pasaporte en respuesta a sus actividades terroristas.

Ossama Bin Laden, sin embargo, era saudí, y no un saudí cualquiera. Bandar conocía bien a los miembros de su insigne familia. «Son unos seres humanos realmente encantadores —declaró en la CNN—. [Ossama] es el único al que nunca... No lo conozco bien, sólo coincidimos una vez. El resto de ellos son hombres de negocios cultos y exitosos, que contribuyen a muchas actividades benéficas. Es... Es una tragedia... Les ha causado mucho dolor.»

La familia Bin Laden ejemplifica de manera nítida el dilema que afronta Estados Unidos en sus tratos con Arabia Saudí. Por un lado, los Bin Laden son producto del fundamentalismo wahhabí, una puritana secta islámica que ha contribuido a hacer de Arabia Saudí un fértil criadero de terroristas. En contra de lo que suele creerse, Ossama no era el único miembro de la inmensa familia Bin Laden —hay más de 50 hermanos— vinculado a fundamentalistas islámicos militantes. Ya en 1979, Mahrus Bin Laden, un hermanastro mayor de Ossama, había trabado amistad con miembros de la militante Hermandad Musulmana y había desempeñado, tal vez sin saberlo, un papel clave en el *affaire* de La Meca, un violento levantamiento contra la Casa de Sa'ud en 1979 que se saldó con más de 100 muertos.

Más tarde, el Saudi Binladin Group entró a formar parte de lo que se conocía como «Cadena de Oro», una lista de saudíes adinerados que nutrieron a al-Qaeda en su creación a finales de los ochenta, antes de que esta organización se percibiera como amenaza internacional.

Por otro lado, hace años los Bin Laden se desvincularon de Ossama y sus atroces actos terroristas. Ellos eran los multimillonarios saudíes con cuenta en Citigroup, inversiones en Goldman Sachs y Merrill Lynch y negocios con iconos de la cultura occidental tales como Disney, Snapple y Porsche.

Los jóvenes Bin Laden y otros miembros de la dinastía saudí que vivían en Estados Unidos en septiembre de 2001 eran en su mayor parte estudiantes de instituto o universidad y jóvenes profesionales. Varios Bin Laden habían asistido a la Tufts University, cercana a Boston. Sana Bin Laden se había licenciado por el Wheelock College de Boston. Abdulá Bin Laden, un hermano pequeño de Ossama, se había licenciado en 1994 por la Facultad de Derecho de Harvard y ejercía en Cambridge, Massachusetts. Dos Bin Laden —Mohammed y Nawaf— poseían apartamentos en el complejo Flagship Wharf en el Puerto de Boston.

Waffa Bin Laden, una licenciada de la Facultad de Derecho de Columbia de 26 años, vivía en un ático de 6.000 dólares al mes en el SoHo de Nueva York y se estaba planteando dedicarse a la canción. Aficionada a los locales y restaurantes de moda de Manhattan como el Lotus, el Mercer Kitchen y el Pravda, se dio la causalidad de que estaba en Londres el 11 de septiembre, y no regresó a Estados Unidos. Kameron Bin Laden, treintañero y primo de Ossama, también frecuentaba los clubes nocturnos de Manhattan y se dice que, menos de dos meses después del 11-S, gastó casi 30.000 dólares en un solo día en la boutique de Prada de la Quinta Avenida. Él optó por quedarse en Estados Unidos, pero su hermanastro Jalil Bin Laden decidió volver a Yidda. Jalil, que tiene una esposa brasileña, había sido nombrado cónsul honorario de Brasil en Yidda, aunque también posee una extensa mansión de ocho hectáreas en Winter Garden, Florida, cerca de Orlando.

En cuanto a la familia real saudí, sus miembros estaban diseminados por el país. Algunos habían acudido a Lexington, Kentucky, para las subastas de caballos de septiembre, que se suspendieron el 11 pero se retomaron al día siguiente. El príncipe saudí Ahmed Salman, un habitual de Lexington, se quedó y compró dos caballos por 1,2 millones de dólares el 12 de septiembre. «Soy un hombre de negocios —dijo Salman—. No tengo nada que ver con lo otro. Lo siento tanto como cualquier americano.»

Otros sintieron más amenazada su persona. Poco después de los atentados, uno de los hermanos de Ossama Bin Laden llamó hecho un manojo de nervios a la embajada saudí en Washington buscando protección. Se le asignó una habitación en el hotel Watergate y se le dijo que no abriera la puerta. El rey Fahd, el avejentado y endeble monarca saudí, envió un mensaje a sus emisarios en Washington: «Tomad medidas para proteger a los inocentes.».

Si un diplomático extranjero tenía peso suficiente para tirar de algunos hilos en la Casa Blanca en plena grave crisis nacional de seguridad, ése era el príncipe Bandar. Era famosa la habilidad de los saudíes para ganarse el favor de las administraciones estadounidenses —han realizado contribuciones a todas las bibliotecas presidenciales erigidas en los últimos treinta años—, pero a nadie se le daba mejor que a Bandar. Años antes había jugado a frontón con Colin Powell. Había dirigido operaciones encubiertas para el difunto director de la CIA Bill Casey que se le mantuvieron en secreto incluso al presidente Reagan. Era el hombre que había guardado a buen recaudo docenas de maletines cerrados que contenían varios de los secretos más insondables del mundo del espionaje.

Pero era su íntima amistad con los Bush lo que de verdad lo destacaba. Cuando George H. W. Bush se convirtió en vicepresidente en 1981, Bandar lo reconoció por lo que era: un magnate del petróleo tejano que sentía un enorme respeto por las vastas reservas de crudo de los saudíes y no era un defensor a ciegas de Israel. Los dos empezaron a comer juntos con regularidad y, a mediados de los ochenta, en un momento en que la prensa atacaba a Bush por «blandengue», Bandar organizó una carísima velada en su honor.

Cuando Bush fue nombrado presidente en 1989, Bandar actuó de enviado entre él y Saddam Hussein, y le aseguró a Bush que Estados Unidos podía contar con que Saddam supondría un bastión contra el fundamentalismo islámico extremista. En agosto de 1990, después de que Irak invadiera Kuwait, Bandar se unió a Bush en el refugio familiar del presidente en Kennebunkport, Maine, donde juntos debatieron la entrada en guerra contra Saddam. Unos meses después, a instancias de Bush, Bandar convenció al rey Fahd de Arabia Saudí de que se le uniera como aliado en la guerra del Golfo. En 1982, Bandar se tomó la derrota de Bush ante Bill Clinton como un fracaso personal. Y tras las elecciones de 2000, se fue con su Airbus privado a cazar en España con el ex presidente Bush, el general Norman Schwarzkopf y el ex consejero de Seguridad Nacional Brent Scowcroft.

Ahora, a la estela del 11-S, la relación Estados Unidos-Arabia Saudí estaba en la cuerda floja, y Bandar se puso manos a la obra.

Durante las 48 horas posteriores a los atentados, se mantuvo en contacto constante con el secretario de Estado Colin Powell y la consejera de Seguridad Nacional Condoleezza Rice.

Antes del 11-S, casualmente, el presidente Bush había invitado a Bandar a ir a la Casa Blanca el 13 de septiembre de 2001, para comentar el proceso de paz en Oriente Próximo. El encuentro se celebró como estaba previsto, pero tras los atentados terroristas el paisaje político había experimentado un drástico cambio. Según *The New Yorker*, Bush le dijo a Bandar en la reunión que Estados Unidos entregaría a los saudíes cualquier agente de al-Qaeda del que no se consiguiera que cooperara, dando a entender que los saudíes podían utilizar cualquier medio necesario para hacer hablar a los sospechosos. Nail al-Jubeir afirma que no sabe si el príncipe Bandar y el presidente hablaron de llevarse a los Bin Laden y otros saudíes de vuelta a su país.

Pero la operación se puso en marcha de todas formas. En Tampa, el mismo día en que Bandar y Bush se encontraban en la Casa Blanca, cuenta el detective privado Dan Grossi, él y Manuel Perez esperaron hasta que llegaron tres varones saudíes que aparentaban unos veintipocos años. Entonces el piloto condujo a Grossi, Perez y los saudíes a un Learjet de ocho pasajeros muy bien equipado. Partieron rumbo a Lexington, Kentucky, a las 16.30.

Grossi no se enteró del nombre de los estudiantes a los que escoltaba. «Todo sucedió muy deprisa —dice—. Sólo sabía que eran saudíes. Estaban bien relacionados. Uno me contó que su padre o su tío era buen amigo de George Bush padre.»

Tanto el *Tampa Tribune* como fuentes cercanas al vuelo afirman que uno de los jóvenes era el hijo o el sobrino del príncipe Sultan Bin 'Abd al-'Aziz, ministro saudí de Defensa y padre del príncipe Bandar. Se dice que otro pasajero era hijo de un comandante del Ejército saudí. Pero la embajada árabe rehusó confirmar sus identidades. El *Tribune* informó de que la petición de repatriar a los saudíes procedía de otro miembro de la realeza, el príncipe Sultan Bin Fahd.

Según Grossi, al cabo de más o menos una hora y cuarenta y cinco minutos del despegue aterrizaron en el aeropuerto Blue Grass de Lexington. Allí recibió a los saudíes un americano que los tomó bajo su custodia y se encargó de su equipaje. En la pista había un Boeing 747 con caracteres árabes en el fuselaje, que al parecer esperaba para llevárselos a Arabia Saudí. «Lo que pensé es que había otros saudíes comprando caballos de carreras en Kentucky en ese momento, y que iban a volar todos juntos a su país», comenta Grossi.

El vuelo Tampa-Lexington, del que se informó en el *Tampa Tribune* en octubre de 2001, es el único incidente documentado en el que a los saudíes se les concedió acceso al espacio aéreo americano mientras los ciudadanos estadounidenses seguían teniendo restringido volar de manera privada, un acceso que requería la aprobación especial del Gobierno.

¿Cómo consiguió permiso para despegar el vuelo fantasma de Tampa? En su momento, la FAA negó que el vuelo hubiera llegado a producirse. «No consta en nuestros registros —declaró al *Tampa Tribune* Chris White, un portavoz de la FAA—. No existió.» La Casa Blanca rehusó hacer comentarios de manera oficial, pero una fuente afirmó extraoficialmente que la administración tenía plena confianza en que no habían existido vuelos secretos y que no había pruebas que sugirieran que la Casa Blanca había autorizado vuelos de ese tipo. Según Nail al-Jubeir, sin embargo, la repatriación había sido aprobada «al más alto nivel del Gobierno de Estados Unidos».

El proceso comenzó en las entrañas de la Casa Blanca. En ese momento, la administración Bush estaba atrincherada en la Sala de Situación, un pequeño habitáculo subterráneo con una lujosa sala de reuniones en el Ala Oeste. Los ocupantes de la sala estaban conectados por teleconferencia con el FBI, el Departamento de Estado y el resto de agencias relevantes. El vicepresidente Dick Cheney, la consejera de Seguridad Nacional Condoleezza Rice y otros funcionarios hincaron los codos y devoraron informes de inteligencia, con la esperanza de dilucidar si se habían planeado más ataques terroristas. Entraban y salían los más poderosos funcionarios de la administración, entre ellos Colin Powell, el director de la CIA George Tenet y el secretario de Defensa Donald Rumsfeld.

Entre las cuatro paredes de aquella sala, el todopoderoso, Richard Clark, director del Grupo de Seguridad Antiterrorista del Consejo de Seguridad Nacional, presidía un grupo de crisis permanente que tomaba centenares de decisiones relacionadas con los atentados. Clarke, una auténtica rareza de Washington, era un funcionario del montón que había ascendido a los más altos niveles de toma de decisiones. Tal y como lo caracterizan Daniel Benjamin y Steven Simon en *The Age of Sacred Terror*, Clarke era un hombre que rompía todos los moldes. No le debía nada a republicanos ni a demócratas, se negaba a asistir a las reuniones ordinarias del personal del Consejo de Seguridad Nacional, enviaba mensajes de correo electrónico insultantes a sus colegas y trabajaba de manera regular fuera de los canales burocráticos normales. Uno de los únicos dos directores con responsabilidad de la administración de George Bush padre que Bill Clinton conservó en el cargo, Clarke, por brusco que fuera, había seguido ascendiendo gracias a su talento para saber cuándo y cómo tirar de las palancas del poder.

En los días que siguieron al 11-S —no recuerda exactamente en cuál— abordaron a Clarke en la Sala de Situación para hablarle de la rápida repatriación de los saudíes.

«Alguien sometió a nuestra aprobación la decisión de permitir que un avión lleno de saudíes, entre ellos miembros de la familia Bin Laden, dejara el país —explica Clarke—. Mi papel era decir que no podía permitirse hasta que el FBI lo aprobara. Y así, se lo preguntaron al FBI (teníamos una teleconferencia con ellos) y nosotros le pedimos al FBI que se asegurara de no tener dudas de que todos los que subían a ese avión eran personas con el visto bueno para irse. Y ellos respondieron y dijeron que sí, que por ellos no había problema. De modo que dijimos: "Vale, adelante."» Clarke, que más tarde dejó el Gobierno y dirige ahora una asesoría en Virginia, añade que no recuerda quién planteó en primer lugar la petición, pero que probablemente fuera el FBI o el Departamento de Estado. Ambas agencias niegan haber desempeñado papel alguno en aquel episodio. «No salió de aquí —dice una fuente del Departamento de Estado—. La gente como Bandar no necesita al Departamento de Estado para que se haga algo así.»

«Puedo afirmar categóricamente que el FBI no desempeñó ningún papel en la facilitación de esos vuelos, de ningún modo o manera», dice el agente especial John Iannarelli, portavoz del FBI para actividades antiterroristas.

Con sólo tres saudíes a bordo, cuesta creer que el vuelo de

Tampa fuera el único viaje misterioso en curso. Miembros de la extensa familia Bin Laden, la Casa de Sa'ud y sus allegados se reunían en puntos de todo el país.

Según *The New York Times*, miembros de la familia Bin Laden fueron conducidos por vía aérea o terrestre bajo supervisión del FBI primero a un punto de reunión secreto en Tejas y más tarde a Washington. Desde allí, informa el *Times*, salieron del país cuando los aeropuertos reabrieron el 14 de septiembre. El FBI ha declarado que la información del *Times* es «errónea».

Entretanto, los saudíes tenían como mínimo dos aviones más a su disposición. Partiendo de Los Ángeles en una fecha indeterminada, uno de ellos voló en primer lugar a Orlando, Florida, donde embarcó Jalil Bin Laden. De Orlando, el avión siguió viaje hasta el Aeropuerto Internacional de Dulles, en las afueras de Washington, D.C., antes de continuar hasta el Aeropuerto Internacional Logan de Boston el 19 de septiembre, recogiendo miembros de la familia Bin Laden a lo largo de todo el trayecto. Se dice que entre el resto de paradas de los saudíes estuvieron Houston, Cleveland y Newark. En total, iban a bordo de los vuelos unos 140 saudíes, según una fuente del FBI.

A esas alturas, el veto al viaje aéreo había empezado a levantarse. La FAA comenzaba a permitir a las líneas aéreas que operaran siempre y cuando siguieran ciertas normas de seguridad. La aviación privada estaba sujeta a más limitaciones, pero incluso en ese ámbito la FAA había empezado a permitir despegar a los aviones alquilados cuyos pilotos presentaban planes de vuelo. La FAA ha entregado al Departamento de Seguridad Interior todos sus registros de viajes aéreos durante el periodo en cuestión. Se ha presentado una petición según la Ley de Libertad de Información, pero los documentos todavía no se han hecho públicos.

La aprobación de Richard Clarke a la repatriación de los saudíes había sido condicionada al fruto de las investigaciones del FBI. «Les pedí [al FBI] que se aseguraran de que no se marchaba nadie inapropiado —cuenta—. Les pregunté si tenían alguna objeción al hecho en sí, a que unos saudíes abandonaran el país en un momento en que los aviones tenían prohibido volar.» Clarke añade que dio por sentado que el FBI había investigado a los Bin Laden antes del 11 de septiembre. «No tengo ni idea de si hicieron un buen trabajo —comenta—. No estoy en situación de poner en duda la actuación del FBI.»

El FBI había estado vigilando a algunos de los Bin Laden. Un archivo clasificado del FBI examinado por *Vanity Fair* y marcado como «Secreto» muestra que ya en 1996 la oficina se había pasado casi nueve meses investigando a Abdulá y Omar Bin Laden, que tenían relaciones con la rama americana de la Asamblea Mundial de la Juventud Musulmana (AMJM), una entidad benéfica que ha publicado escritos del erudito islámico Sayyid Qutb, uno de los intelectuales que más han influido en Ossama Bin Laden. Pero, según Dale Watson, ex director de antiterrorismo del FBI, tales investigaciones a los saudíes residentes en Estados Unidos suponían una excepción. «Si llegaban alegaciones, se examinaban —dice—. Pero no llevó a cabo una investigación exhaustiva de los saudíes presentes en el país.»

A veces, los saudíes congregados para partir intentaron que los aviones despegaran antes de que el FBI hubiera identificado siquiera a quienes iban a bordo. «Recuerdo una bronca tremenda que tuve con la oficina de Bandar sobre si iban a marcharse sin que supiéramos quién viajaba en el avión —explica un agente del FBI—. Bandar quería que el avión despegase, y nosotros insistíamos en que el avión no se iba hasta que no supiéramos exactamente quién había dentro.»

Al final, el FBI decidió que no era práctico llevar a cabo investigaciones pormenorizadas. «Se les identificó —dice Dale Watson—, pero no se les sometió a entrevistas o interrogatorios serios.» El FBI ha rehusado hacer públicas sus identidades.

Algunos participantes en la repatriación insisten en que no haber entrevistado a los saudíes es algo insignificante, y de hecho la idea de que ni los Bin Laden ni la familia real saudí habrían ayudado a los terroristas de manera voluntaria resulta convincente. «El objetivo de grupos como al-Qaeda es derrocar al gobierno saudí —explica Nail al-Jubeir, el portavoz de la embajada—. La gente dice que le pasamos dinero, pero eso es sencillamente falso. ¿Por qué íbamos a apoyar a una gente que quiere derrocar nuestro propio Gobierno?»

La mayoría de los que partían eran estudiantes o jóvenes hombres de negocios. Los Bin Laden, además, habían roto de manera tajante con Ossama al publicar una declaración en la que expresaban su «condena por este triste suceso, que ha provocado la pérdida de muchos hombres, mujeres y niños inocentes, y que se contradice con nuestra fe islámica». Un agente del FBI asegura que tenían derecho a marcharse y que su parentesco con Ossama no justificaba una investigación.

Pero el 11-S fue posiblemente el mayor crimen de la historia de Estados Unidos. Habían muerto casi tres mil personas. Se estaba poniendo en marcha una caza al hombre de proporciones inéditas. El fiscal general John Ashcroft había afirmado que el Gobierno tenía «la responsabilidad de valernos de todo medio legal a nuestra disposición para evitar posteriores actividades terroristas, deteniendo a quienes hayan quebrantado la ley y puedan suponer una amenaza para Estados Unidos». En todo el país estaban arrestando e interrogando a árabes. Para el fin de semana posterior a los atentados, Ashcroft ya había propuesto ampliar el poder del FBI para detener a extranjeros, intervenirles los teléfonos y rastrear el lavado de dinero hasta llegar a los terroristas. El Gobierno retuvo a centenares de personas mientras agentes federales realizaban exhaustivas comprobaciones de antecedentes. Algunos fueron retenidos por un periodo de hasta diez meses en la base naval americana de Guantánamo, Cuba.

«Forma parte natural de cualquier investigación buscar a quienes conocen al supuesto responsable del asesinato —dice John L. Martin, quien, como jefe de seguridad interna de la División Criminal del Departamento de Justicia, supervisó la investigación y procesamiento de las infracciones a la seguridad nacional durante dieciocho años—. En el caso del asesinato de Kennedy, se examinó a la familia de Lee Harvey Oswald, incluidas su esposa y su madre, en busca de información sobre su pasado, aunque no fueran culpables. En el caso de Timothy McVeigh, su familia se convirtió en centro de atención.»

¿Cómo pudieron pasar por alto los funcionarios una parte tan elemental y rutinaria de cualquier investigación durante una catástrofe de seguridad nacional sin precedentes? En el menor de los casos, ¿no habrían podido los familiares aportar algo de información sobre las finanzas, los socios o los apoyos de Bin Laden?

Una serie de investigadores experimentados manifestaron su sorpresa por que no se hubiera interrogado a los saudíes. «Desde luego, yo habría esperado que lo hicieran», dice Oliver *Buck* Revell, ex vicedirector adjunto del FBI.

«Tenemos entre manos un atentado con sustanciales vínculos con Arabia Saudí —dice John Martin—. Lo normal sería querer hablar con gente de la familia real y el Gobierno saudíes, sobre todo cuando han prometido colaborar.»

¿Acaso una simple declaración pública de la familia Bin Laden significaba que nadie en toda la familia tenía ningún contacto o información útil de cualquier tipo? Poco después del 11-S, Carmen Bin Laden, una cuñada de Ossama que actualmente no mantiene ninguna relación con él, contó en ABC News que pensaba que algunos miembros de la familia podrían haberle dado dinero a Ossama. El cuñado de Ossama Mohammed Yamal Jalifa era según muchas fuentes un personaje importante en al-Qaeda y se le acusaba de estar vinculado al atentado del World Trade Center en 1993, a la bomba en el *U.S.S. Cole* en octubre de 2000 y a la financiación de un grupo terrorista filipino (se rumoreaba que Jalifa estaba en Filipinas en septiembre de 2001). Jalil Bin Laden, que embarcó en Orlando en un avión que a la larga lo llevó hasta Arabia Saudí, se ganó la atención de investigadores brasileños por sus posibles conexiones con terroristas. Según un periódico brasileño, tenía contactos de negocios en la provincia de Minas Gerais, cercana a la región de las tres fronteras, un supuesto centro de adiestramiento para terroristas.

Después estaban los documentos secretos del FBI que detallaban la implicación de Abdulá y Omar Bin Laden en la Asamblea Mundial de la Juventud Musulmana (AMJM). Tanto funcionarios indios como el Ejército filipino han citado a la AMJM como fuente de financiación de terroristas en Cachemira y las Filipinas. «La AMJM estaba implicada en actividades de apoyo al terrorismo —dice un funcionario de seguridad que trabajó bajo el gobierno de George W. Bush—. No cabe duda al respecto.»

Los agentes del FBI declinaron comentar la investigación, de la que informó en Gran Bretaña *The Guardian*, pero los documentos muestran que el archivo de Abdulá y Omar se reabrió el 19 de septiembre de 2001, mientras la repatriación saudí seguía en marcha. «Esos documentos revelan que el FBI tenía una investigación abierta sobre esos individuos en el momento de su partida», dice

David Armstrong, un investigador del Centro de Educación Pública, la fundación de Washington D. C. que consiguió los documentos.

En la década de 1980, con el apoyo del Gobierno americano, la dinastía saudí y destacados hombres de negocios saudíes habían contribuido con entusiasmo a la lucha contra los soviéticos en Afganistán enviando armas y dinero a los rebeldes islámicos fundamentalistas que combatían del lado de las fuerzas de *muyahidín* locales. Tanto los saudíes como los americanos apoyaban a esos militantes. Pero después de ayudar a expulsar a los soviéticos de Afganistán, esas guerrillas, encabezadas por Ossama Bin Laden, se metamorfosearon en la red terrorista conocida como al-Qaeda. Quedan abiertas molestas preguntas sobre hasta qué punto los saudíes siguieron apoyando el fundamentalismo islámico militante después de que Bin Laden y al-Qaeda empezaran a atacar objetivos estadounidenses en la década de 1990.

Durante la administración Clinton, los saudíes se opusieron en repetidas ocasiones a los intentos estadounidenses de rastrear la financiación del terrorismo dentro del reino. Según Richard Clarke, que dirigía esa iniciativa, los saudíes tenían diversos motivos para oponerse. «Algunos sentían clara simpatía por al-Qaeda —cuenta—. Otros pensaban que si consentían cierto grado de cooperación con al-Qaeda, al-Qaeda los dejaría en paz. Y otros sencillamente reaccionaban de manera automática e instintiva a lo que consideraban una intrusión en sus asuntos internos.»

Una y otra vez, el Departamento del Tesoro de Estados Unidos ha perseguido a los directores de diversas organizaciones benéficas islámicas por proporcionar apoyo a terroristas. En octubre de 2002 el Consejo de Relaciones Exteriores declaró que, más de un año después del 11-S, al-Qaeda seguía recaudando fondos de adinerados partidarios saudíes.

El noviembre pasado, *Newsweek* informó de que miles de dólares en donaciones benéficas de la princesa Haifa, esposa del príncipe Bandar, habían acabado de manera indirecta en manos de dos de los secuestradores del 11 de Septiembre. Y muchos miembros de la familia real, junto con varios Bin Laden, se defienden ahora de la demanda colectiva de un billón de dólares presentada por cuatro mil familiares de las víctimas del 11-S.

Los documentos presentados en la demanda alegan que el padre del príncipe Bandar, el ministro de Defensa príncipe Sultan, ha contribuido desde 1994 con al menos 6 millones de dólares a cuatro entidades benéficas que financian a Ossama Bin Laden y al-Qaeda. Los propios abogados de Sultan reconocen que durante dieciséis años consecutivos aprobó pagos anuales de unos 266.000 dólares a la International Islamic Relief Organization, una organización benéfica saudí en cuyas oficinas en Estados Unidos hicieron una redada agentes federales. Casey Cooper, uno de los abogados del príncipe Sultan, dice: «Las alegaciones no tienen fundamento.» Añade que el príncipe Sultan autorizó las subvenciones como parte de sus tareas gubernamentales oficiales y no financió el terrorismo de manera consciente.

La acusación contra el príncipe Sultan es sólo una de las centenares incluidas en la demanda. Además de a Ossama Bin Laden, se ha nombrado como demandada del proceso también a la empresa familiar, el Saudi Binladin Group. El meollo de las alegaciones es la acusación de que los demandados sabían que parte de su dinero se destinaba a al-Qaeda y que por tanto tuvieron alguna responsabilidad en los atentados del 11 de Septiembre.

Muchos de los saudíes reconocen sus contribuciones a las organizaciones benéficas en cuestión pero niegan haber tenido conocimiento de que el dinero terminaría en manos de al-Qaeda. «El mayor problema que tenemos con las entidades benéficas saudíes es una gestión pobre y descuidada», dice Nail al-Jubeir.

Los abogados de los demandantes no consideran que ésa sea una respuesta satisfactoria. Creen además que, entrevistando a los Bin Laden y a miembros de la familia real antes de que abandonaran el país, el Gobierno podría haber respondido a varias preguntas clave. «Tendrían que haberles preguntado si tenían contactos con Ossama Bin Laden o sabían de algún otro saudí que los tuviera —dice Allan Gerson, codirector de la defensa de los demandantes—. ¿Qué sabían de la financiación de al-Qaeda? ¿Qué sabían de la utilización de entidades benéficas en Estados Unidos y otros países como conductos para la financiación del terrorismo? ¿Por qué el Gobierno saudí desoyó las solicitudes estadounidenses de 1999 y 2000 de que dejaran de hacer la vista gorda con la financiación del terrorismo a través de bancos y entidades benéficas saudíes?»

Todo lo cual conduce a la pregunta de quién tomó la decisión de permitir que los saudíes se fueran. Y ¿por qué? ¿Podría haber influido a la administración la prolongada relación entre los saudíes y la familia Bush?

A expertos en seguridad nacional como Richard Clarke les parece dudosa esa sugerencia. «El príncipe Bandar desempeñó un papel muy crucial durante la primera guerra del Golfo —dice Clarke—. Estuvo muy cercano a la familia Bush. Pero no creo que sea exacto decir que hoy en día desempeña ese papel. Hay algo que debemos tener presente respecto del gobierno que tenemos en Arabia Saudí: las alternativas podrían ser mucho peores. El recambio más probable para la Casa de Sa'ud tiene todos los números para ser más hostil —en realidad, extremadamente hostil— hacia Estados Unidos. Seguramente por eso la administración los trata como los trata, y no por ninguna relación personal.» Con el arranque de la guerra contra el terror, Estados Unidos quería la colaboración saudí, y la repatriación era a todas luces una elevada prioridad para las más altas esferas del reino.

Aun así, la relación entre Bush y los saudíes suscita importantes dudas, aunque sea sólo por lo extraordinario de que dos presidentes compartan un historial personal tan largo y rico con cualquier potencia extranjera, por no hablar de una tan vital para los intereses económicos estadounidenses, y a la vez tan problemática, como Arabia Saudí.

La relación empezó a mediados de los años setenta, cuando dos jóvenes multimillonarios saudíes —Salem Bin Laden, hermano mayor de Ossama y director del Saudi Binladin Group, y Jalid Bin Mahfuz, un banquero saudí multimillonario— llegaron a Tejas con la esperanza de entablar relaciones políticas. Para representar sus intereses en Estados Unidos escogieron a un hombre de negocios de Houston llamado James R. Bath, que conocía a George W. Bush de la Guardia Nacional del Aire de Tejas. Bath invirtió 50.000 dólares en la nueva compañía petrolífera de Bush, Arbusto. Niega, sin embargo, que su inversión representara a los intereses saudíes.

En 1986, George W. Bush vendió la última encarnación de su deficitaria compañía petrolífera a Harken Energy, una petrolera tejana independiente que a su vez estaba en apuros, y pasó a ocupar un asiento en su consejo de administración. Para aquel entonces,

Jalid Bin Mahfuz se había convertido en el mayor accionista del Bank of Commerce & Credit International, o BCCI, un banco internacional que financiaba narcotraficantes, terroristas y operaciones encubiertas y que pasó a la fama como la institución financiera más corrupta de la historia.

En cuanto Bush estuvo en Harken, comenzó un noviazgo fantasma con Jalid Bin Mahfuz y el BCCI. Ni George Bush ni Harken tuvieron nunca algún contacto directo con Bin Mahfuz o el BCCI, pero en cuanto Bush ocupó su asiento en la junta, a Harken empezaron a sucederle cosas maravillosas: nuevas inversiones, fuentes de financiación inesperadas, derechos de perforación por arte de birlibirloque. Entre aquellos vinculados al BCCI que acudieron en ayuda de Harken estuvieron el banco de inversión de Arkansas Stephens Inc., el jeque saudí Abdulá Bajsh y el emir de Bahréin, que de improviso concedió a Harken derechos de perforación submarinos en exclusiva. En 1991, una investigación del *Wall Street Journal* sobre los vínculos de Harken con el BCCI concluía: «El número de personas conectadas con el BCCI que ha tenido tratos con Harken —todo ello desde que George W. Bush llegó al consejo de administración— suscita igualmente la pregunta de si encubren un esfuerzo por atraerse las simpatías del hijo de un presidente.»

Cuando George Bush padre y James Baker volvieron al sector privado en 1993, empezaron por fin a cosechar los beneficios de su amistad con los saudíes. Ese año, Baker recibió un cargo de consultor sénior en el grupo Carlyle, cuyo capital riesgo era de 16.000 millones de dólares. Dos años después, Bush entró como consejero. En 1998, el ex primer ministro británico John Major también se unió a la empresa.

Bush, Baker y Major volaron en diversas ocasiones a Arabia Saudí con ejecutivos de Carlyle para reunirse e interceder ante miembros de la familia real y acaudalados hombres de negocios como los Bin Laden y los Bin Mahfuz, la familia de banqueros más rica del país.

Como líderes mundiales que habían defendido a los saudíes durante la guerra del Golfo, Bush, Baker y Major tenían el potencial de ser reclamos estrella para Carlyle, y los métodos de la firma les permitían hacerlo sin mancharse las manos pidiendo el dinero directamente. «Los discursos de Bush tratan de lo que es ser un ex presidente, y de lo que es ser padre de un presidente —explica el director general de Carlyle David Rubenstein—. No habla de Carlyle ni pide inversores.» Tras los discursos de Bush, Rubenstein y su equipo de recaudación de fondos entraban a por el dinero. «Carlyle quería abrir puertas —contó un observador a *The Independent*—, y fichan a Bush y Major, que le salvaron el culo a los saudíes en la guerra del Golfo. Si cuentas con esos tíos... a esas empresas les va a ir la mar de bien.» Rubenstein dice que Bush y Baker no recibieron un trato especial en Arabia Saudí. «Fueron bien recibidos, como lo son en todo el mundo.»

Una fuente cercana al Gobierno saudí afirma que la familia real veía la inversión en el grupo Carlyle como una manera de demostrar gratitud al presidente Bush por defender a los saudíes en la guerra del Golfo. «George Bush o James Baker se reunían con todos los peces gordos de la familia real —cuenta la fuente—. El mensaje indirecto era "Te agradecería que invirtieras algo de dinero en el grupo Carlyle."»

Según el *Washington Post*, el príncipe Bandar se encontraba entre los que invirtieron. En 1995 se apuntaron los Bin Laden. Los hijos de Jalid Bin Mahfuz, 'Abd al-Rahmán y Sultan, también se hicieron inversores, según el abogado de la familia Cherif Sedky. 'Abd al-Rahmán Bin Mahfuz era director de la Fundación Muwafaq, que ha sido designada por el Departamento del Tesoro de Estados Unidos como «tapadera de al-Qaeda». «'Abd al-Rahmán y Sultan invirtieron en 1995 en uno de los fondos de Carlyle una cantidad que ronda los 30 millones de dólares —escribió Sedky en un mensaje de correo electrónico—. La inversión la mantiene en representación de ellos Sami Ba'arma», un gestor de inversiones que ha trabajado a menudo con la familia Bin Mahfuz. Sedky añadió que la familia Bin Mahfuz condena el terrorismo y niega que los fondos que ha donado a entidades benéficas se hayan utilizado para financiar el terror. Carlyle niega categóricamente que los Bin Mahfuz sean o hayan sido nunca inversores. Preguntado mientras estaba de vacaciones en Michigan, Cherif Sedky confirmó su declaración original. «Doy por sentado que Carlyle tiene registros de inversiones procedentes de alguien del lado de los Bin Mahfuz, sea con Sami Ba'arma como titular o con algún otro», dijo. Añadió que Ba'arma era primo carnal de los hermanos Bin Mahfuz.

En total, personal de Carlyle dice que los saudíes han invertido

80 millones de dólares en la firma. No está claro qué porcentaje de esa cantidad fue recaudado a raíz de reuniones a las que asistieron el ex presidente George Bush o James Baker. Los Bin Laden depositaron 2 millones de dólares en el Carlyle Partners II Fund, una suma relativamente pequeña que en teoría era parte de un paquete mayor. Un miembro de la familia, Shafiq Bin Laden, asistía a una conferencia de inversores celebrada por el grupo Carlyle en Washington el 11 de septiembre de 2001. Pero después de los atentados de ese día, Carlyle recompró la participación de los Bin Laden. «En un principio me pareció injusto culpar a los otros 53 hermanastros por ese tipo al que no han visto en diez años —dice Rubenstein—. Pero entonces pensé que la vida a veces no es justa.»

No hay pruebas que apunten que Carlyle desempeñó ningún papel en la repatriación de los saudíes, pero organismos independientes sostienen que los vínculos entre Bush y los saudíes crean cuando menos la apariencia de un conflicto de intereses. «Uno estaría menos inclinado a hacer algo contundente o dinámico si está vinculado con ellos financieramente —dice Charles Lewis, del Centro para la Integridad Pública—. Es de sentido común.»

El 18 de septiembre de 2001, un Boeing 727 especialmente acondicionado transportó como mínimo a cinco miembros de la familia Bin Laden de vuelta a Arabia Saudí desde el aeropuerto Logan.

El 19 de septiembre, el equipo de redacción de discursos del presidente Bush estaba trabajando en una conmovedora alocución que se leería al día siguiente para declarar de manera oficial una guerra global contra el terror. «Nuestra guerra contra el terror [...] no cesará hasta que todo grupo terrorista de alcance global sea encontrado, detenido y derrotado», juraría. En el Pentágono, ya se cocían planes para llevar esta nueva guerra contra el terror hasta el mismísimo Irak.

Ese mismo día, el avión que había partido de Los Ángeles y hecho escalas en los aeropuertos de Orlando y Dulles llegó a Logan. No está claro cuántos miembros de la familia Bin Laden u otros saudíes habían embarcado antes de su llegada a Boston, pero una vez aterrizó, al menos once parientes más de los Bin Laden subieron a bordo del avión.

En ese momento, en Logan reinaba el caos. El aeropuerto todavía no se había recuperado de las críticas que atribuían a sus fallos de seguridad el que hubieran podido secuestrarse los aviones. Al fin y al cabo, los dos aparatos que se estrellaron contra el World Trade Center habían partido de Logan. El resultado era que ahora se estaban tomando medidas excepcionales. Sacaron con grúas varios millares de coches de los aparcamientos cubiertos del aeropuerto. «No sabíamos si tenían bombas-trampa o algo así», explica Tom Kinton, director de aviación de Logan.

La FAA había permitido la continuación de los vuelos comerciales el 13 de septiembre, siempre y cuando cumplieran las nuevas medidas de seguridad. Logan, sin embargo, por diversos motivos de seguridad, no se reabrió hasta el 15 de septiembre, dos días más tarde. Aun entonces, el tráfico aéreo se reinició con lentitud. De modo que cuando llegó una llamada al Centro de Operaciones de Emergencia de Logan a primera hora de la tarde del 19 de septiembre diciendo que el avión privado iba a recoger a miembros de la familia Bin Laden, Kinton no podía creérselo. «Estábamos en mitad del peor atentado terrorista de la historia —dice—, ¡y ante nuestras narices teníamos una evacuación de los Bin Laden!»

Igual que Kinton, Virginia Buckingham, en aquel entonces directora de la Autoridad Portuaria de Massachusetts, que supervisa Logan, estaba anonadada. «Informaron a mi personal de que un *jet* privado llegaba a Logan de Arabia Saudí para recoger a catorce miembros de la familia de Ossama Bin Laden que vivían en la zona de Boston —escribió más tarde en *The Boston Globe*—. "¿Lo sabe el FBI?", se preguntaban los trabajadores. "¿Lo sabe el Departamento de Estado? ¿Por qué dejan que se vaya esta gente? ¿Los han interrogado?" Era ridículo.»

Tan sólo unos días antes, algunos aviones, como el que transportaba un corazón para trasplantarlo a un paciente gravísimo de Olympia, Washington, se habían visto obligados a aterrizar en mitad del vuelo. Según el portavoz del FBI John Iannarelli, los agentes antiterroristas encargados de la investigación se quedaron inmovilizados por todo el país, incapaces de volar durante varios días. Aun así, ahora esa misma unidad de antiterrorismo actuaba a todos los efectos de carabina de los saudíes. Para mayor asombro, la repatriación se canalizaba a través de Logan y Newark, dos de los aeropuertos donde, apenas unos días antes, se habían originado los secuestros.

A medida que los Bin Laden empezaban a acercarse a Boston, los altos cargos del aeropuerto de Logan contemplaban lo que sucedía con la boca abierta. Pero la ley federal no les permitía mucho margen para restringir vuelos individuales. «Yo quería recurrir a las más altas autoridades de Washington —dice Tom Kinton—. Aquello los atañía a ellos. Pero aquél no era un vuelo misterioso cualquiera que hubiera ido a parar a Logan. Ya había pasado por tres grandes aeropuertos, y nosotros éramos la última parada. Se sabía. Las autoridades federales sabían lo que estaban haciendo. Y nos dijeron que lo dejáramos llegar.»

Kinton y sus compañeros de trabajo también recibieron instrucciones de dejar que los otros Bin Laden embarcaran y permitir que el avión partiera y regresase a Arabia Saudí. Como dice Virginia Buckingham: «Al amparo de la oscuridad, lo hicieron.»

Fue un comienzo poco propicio para la recién declarada guerra contra el terror. «Lo que sucedió el 11 de Septiembre fue un crimen espantoso —dice John Martin, el ex funcionario del Departamento de Justicia—. Fue un acto de guerra. Y la respuesta es no, esto no es manera de ponerse a investigarlo.»

«Un avión transportó a 13 Bin Laden;
se hace pública la lista de pasajeros del vuelo
del 19 de septiembre de 2001 desde Estados Unidos»

Washington Post

DANA MILBANK, 22 de julio de 2004

Al menos 13 familiares de Ossama Bin Laden, acompañados de guardaespaldas y asociados, obtuvieron permiso para salir de Estados Unidos en un vuelo privado ocho días después de los atentados del 11 de septiembre de 2001, según la lista de pasajeros publicada ayer.

Un pasajero, Omar Awad Bin Laden, sobrino del líder de al-Qaeda, había sido investigado por el FBI porque había vivido con Abdulá Bin Laden, un cabecilla de la Asamblea Mundial de la Juventud Musulmana, sospechosa según el FBI de ser una organización terrorista.

La lista de pasajeros la ha dado a conocer el senador Frank Lautenberg (demócrata de Nueva Jersey), que la obtuvo de empleados del Aeropuerto Internacional Logan de Boston. La oficina de Lautenberg recibió el documento hace pocas semanas y lo ha hecho público antes de que hoy se emita el informe final de la comisión de investigación de los atentados del 11 de Septiembre.

Aunque ya se sabía mucho sobre el «vuelo de los Bin Laden», Lautenberg ha aportado detalles adicionales, como la información de que el avión, un 727 propiedad de DB Air que operaba en la flota de Ryan International, comenzó su vuelo en Los Ángeles y realizó escalas en Orlando, el Aeropuerto Internacional de Dulles y Boston antes de proseguir vía Gander (Terranova), París y Ginebra hasta Yidda, Arabia Saudí. El aparato, con número de registro N521DB, había sido alquilado con frecuencia por la Casa Blanca para el cuerpo de prensa que viaja con el presidente Bush.

Un informe de la comisión del 11 de Septiembre de esta primavera afirmaba que el vuelo era uno de seis chárter que transportaron a 142 personas, en su mayoría ciudadanos saudíes, desde Estados Unidos entre el 14 y el 24 de septiembre, una vez reabierto el espacio aéreo. El Gobierno de Estados Unidos había permitido, antes de la reapertura del espacio aéreo comercial, por lo menos un vuelo nacional para los saudíes que temían por su seguridad, según el personal de Lautenberg.

La comisión informó que en el vuelo de los Bin Laden viajaban 23 pasajeros y tres guardias de seguridad privados. Sin embargo, el manifiesto recoge a 25 pasajeros, más los tres guardias en nómina de la CDT Training Inc. de Elmwood Park, Nueva Jersey. Después de que le llegara a Richard Clarke al Consejo de Seguridad Nacional una solicitud para autorizar la partida de los Bin Laden, el vuelo despegó del Aeropuerto Logan de Boston a las 23 horas del 19 de septiembre de 2001.

Dale Watson, ex director de antiterrorismo del FBI, declaró ayer que agentes del FBI «cribaron a los que se iban, y me informaron de que ninguno de ellos era alguien a quien tuviéramos que retener o impedir partir».

Lautenberg, en una declaración pública, dijo que Bush «tiene que explicar al pueblo americano por qué su administración permitió que ese avión partiera». El portavoz de la Casa Blanca Sean McCormack dijo que la tesis de que no debería haberse permitido la partida del avión había sido «desautorizada por los hechos».

Ron Ryan de Ryan International dijo ayer que tiene la «plena certeza» de que la embajada saudí organizó el vuelo a través de una compañía asociada a Ryan llamada Sport-Hawk. Dijo que los Bin Laden «estaban muy preocupados por su seguridad», lo cual alarmó a la tripulación. «La embajada saudí ofreció pagar más dinero si nuestra tripulación estaba preocupada», declaró.

Pero según él todos se tranquilizaron porque «el FBI y el servicio secreto estuvieron muy encima. Había muchos efectivos dondequiera que estuviéramos».

Los miembros de la comisión informaron de que cada uno de los vuelos saudíes «fue investigado por el FBI y tratado con profesionalidad antes de su partida». Sostienen que el FBI entrevistó a 22 personas del vuelo de los Bin Laden y comprobó las bases de datos en busca de información sobre los pasajeros. La comisión afirma que ninguno de ellos constaba en la lista de vigilancia terrorista.

El manifiesto del vuelo cita a 13 personas con el apellido Bin Laden y a otras con pasaporte brasileño, británico, indonesio y yemení. El pasajero Omar Awad Bin Laden había vivido con Abdulá Bin Laden, un sobrino de Ossama Bin Laden implicado en la formación de la rama estadounidense de la Asamblea Mundial de la Juventud Islámica en Alexandria. Esta primavera agentes federales efectuaron una redada en sus oficinas como parte de una investigación relacionada con el terrorismo. El FBI ha descrito al grupo como una «organización sospechosa de terrorismo».

Entre el resto de pasajeros estaba Shafig Bin Laden, un hermanastro de Ossama que según se informa iba a asistir a la conferencia anual de inversores del grupo Carlyle, una compañía inversora con conexiones políticas, el 11 de septiembre de 2001. También viajaba a bordo Akberali Moawalla, un empleado de la compañía inversora dirigida por Yeslam Bin Laden, otro de los hermanastros de Ossama. Los informes muestran que un pasajero, Jolud Kurdi, vivía en el norte de Virginia con un familiar de los Bin Laden.

El vuelo de los Bin Laden ha recibido una publicidad renovada porque es uno de los temas del documental anti-Bush de Michael Moore, *Fahrenheit 9/11*.

(La investigadora Margot Williams y la redactora de plantilla Susan Schmidt han contribuido a esta crónica.)

«El Aeropuerto Internacional de Tampa verifica ahora el vuelo de los saudíes»

St. Petersburg Times

JEAN HELLER, 9 de junio de 2004

Dos días después de los atentados del 11 de Septiembre, con la mayoría del tráfico aéreo de la nación todavía en tierra, un pequeño jet aterrizó en el Aeropuerto Internacional de Tampa (TIA), recogió a tres jóvenes varones saudíes y partió.

Los hombres, uno de los cuales se piensa que era miembro de la familia real saudí, fueron acompañados en el vuelo por un ex agente del FBI y un ex agente de la policía de Tampa hasta Lexington, Kentucky.

Allí los saudíes tomaron otro avión para salir de país. Los dos ex agentes regresaron al TIA unas horas después en la misma aeronave.

Durante casi tres años la Casa Blanca y los funcionarios de aviación y de los cuerpos de seguridad han insistido en que el vuelo nunca existió y han desmentido las informaciones publicadas y las extendidas especulaciones al respecto en Internet.

Pero ahora, a petición de la Comisión Nacional sobre Atentados Terroristas, empleados del TIA han confirmado que el vuelo existió y han aportado detalles.

La odisea del pequeño Learjet 35 forma parte de una polémica de ámbito mayor sobre el apresurado éxodo desde Estados Unidos de miembros de la familia real saudí y familiares de Ossama Bin Laden en los días inmediatamente posteriores al 11-S.

La mesa sobre terrorismo, más conocida como Comisión del

11-S, afirmó en abril que sabía de seis vuelos privados con 142 personas a bordo, en su mayor parte saudíes, que partieron de Estados Unidos entre el 14 y el 24 de septiembre de 2001. Pero no ha dicho nada del vuelo de Tampa.

El consejero general de la comisión, Daniel Marcus, solicitó al TIA, en carta fechada el 25 de mayo, cualquier información sobre «un vuelo privado con seis personas, entre ellas un príncipe saudí, que partió de Tampa, Florida, el día 13 de septiembre de 2001 o en torno a esa fecha». Pidió que la información le fuera remitida no más tarde del 8 de junio.

Los empleados del TIA afirmaron que enviarían su respuesta el lunes.

El aeropuerto empleó un equipo de detección de aeronaves normalmente asignado a un programa de reducción de ruidos para determinar la identidad de todos los aparatos que habían entrado en el espacio aéreo del TIA el 13 de septiembre y encontraron cuatro registros correspondientes al Learjet 35.

El avión entró en el espacio aéreo desde el sur, probablemente desde la zona de Fort Lauderdale, pasadas las 15 horas, y aterrizó por primera vez a las 15.34. Despegó a las 16.37 y puso rumbo norte. Regresó a Tampa a las 20.23 y volvió a despegar a las 20.48, con rumbo sur.

El escritor Craig Unger, primero en revelar la posibilidad de un puente aéreo saudí post 11-S en su libro *Los Bush y los Saud*, declaró en una entrevista que cree que el avión fue a Tampa por segunda vez para dejar a dos ex agentes de la ley de Tampa que acompañaron a tres jóvenes saudíes a Lexington por motivos de seguridad.

Los saudíes solicitaron al Departamento de Policía de Tampa que escoltara el vuelo, pero el departamento relegó el encargo a Dan Grossi, un ex agente del cuerpo, dijo Unger. Grossi reclutó a Manuel Perez, un agente del FBI retirado, para que lo acompañara. Los dos le describieron el vuelo a Unger como algo surrealista.

«Consiguieron la aprobación de alguna parte —cita Unger que le dijo Perez—. Debió de venir de las más altas esferas del Gobierno.»

Si bien no hay lista de los pasajeros del vuelo de Lear a Kentucky, Unger dice que los ciudadanos extranjeros partieron de Lexington a Logan a bordo de un Boeing 727. Esa lista recoge a ocho saudíes, dos ciudadanos de Sudán, un tunecino, un filipino, un egipcio y dos súbditos británicos.

De ellos, tres hacían constar domicilios en la Normandy Trace Drive de Tampa, y todos tenían permisos de conducir de Florida. Se trata de Ahmad al-Hazmi, que a la sazón tenía 19 años, Fahd al-Zeid, de 20, y Talal M. al-Mejrad, de 18, los tres varones saudíes.

No se sabe cuál de ellos es un príncipe saudí, si es que alguno lo es.

Perez, el ex agente del FBI que iba en el vuelo, ha estado ilocalizable esta semana, y Grossi ha rehusado hablar sobre la experiencia.

«Para mí se acabó —dijo en una entrevista por teléfono—. La Casa Blanca, la FAA y el FBI dicen todos que el vuelo no existió. Son tres agencias que están muy por encima de mí, y por eso he dejado de hablar del tema.»

Grossi sí confirmó que el relato que hace Unger de su participación es exacto.

La FAA (Administración Federal de Aviación) sigue sin hablar de los vuelos y remite todas las preguntas al FBI, el cual tampoco responde a nada. Como tampoco lo hace la Comisión del 11-S.

El libro de Unger critica a la administración Bush por permitir que tantos saudíes, entre ellos parientes de Bin Laden, dejaran el país sin ser interrogados a conciencia sobre los atentados terroristas.

Quince de los diecinueve hombres que secuestraron cuatro aviones de pasajeros el 11 de Septiembre eran saudíes, como Bin Laden.

La Comisión del 11-S, que ha dicho que el FBI gestionó de forma apropiada los vuelos de salida de Estados Unidos, parece preocupada por la gestión del vuelo de Tampa.

«¿Qué información tienen, si es que tienen alguna, sobre las comprobaciones realizadas por los cuerpos de seguridad —incluido el personal de seguridad adscrito a las instalaciones del aeropuerto— sobre las personas de ese vuelo?», le preguntó la Comisión al TIA.

El Departamento de Policía del TIA dijo que una comprobación de sus registros indicaba que ningún miembro del departamento había investigado a los pasajeros del Lear.

A pesar de las pruebas de la existencia del vuelo, han surgido varias nuevas preguntas.

Raytheon Aircraft es la única instalación del TIA que da servicio a la aviación general, entre la que se incluyen los vuelos privados. Cuando corresponde, Raytheon cobra tarifas de aterrizaje a esos aparatos para el TIA y lo informa de los vuelos.

Según los registros del aeropuerto, Raytheon cobró tarifas de aterrizaje a sólo dos aviones el 13 de septiembre, uno de ellos un Lear 35. Pero de acuerdo con el informe, el código de registro del Lear es 505RP, un número que, según los últimos registros federales, corresponde a un Cessna Citation con base en Kalamazoo, Michigan, a nombre de Oskar Rene Poch.

Poch confirmó el martes que tiene un Citation con ese número de registro y que lo tenía antes de los atentados terroristas.

«Alguien de Tampa debe de haber tomado mal el número», dijo.

La portavoz del TIA Brenda Geoghagan declaró que se cree que el trayecto del Lear del 13 de septiembre comenzó en Fort Lauderdale, posiblemente en una compañía de alquiler de aviones llamada Hop-a-Jet Inc. El hecho de que los cuatro viajes de entrada y salida de Tampa llevaran el número de vuelo «HPJ32» refuerza la verosimilitud de esa idea.

Pero un empleado de Hop-a-Jet que no quiso identificarse aseguró que la compañía no posee ningún aparato con el número de registro 505RP. Además, dijo, si ese código está asignado a un Cessna Citation, la compañía no posee tampoco ningún avión de ese modelo.

La mayoría de aparatos a los que se permitió sobrevolar el espacio aéreo estadounidense el 13 de septiembre eran aviones de pasajeros vacíos que se transferían desde los aeropuertos donde se vieron obligados a aterrizar de emergencia el 11 de Septiembre. La reapertura del espacio aéreo incluía los vuelos chárter pagados, pero no los vuelos privados no remunerados.

«La legalidad de un vuelo como ése [del Learjet] habría dependido de si alguien pagó por él —explicó el portavoz de la FAA William Shumman—. Ésa es la clave.»

«Una suma principesca ayudará a sacar de apuros
a Euro Disney; Turismo: un sobrino del saudí
rey Fahd acude al rescate del parque
de atracciones en apuros con la promesa
de hasta quinientos millones de dólares»

Los Angeles Times

JESÚS SÁNCHEZ, 2 de junio de 1994

«Algún día, llegará mi príncipe...»
BLANCANIEVES, 1937

Para la Walt Disney Co. y sus socios de Euro Disney ese día fue
el miércoles, cuando un príncipe de Arabia Saudí se comprometió
a invertir hasta 500 millones de dólares en un plan diseñado para
rescatar el parque temático de sus graves apuros.

El príncipe al-Walid Bin Talal Ibn 'Abd al-Aziz al-Sa'ud, propietario también de abultados paquetes en Citicorp y Saks Fifth
Avenue, accedió a comprar del 13 al 24 % de Euro Disney por medio de una nueva oferta de acciones que es el núcleo de una operación de rescate de mil millones de dólares por parte de inversores y
banqueros, destinada a reorientar el deficitario parque.

Además, al-Walid se ha comprometido a aportar 100 millones
de dólares en financiación para un centro de convenciones que se
está estudiando cerca del parque, 30 kilómetros al este de París. Un
centro de esas características podría atraer visitantes adicionales al
parque y sus hoteles, sobre todo entre semana y fuera de temporada, ha dicho Euro Disney.

Walt Disney Co., que posee el 49 % de Euro Disney, podría
ver su paquete reducido al 36 % por una venta de acciones a al-
Walid.

«Este significativo compromiso de inversión y financiación
por parte del príncipe al-Walid supone que hay un fuerte y sofisti-
cado nuevo socio que comparte nuestra visión del futuro de Euro
Disney y cuya entrada mejora la importante contribución de Disney al paquete de reestructuración financiera de Euro Disney»,
afirmó el presidente de Disney Michael D. Eisner en un comunicado oficial.

Pese a haberse convertido en uno de los destinos más populares de Europa, Euro Disney ha acumulado casi 4.000 millones de dólares de deudas y ha presentado crecientes pérdidas desde que se inauguró hace más de dos años. Los patrocinadores del parque culpan a la recesión europea y al gasto de los visitantes, inferior al esperado, de sus problemas financieros.

Como parte de la reestructuración financiera anunciada el mes pasado, Disney renunciaría hasta 1998 a los royalties que le correspondería recibir sobre la venta de entradas y merchandise en Euro Disney e inyectaría en el parque más de 526 millones de dólares procedentes de las ganancias de la nueva venta de acciones. A cambio, 61 bancos de crédito condonarían el pago de los intereses de 18 meses.

Disney se compromete a venderle a al-Walid hasta 178 millones de dólares en sus nuevas acciones si el príncipe no puede comprar una cantidad suficiente de esas nuevas acciones de otros accionistas.

«Convertirme en socio del proyecto Euro Disney concuerda con mi estrategia de invertir significativas cantidades de capital en asociación con los mejores equipos de gestión de todo el mundo», ha declarado al-Walid en un comunicado.

El príncipe, de 37 años, sobrino del rey Fahd de Arabia Saudí, ha llamado la atención en el pasado por sus inversiones en conocidas empresas estadounidenses. En 1991, se convirtió en el mayor accionista individual del gigante bancario Citicorp al adquirir 800 millones de dólares en acciones de la compañía. El año pasado compró una participación del 11 % de la cadena de tiendas Saks Fifth Avenue.

Los analistas opinan que la participación de al-Walid garantizará que se complete la reestructuración financiera de Euro Disney, que se espera para una fecha posterior de este verano.

Pese a todo, el futuro del parque temático todavía no está asegurado.

«Los principales problemas son de tipo operativo —dice el analista de la industria del entretenimiento Jeffrey Logsdon de Seidler Cos. en Los Ángeles—. ¿Cómo aumentar la asistencia de público y el gasto per cápita? Ése es un gran desafío.»

«Bush la pifió la mañana del 11-S»

New York Daily News

BILL MAHER, 12 de agosto de 2004

John Kerry ha recogido una de las polémicas suscitadas por Michael Moore en su película *Fahrenheit 9/11*, a saber, que el presidente Bush se quedó sentado durante siete minutos en un aula de Florida después de que le dijeran: «Están atacando la nación.» Los republicanos se muestran sumamente indignados, por supuesto, pero las críticas son de sobra merecidas.

El hecho de que Bush perdiera 27 minutos ese día —no sólo los siete leyendo a unos niños sino 20 más en una sesión de fotos posterior— fue, a mi entender, lo más vergonzoso que ha hecho un presidente desde que Franklin Roosevelt intentó amañar el Tribunal Supremo.

El Watergate fue vergonzoso, pero con todo no conllevó la posibilidad de una devastación absoluta, como un presidente que se queda paralizado en el preciso instante en que necesitábamos su atención inmediata a un ataque a los Estados Unidos.

De lo que se trata aquí es del deber último de un presidente, actuar en una emergencia. Aunque todo lo demás de Washington esté en función del interés partidista, esto no debería estarlo.

Pero lo está. Los republicanos se devanan los sesos para justificar las acciones de Bush esa mañana. Las excusas que plantean son absurdas:

Estaba «ordenando sus ideas». Aquél era un momento que un presidente debería haberse imaginado un millar de veces. En la era atómica no hay tiempo para que un presidente se siente como Forrest Gump «ordenando sus ideas» cuando ha comenzado un ataque. Lo que tendría que haber estado ordenando es información.

Del secretario de prensa de la Casa Blanca: «El presidente pensaba que debía transmitir fuerza y calma hasta poder entender mejor lo que sucedía.» Estoy de acuerdo en que conseguir una mejor comprensión de lo que sucedía tendría que haber sido su objetivo. Lo que no entiendo es cómo se alcanzaba ese objetivo quedándose allí sentado en vez de levantarse y hablar con gente. ¿Tiene poderes? ¿Estaba recibiendo la información por vía telepática?

«No quería asustar a los niños.» El vicepresidente Cheney ha dicho de Kerry: «El senador de Massachusetts nos ha dado razones de sobra para dudar del juicio que aporta a cuestiones vitales de seguridad nacional.» De modo que el juicio de Kerry está bajo sospecha, pero en plena crisis nacional el juicio de Bush fue: ¡Mejor no asustar un momento a veinte niños que reaccionar de inmediato ante un ataque contra el país!

Si se hubiera limitado a decir «Mirad, niños, tengo que ir a hacer cosas de presidente, sed buenos con vuestras mamás y papás, adiós», creo yo que los niños habrían sobrevivido.

No veo cómo alguien que se considera conservador puede defender la inactividad de George Bush. Los conservadores se jactan de ser rigurosos y decididos. No hacen matices, y respetan la dureza.

Pero Bush se atascó en el momento más importante que puede vivir un presidente. Tenemos suerte de que a al-Qaeda ya se le hubieran acabado las atrocidades para cuando se retiró de esa sesión de fotos. La próxima vez, quizá no sea así.

Maher es el presentador del programa *Real Time with Bill Maher* de la HBO.

El Proyecto para el Nuevo Siglo Americano (PNAC) es un poderoso *think tank* neoconservador que aboga por una política exterior agresiva. Su presidente, William Kristol, es un destacado halcón muy bien relacionado con la administración Bush y analista del canal de noticias Fox News. Lo que sigue es una carta que el PNAC le escribió al presidente Clinton en enero de 1998. La firmaban varios halcones de renombre que más adelante se convertirían en miembros clave de la administración Bush: el secretario de Defensa Donald Rumsfeld, el vicesecretario de Defensa Paul Wolfowitz y el enviado de la Casa Blanca Elliot Abrams, por nombrar unos cuantos. La carta propugnaba la eliminación de Saddam Hussein y ofrece una pista, hoy en día tristemente obvia, de cómo tenían planeado invadir Irak desde el primer día...

www.newamericancentury.org/iraqclintonletter.htm

Honorable William J. Clinton
Presidente de los Estados Unidos
Washington D. C.

Apreciado Sr. presidente:

Le escribimos porque estamos convencidos de que la actual política americana respecto a Irak no está funcionando, y de que pronto podríamos afrontar en Oriente Próximo la amenaza más seria que hayamos conocido desde el final de la guerra fría. En su próximo discurso sobre el Estado de la Unión, tiene usted la oportunidad de trazar un curso claro y determinado para plantar cara a esa amenaza. Le instamos a que aproveche esa oportunidad y enuncie una nueva estrategia que garantice los intereses de Estados Unidos y nuestros amigos y aliados de todo el mundo. La estrategia debería apuntar, ante todo, a retirar del poder al régimen de Saddam Hussein. Estamos dispuestos a ofrecer nuestro pleno apoyo en este difícil pero necesario cometido.

La política de «contención» a Saddam Hussein ha estado desgastándose poco a poco en los últimos meses. Como han demostrado los acontecimientos recientes, ya no podemos confiar en que nuestros socios de la coalición de la guerra del Golfo sigan sosteniendo las sanciones o castiguen a Saddam cuando bloquee o rehuya las inspecciones de la ONU. Nuestra capacidad de garantizar que Saddam Hussein no está fabricando armas de destrucción masiva, por tanto, se ha visto sustancialmente mermada. Aun si en algún momento se retomasen las inspecciones completas, cosa que en la actualidad parece altamente improbable, la experiencia ha demostrado que es difícil, si no imposible, supervisar la producción de armas químicas y biológicas de Irak. El prolongado periodo durante el cual los inspectores han sido incapaces de acceder a muchas instalaciones iraquíes ha reducido si cabe sus posibilidades de revelar todos los secretos de Saddam. Como resultado, en un futuro no demasiado lejano seremos incapaces de determinar con un nivel razonable de certeza si Irak posee o no tales armas.

Semejante incertidumbre tendrá, por sí sola, un grave efecto desestabilizador en todo Oriente Próximo. Ni que decir tiene que si Saddam adquiere la capacidad de lanzar armas de destrucción masiva, como es casi seguro que sucederá si continuamos con el rumbo actual, la seguridad de las tropas americanas en la región, de nuestros amigos y aliados como Israel y los estados árabes moderados, y una porción significativa del suministro mundial de petróleo estarán en peligro. Como ha declarado usted con acierto, Sr. presidente, la seguridad del mundo en la primera parte del siglo XXI dependerá en gran medida de cómo manejemos esta amenaza.

Dada la magnitud de la amenaza, la política actual, cuyo éxito depende de la firmeza de nuestros socios de coalición y de la cooperación de Saddam Hussein, resulta peligrosamente inadecuada. La única estrategia aceptable será la que elimine la posibilidad de que Irak sea capaz de utilizar o amenazar con utilizar armas de destrucción masiva. A corto plazo, eso implica una disposición a adoptar acciones militares puesto que la diplomacia está a todas luces fallando. A largo plazo, implica retirar del poder a Saddam Hussein y su régimen. Eso tiene que convertirse ahora en el objetivo de la política exterior americana.

Le instamos a articular ese objetivo, y a volcar la atención de su administración en la puesta en práctica de una estrategia para retirar del poder el régimen de Saddam. Eso exigirá una dotación completa de esfuerzos diplomáticos, políticos y militares. Aunque somos muy conscientes de los peligros y dificultades de adoptar esa política, creemos que los peligros de no hacerlo son mucho mayores. Pensamos que Estados Unidos, bajo la autoridad de las existentes resoluciones de la ONU, posee autoridad para dar los pasos necesarios, entre ellos los militares, para proteger nuestros intereses vitales en el Golfo. En cualquier caso, la política americana no puede seguir maniatada por una insistencia miope en la unanimidad dentro del Consejo de Seguridad de la ONU.

Le instamos a actuar con decisión. Si actúa ahora para erradicar la amenaza de las armas de destrucción masiva contra Estados Unidos o sus aliados, actuará de acuerdo con los más fundamentales intereses de seguridad nacional del país. Si aceptamos una línea de acción de debilidad e inercia, pondremos en peligro nuestros intereses y nuestro futuro.

Sinceramente,

ELLIOT ABRAMS, RICHARD L. ARMITAGE, WILLIAM J.
BANNETT, JEFFREY BERGNER, JOHN BOLTON, PAULA
DOBRIANSKY, FRANCIS FUKUYAMA, ROBERT KAGAN,
ZALMAY KHALILZAD, WILLIAM KRISTOL, RICHARD PERLE,
PETER W. RODMAN, DONALD RUMSFELD, WILLIAM
SCHNEIDER JR., VIN WEBER, PAUL WOLFOWITZ, R. JAMES
WOOLSEY, ROBERT B. ZOELLICK

«Sabían que...»
A pesar del lavado de imagen, ahora sabemos
que la administración Bush quedó
advertida antes de la guerra de que sus afirmaciones
sobre Irak eran débiles

In These Times

DAVID SIROTA y CHRISTY HARVEY, 3 de agosto de 2004

Si la desesperación es fea, entonces Washington es hoy directamente espantoso.

Como ha afirmado hace poco la Comisión del 11-S, no había «ninguna prueba digna de crédito» de la existencia de una relación de colaboración entre Irak y al-Qaeda. De igual modo, no se ha encontrado en Irak ningún arma de destrucción masiva. Con la acumulación de bajas estadounidenses en un año de elecciones, la Casa Blanca se agarra a un clavo ardiendo para evitar que la responsabilicen de su insinceridad.

El lavado de imagen ya ha comenzado: en julio, los republicanos del Comité de Inteligencia del Senado hicieron público un polémico informe que culpaba a la CIA del desbarajuste. Curiosamente, la mesa se niega a evaluar lo que hizo la Casa Blanca con la información recibida o el modo en que montó su propio equipo especial de políticos designados por el Pentágono (llamado Oficina de Planes Especiales) para puentear los canales de inteligencia claramente establecidos. Y el vicepresidente Dick Cheney sigue diciendo sin un atisbo de evidencia que existen «pruebas abrumadoras» que justifican las acusaciones prebélicas de la administración.

Pero como ha señalado el escritor Flannery O'Conner: «La verdad no cambia según nuestra capacidad para soportarla.» Eso quiere decir que, por mucho que intoxique la Casa Blanca, la administración Bush no puede eludir el hecho documentado de que fue advertida con claridad de que su argumentación para invadir Irak era débil antes de la guerra.

Cargos principales de la administración desoyeron de manera repetida las advertencias de que sus afirmaciones sobre las supuestas Armas de Destrucción Masiva (ADM) de Irak y las conexiones con al-Qaeda eran exageradas. En algunos casos, les informaron de que sus aseveraciones carecían de todo fundamento, mas ellos siguieron adelante y las realizaron de todas formas. Incluso el informe del Senado admite que la Casa Blanca «tergiversó» la información clasificada al eliminar referencias a afirmaciones contradictorias.

En una palabra, sabían que estaban engañando a América.

Y no les importó.

Sabían que Irak no representaba una amenaza nuclear

No cabe duda de que, aunque no hubiera pruebas de la complicidad de Irak, la Casa Blanca se centró en ese país horas después de los atentados del 11-S. Como informó CBS News, «apenas cinco horas después de que el Vuelo 77 de American Airlines se estrellara contra el Pentágono, el secretario de Defensa Donald H. Rumsfeld le decía a sus asesores que le presentaran planes para atacar Irak». El antiguo zar del antiterrorismo de Bush, Richard Clarke, relató de manera gráfica que, momentos después del atentado, el presidente Bush le presionó para que hallara una conexión iraquí. En muchos sentidos, aquello no era ninguna sorpresa: como han confirmado el ex secretario del Tesoro Paul O'Neill y otro cargo de la administración, la Casa Blanca ya buscaba un modo de invadir Irak mucho antes de los atentados terroristas.

Pero tal invasión no provocada de un país soberano requería una argumentación pública. Y así, la administración Bush sembró el miedo en el corazón de los americanos hablando de las supuestas ADM de Saddam Hussein, empezando por las cabezas nucleares. En su primer discurso importante sobre la «amenaza iraquí» de octubre de 2002, el presidente Bush expuso vívidas imágenes de hongos atómicos y destrucción, afirmando que «Irak está reconstituyendo su programa de armas nucleares».

Sin embargo, antes de ese discurso, la Casa Blanca tenía informes que cuestionaban esa afirmación. Un informe de 1997 de la Agencia Internacional de la Energía Atómica (AIEA) —la agencia cuyo objetivo es evitar la proliferación nuclear— afirmaba que no había indicios de que Irak hubiera alcanzado nunca capacidad nuclear o tuviera posibilidades reales de producir material nuclear de índole armamentística en el futuro cercano.

En febrero de 2001, la CIA remitió a la Casa Blanca un informe que decía: «No tenemos ninguna evidencia directa de que Irak haya aprovechado el periodo posterior a Zorro del Desierto para reconstituir sus programas de armas de destrucción masiva.» El informe era tan contundente que el secretario de Estado Colin Powell dijo en una posterior rueda de prensa que Saddam Hussein «no ha desarrollado una capacidad significativa en lo respectivo a armas de destrucción masiva».

Diez meses antes del discurso del presidente, un análisis de inteligencia del director de la CIA George Tenet no contenía una sola mención a una amenaza —o capacidad— nuclear inminente por parte de Irak.

A la CIA la respaldó el propio Departamento de Estado de Bush: para cuando Bush pronunció su discurso, la oficina de inteligencia del departamento dijo que las pruebas no «suponen un argumento de peso en cuanto a que Irak esté en la actualidad siguiendo lo que [nosotros] consideramos un enfoque integrado y exhaustivo respecto a la adquisición de armas nucleares».

Pese a todo, la administración siguió adelante. En marzo de 2003, Cheney apareció en la televisión nacional días antes de la guerra y afirmó que Irak «ha reconstituido armas nucleares». Se hizo eco de sus palabras el portavoz del Departamento de Estado Richard Boucher, que habló a los periodistas de una grave «preocupación sobre potenciales programas nucleares de Irak».

Aun después de la invasión, cuando los soldados no lograron revelar prueba alguna de armas nucleares, la Casa Blanca se negó a admitir la verdad. En julio de 2003, Condoleezza Rice le dijo a Gwen Ifill de la PBS que las afirmaciones nucleares de la administración eran «absolutamente respaldables». Ese mismo mes, el portavoz de la Casa Blanca Scott McClellan insistió: «Hay muchas pruebas que muestran que Irak estaba reconstituyendo su programa de armas nucleares.»

Sabían que los tubos de aluminio no eran para armas nucleares

Para respaldar las afirmaciones de que Irak estaba intentando con denuedo construir armas nucleares, la administración se refirió a su importación de tubos de aluminio, que según funcionarios de Bush se destinarían a enriquecer uranio. En diciembre de 2002, Powell dijo: «Irak ha intentado obtener tubos de aluminio de alta resistencia que pueden utilizarse para enriquecer uranio en centrifugadores como parte de un programa de armas nucleares.» De modo parecido, en su discurso sobre el Estado de la Unión de 2003 Bush dijo que Irak «había intentado adquirir tubos de aluminio de alta resistencia aptos para la producción de armas nucleares».

Pero, en octubre de 2002, mucho antes de que estos y otros cargos de la administración realizaran la afirmación, dos organismos clave informaron a la Casa Blanca de exactamente lo contrario. El Departamento de Estado expuso que los informes de expertos del Departamento de Energía concluían que esos tubos eran inadecuados para cualquier modalidad de enriquecimiento de uranio. Y según los memorándums publicados por el Comité de Inteligencia del Senado, el Departamento de Estado también advirtió a Powell de que no usara la hipótesis de los tubos de aluminio en los días previos a su discurso de febrero de 2003 ante las Naciones Unidas. Él se negó y recurrió a la argumentación de los tubos de aluminio de todas formas.

Las advertencias del Departamento de Estado pronto fueron validadas por la AIEA. En marzo de 2003, el director de la agencia declaró que «no era probable que los empeños de Irak por importar esos tubos de aluminio estuvieran relacionados» con el despliegue de armas nucleares.

En la actualidad, los expertos están de acuerdo en que las afirmaciones de la administración sobre los tubos de aluminio carecían de todo fundamento.

Sabían que las afirmaciones sobre el uranio iraquí carecían de base

En una de las más famosas declaraciones sobre los supuestos arsenales nucleares de Irak, Bush dijo en su discurso sobre el Estado de la Unión de 2003: «Ha llegado a conocimiento del Gobierno británico que hace poco Saddam Hussein buscó cantidades significativas de uranio de África.» La meticulosa redacción de la frase destaca lo insincera que era. Al atribuirle la afirmación a un Gobierno aliado, la Casa Blanca emitía una contundente acusación a la vez que se protegía de cualquier consecuencia en caso de que se demostrase falsa. De hecho, el presidente citó a los británicos porque sus propios expertos de inteligencia habían advertido con anterioridad a la Casa Blanca que no realizasen en ningún caso esa imputación.

En otoño de 2002, la CIA dijo a funcionarios de la administración que no incluyeran esa afirmación sobre el uranio en los discursos presidenciales. En concreto, la agencia envió dos memorándums a la Casa Blanca y Tenet llamó en persona a los principales cargos de la seguridad nacional para implorarles que no realizasen la acusación. Si bien las advertencias obligaron a la Casa Blanca a retirar una referencia al uranio de un discurso presidencial de octubre de 2002, no le impidieron que incluyera la acusación en el Estado de la Unión de 2003.

Como era de esperar, pronto surgieron pruebas que obligaron a la Casa Blanca a reconocer el engaño. En marzo de 2003, el director de la AIEA Mohammed El Baradei dijo que no había pruebas de que Irak tuviera armas nucleares y añadió que «los documentos que constituyeron la base de [la afirmación de la Casa Blanca] sobre reciente transacción de uranio entre Irak y Níger en realidad no son auténticos». Pero cuando preguntaron por ello a Cheney una semana después, respondió: «Francamente, el Sr. El Baradei se equivoca.»

Tanto Bush como Rice intentaron culpar a la CIA del error, arguyendo que la afirmación «fue aprobada por los servicios de inteligencia». Cuando la agencia de inteligencia exhibió los memorándums que había enviado a la Casa Blanca sobre el tema, a Rice no le dolieron prendas para contarle al *Meet the Press* que «es muy posible que no» leyera los memorándums en absoluto, como si fueran lectura «opcional» para la mayor autoridad de seguridad nacional del país en vísperas de una guerra. Más o menos en aquel momento, un alto cargo o varios de la administración filtró a la prensa que la esposa del embajador Joseph Wilson era una agente encubierta de la CIA, una maniobra que casi todos vieron como un intento de la administración de castigar a Wilson por su artículo de opinión del 6 de julio de 2003 en el *New York Times*, donde afirmaba que no había hallado pruebas de un empeño iraquí por adquirir uranio de Níger.

En las últimas semanas, los expertos de derechas han señalado nuevas pruebas que muestran que la acusación del uranio iraquí podría haber bordeado la verdad en algún momento del pasado lejano. Estos sicarios de la Casa Blanca sostienen que la administración no manipuló ni discriminó los informes de inteligencia. También venden el reciente informe británico (o «informe Butler») como valedor de la afirmación del presidente sobre el uranio. Sin embargo, si la Casa Blanca no manipuló ni discriminó los informes de inteligencia, ¿por qué el presidente anunció a bombo y platillo la información concerniente a Estados Unidos de un Gobierno extranjero a la vez que se desentendía de las advertencias explícitas de que no lo hiciera por parte de su propia inteligencia? Los registros muestran que funcionarios de inteligencia de Estados Unidos advirtieron explícitamente a la Casa Blanca que «los ingleses han exagerado esta cuestión». Pese a todo, la administración hizo oídos sordos. Incluso el propio informe Butler reconoce que las pruebas son poco claras. Como señaló hace poco el experto en no proliferación Joseph Cirincione de la Fundación Carnegie para la Paz Internacional, «la acusación parece cuando menos endeble, algo que de ningún modo debería determinar una decisión presidencial».

Pero ahora, en lugar de arrepentirse, los republicanos insisten en que la acusación de la Casa Blanca sobre el uranio era exacta. En verdad, estos apologetas no tienen otra opción que intentar distraer la atención pública de la sencilla verdad de que no existe un solo atisbo de prueba sólida que fundamente esa acusación clave que dio alas al movimiento a favor de la guerra.

Sabían que no había pruebas sólidas de la existencia de armas químicas o biológicas

En septiembre de 2002, el presidente Bush dijo que Irak «podría lanzar un ataque biológico o químico tan sólo 45 minutos después de que se diera la orden». Al mes siguiente, pronunció un importante discurso para «perfilar la amenaza iraquí», sólo dos días antes de una crucial votación de la ONU. En su alocución, afirmó sin lugar a dudas que Irak «posee y produce armas químicas y biológicas». Dijo que «Irak tiene una flota cada vez mayor de vehículos aéreos no tripulados (VANT) y tripulados que podría usarse para dispersar armas químicas o biológicas» y que al Gobierno le «preocupa que Irak esté explorando modos de utilizar esos VANT para misiones con los Estados Unidos como blanco».

Lo que no dijo fue que a la Casa Blanca le habían advertido de manera explícita que esas afirmaciones no estaban demostradas.

Como relató el *Washington Post* más adelante, Bush «pasó por alto el hecho de que la inteligencia de Estados Unidos desconfiaba de la fuente» de la afirmación de los 45 minutos y, por tanto, la omitía de sus estimaciones de inteligencia. Y Bush pasó por alto el hecho de que la Agencia de Inteligencia de Defensa remitió con anterioridad a la administración un informe según el cual no hallaba «ninguna información fiable» que demostrara que Irak producía o almacenaba armas químicas. Según el *Newsweek*, la conclusión era similar a los hallazgos de una comisión gubernamental de 1998 sobre ADM presidida por Rumsfeld.

Bush también olvidó señalar que a principios de octubre de 2002, los principales expertos militares de la administración informaron a la Casa Blanca de que «cuestionaban seriamente la idea de que Irak estuviera diseñando sus Vehículos Aéreos No Tripulados como armas ofensivas». En concreto, el Centro Nacional de Inteligencia Aérea y Espacial de las Fuerzas Aéreas mostró correctamente que los artefactos en cuestión eran demasiado pesados para que los utilizaran con el fin de desplegar dispositivos de rociado de armas químicas o biológicas.

Con todo, las imputaciones de armas químicas o biológicas de la administración continuaron su escalada. Powell dijo a las Naciones Unidas el 5 de febrero de 2003: «No puede haber duda de que Saddam Hussein posee armas biológicas y la capacidad de producir más, muchas más, con rapidez.» Como prueba, exhibió imágenes aéreas de un supuesto vehículo de descontaminación dando vueltas alrededor de un supuesto emplace de armamento.

Según unos documentos recién hechos públicos en el informe del Comité de Inteligencia del Senado, los propios expertos en inteligencia más destacados de Powell le dijeron que no realizara tales imputaciones sobre las fotografías. Le dijeron que los vehículos podían ser camiones de agua. Él desoyó sus advertencias.

El 6 de marzo de 2003, semanas antes de la invasión, el presidente fue más allá que Powell. «Operarios iraquíes siguen ocultando agentes químicos y biológicos», afirmó.

A fecha de hoy, no se ha encontrado ningún arma química o biológica en Irak.

Sabían que Saddam y Bin Laden no estaban colaborando

En verano de 2002, *USA Today* informó de que abogados de la Casa Blanca habían concluido que establecer un vínculo entre Irak y al-Qaeda proporcionaría ante las Naciones Unidas la cobertura legal necesaria para que la administración atacara Irak. Tal conexión, sin duda, proporcionaría también capital político en Estados Unidos. Y así, hacia otoño de 2002, empezó el martilleo Irak-al-Qaeda.

Comenzó el 25 de septiembre de 2002, cuando Bush dijo «no se pueden hacer distinciones entre al-Qaeda y Saddam». Aquello le vino de nuevo incluso a algunos miembros del partido político de Bush que tenían acceso a información clasificada. Apenas un mes antes, el senador Chuck Hagel (republicano de Nebraska), que forma parte del Comité de Relaciones Exteriores del Senado, dijo: «Saddam no está aliado con al-Qaeda. No he visto ningún documento de inteligencia que me lleve a relacionar a Saddam Hussein con al-Qaeda.»

No sorprendió a nadie que el día después de la declaración de Bush el *USA Today* expusiera que varios expertos en inteligencia «manifestaban su escepticismo» sobre la imputación, que un funcionario del Pentágono tildó de «exageración». Pese a ello, Bush se desentendió de las objeciones y ese mismo día describió a Saddam Hussein como «un hombre al que le encanta relacionarse con al-Qaeda». Entretanto, Rumsfeld dio una rueda de prensa en la que anunció a bombo y platillo pruebas «irrefutables» de una conexión, una opinión de la que se hicieron eco Rice y el portavoz de la Casa Blanca Ari Fleischer. Y mientras el *New York Times* señalaba que «los políticos no ofrecieron detalles que respaldasen las afirmaciones», Rumsfeld pese a todo insistió en que sus imputaciones eran «exactas e incontrovertibles».

En espacio de unos días, las acusaciones fueron más que «controvertidas»; fueron refutadas. El ministro de Defensa alemán Peter Stuck dijo el día después de la rueda de prensa de Rumsfeld que su país «no era consciente de ninguna conexión» entre Irak y los esfuerzos de al-Qaeda por adquirir armas químicas. *The Orlando Sentinel* informó de que el experto en terrorismo Peter Bergen —uno de los pocos que habían llegado a entrevistar a Ossama Bin Laden— afirmaba que las conexiones entre Irak y al-Qaeda eran mínimas. En octubre de 2002, Knight Ridder reveló que «un creciente número de oficiales militares, profesionales de inteligencia y diplomáticos del propio Gobierno [de Bush] sienten en privado profundos recelos» sobre las aseveraciones Irak-al-Qaeda. Los expertos acusaban a los halcones de la administración de «exagerar las pruebas». Un alto funcionario dijo al *Philadelphia Inquirer* que los analistas de inteligencia «cuestionan la sugerencia de la administración de que existe un importante vínculo entre Irak y al-Qaeda».

Si bien esta evidencia forzó al primer ministro británico Tony Blair y otros aliados a abstenerse de exagerar la conexión entre Irak y al-Qaeda, la administración Bush se negó a dejarse arredrar por los hechos.

El 1 de noviembre de 2002, el presidente Bush afirmó: «Sabemos que [Irak] tiene vínculos con al-Qaeda.» Cuatro días después, el destacado investigador europeo del terrorismo Jean-Louis Bruguiere declaró: «No hemos hallado pruebas de una vinculación entre Irak y al-Qaeda. Si existieran esos vínculos, los habríamos encontrado. Pero no hemos encontrado conexión alguna de ningún tipo.» El ministro de Exteriores británico Jack Straw, cuyo país ayudaba a defender la causa de la guerra, reconoció: «Lo que me preguntan es si he visto alguna prueba [de conexiones Irak-al-Qaeda]. Y la respuesta es que no.»

No tardó en aparecer una avalancha de pruebas que indicaban que la Casa Blanca inducía al país a error de manera deliberada. En enero de 2003, funcionarios de inteligencia contaron al *Los Angeles Times* que estaban «desconcertados por el nuevo empeño de la administración» por generar la percepción de una conexión entre Irak y al-Qaeda, y revelaron que la comunidad de la inteligencia ha «relativizado —si no descartado— la información de la que se creía que apuntaba a posibles vínculos entre Irak y al-Qaeda». Un funcionario de inteligencia explicaba que «no existe una base objetiva» para la teoría conspirativa de la administración sobre la cacareada conexión.

La mañana del 5 de febrero de 2003, el mismo día en que Powell dio su discurso en las Naciones Unidas, la inteligencia británica filtró un exhaustivo informe que no hallaba vínculos sustanciales entre Irak y al-Qaeda. La BBC informó de que funcionarios de la inteligencia británica sostenían que «cualquier relación primeriza [entre Irak y al-Qaeda] se había venido abajo a causa de la desconfianza y la incompatibilidad de ideologías». Powell, no obstante, afirmó ante las Naciones Unidas que existía un «nexo siniestro entre Irak y al-Qaeda». Un mes después, Rice lo respaldó al afirmar que al-Qaeda «claramente ha tenido vínculos con los iraquíes». Y en su discurso del 17 de marzo de 2003, en vísperas de la guerra, Bush justificó la invasión citando el vínculo Irak-al-Qaeda, totalmente desacreditado.

Cuando empezó la guerra, el castillo de naipes se vino abajo. En junio de 2003, el presidente del grupo de la ONU que vigila a al-Qaeda informó a la prensa de que su equipo no encontraba pruebas que vincularan al grupo terrorista con Irak. En julio de 2003, el *Los Angeles Times* reveló que el informe del Congreso elaborado por los dos partidos que analizaba el 11 de Septiembre «debilitaba las afirmaciones de la administración Bush antes de la guerra respecto de que Hussein poseía vínculos con al-Qaeda». Entretanto, el *New York Times* informaba: «Las fuerzas de la coalición no han sacado a la luz ninguna prueba significativa que demuestre la conexión entre Irak y al-Qaeda.» En agosto de 2003, tres ex funcionarios de la administración Bush salieron a la palestra para admitir que las pruebas anteriores a la guerra que relacionaban a al-Qaeda con Irak «eran tenues, exageradas y a menudo contradictorias respecto de las conclusiones de agencias clave de inteligencia».

Aun así, la Casa Blanca insistió en mantener el engaño. En otoño de 2003, el presidente Bush dijo: «No cabe duda de que Saddam Hussein tenía vínculos con al-Qaeda.» Y Cheney afirmó que Irak «tenía una relación asentada con al-Qaeda». Cuando los medios de comunicación por fin empezaron a exigir pruebas de las alegaciones, Powell ofreció un atisbo de arrepentimiento. En enero de 2004, admitió que no había «pistola humeante» que demostrara la imputación. Su reconocimiento no tardó en verse acompañado por una información de Knight Ridder de marzo de 2004 que citaba a varios funcionaros de la administración que admitían que «nunca hubo prueba alguna de que el Estado policial laico de Hussein y la red terrorista islámica de Ossama Bin Laden estuvieran aliadas».

Pero la declaración de Powell fue la excepción que confirma la regla. La Casa Blanca sigue negándose a reconocer que haya hecho nada malo, y en cambio recurre a la clásica finta de los dos pasos, citando fuentes pero negándose, como no podía ser de otra manera, a reconocer los errores cruciales de esas fuentes.

Por ejemplo, Cheney empezó a remitir a los periodistas a un artículo del derechista *Weekly Standard* como la «mejor fuente» de pruebas a favor del vínculo entre Saddam y al-Qaeda, aunque el Pentágono hubiera desacreditado la historia con anterioridad. De igual modo, en junio, la máquina mediática de intoxicación republicana acudió en ayuda de la Casa Blanca y promocionó un artículo del *New York Times* sobre un documento que mostraba los esfuerzos fallidos de Bin Laden por trabajar con Irak a mediados de los noventa contra Arabia Saudí. Como era de esperar, los intoxicadores no mencionaban el hallazgo clave del artículo: un destacamento especial del Pentágono descubrió que el documento «no describía que se hubiera suscrito ninguna alianza formal entre Bin Laden y la inteligencia iraquí».

Cuando la Comisión del 11-S no encontró «ninguna prueba creíble» de una relación de colaboración entre Irak y al-Qaeda, los desmentidos de la Casa Blanca no sorprendieron a nadie. Cheney afirmó con orgullo que existían «pruebas abrumadoras» de un vínculo, no aportó evidencia alguna y después reprendió a los medios y a la comisión por tener el coraje de informar de lo obvio. Bush no sintió la necesidad de justificar sus distorsiones, y cuando salió el informe dijo: «El motivo de que siga insistiendo en que había una relación entre Irak y Saddam y al-Qaeda es que había una relación entre Irak y al-Qaeda».

Era la respuesta perfecta, viniendo de una administración que nunca permite que los hechos constatados incidan en lo que le cuenta al público americano.

Sabían que no hubo encuentro en Praga

Uno de los pilares clave del mito Irak-al-Qaeda era una historia respaldada por la Casa Blanca que afirmaba que el secuestrador del 11-S Mohammed Atta se encontró con un espía iraquí en abril de 2001. El origen de la historia era un único informador checo que afirmaba haber visto al terrorista en Praga en esas fechas. Los halcones de la Casa Blanca, ansiosos por vincular a al-Qaeda con Saddam, no esperaron a verificar la historia, sino que la utilizaron de inmediato para reforzar sus argumentos en pro de un ataque preventivo contra Irak. El 14 de noviembre de 2001, Cheney afirmó que Atta estuvo «en Praga en abril de este año, así como en ocasiones anteriores». El 9 de diciembre de 2001, fue más allá y aseveró sin pruebas que el encuentro de Atta estaba «muy confirmado».

Nueve días después, el Gobierno checo comunicó que no había pruebas de que Atta se encontrara con un agente de inteligencia iraquí en Praga. El jefe de la policía checa Jiří Kolář dijo que no existían documentos que mostraran que Atta hubiera estado en Praga en todo ese año, y funcionarios checos revelaron a *Newsweek* que el testigo no corroborado que perpetuaba la historia debería haberse acogido con más escepticismo.

En la primavera de 2002, importantes publicaciones de prensa como el *Washington Post*, el *New York Times*, el *Newsweek* y el *Time* contenían artículos que calificaban la «conexión de Praga» de error «embarazoso» y afirmaban que, según funcionarios europeos, la información que respaldaba la historia era «entre "endeble" e "inexistente"». Los reportajes también citaban a funcionarios de la administración y analistas de la CIA y el FBI que opinaban que, si se estudiaba con mayor rigor, «no había pruebas de que Atta partiera o regresara a Estados Unidos en el momento en que supuestamente tendría que haber estado en Praga». Incluso el director del FBI Robert S. Mueller III, un nombramiento político de Bush, reconoció en abril de 2002 que «seguimos literalmente centenares de miles de pistas y comprobamos todos los registros a los que pudiéramos echar mano, desde reservas de vuelo a alquileres de coche y cuentas bancarias», pero no encontraron nada.

Pero eso no le bastaba a la administración, que en vez de olvidarse de la historia empezó a intentar manipular la información de inteligencia para convertir la fantasía en realidad. En agosto de 2002, cuando los agentes del FBI asignados al caso le contaron al vicesecretario de Defensa Paul Wolfowitz que no había existido el encuentro de Atta, según *Newsweek* el político «los reprendió con vehemencia». Wolfowitz quería que el FBI refrendara la afirmación de que Atta y el espía iraquí se habían encontrado. El jefe de antiterrorismo del FBI Pat D'Amuro se negó.

En septiembre de 2002, la CIA entregó a Cheney un análisis clasificado de inteligencia que arrojaba serias y específicas dudas sobre la existencia del encuentro de Atta. Aun así, ese mismo mes, Richard Perle, presidente del Consejo de Política de Defensa de Bush, declaró: «Mohammed Atta se encontró [con un colaborador secreto de Saddam Hussein] antes del 11 de Septiembre. Tenemos pruebas de ello, y estamos seguro de que no se hallaba allí de vacaciones.» A renglón seguido, Perle reconoció abiertamente que «el encuentro es uno de los motivos para un ataque americano contra Irak».

En el invierno de 2002, incluso los aliados de Estados Unidos le estaban diciendo a la administración que aflojara. En noviembre, el ministro de Exteriores británico Jack Straw dijo que no había visto pruebas de un encuentro en Praga entre Atta y un agente de inteligencia iraquí.

Pero la cosa no terminó. En septiembre de 2003, en *Meet the Press*, Cheney resucitó la historia al decir: «Por lo tocante al 11-S, por supuesto, hemos tenido la historia que ha sido del dominio público. Los checos afirmaron que Mohammed Atta, el cabecilla de los terroristas, se encontró en Praga con un destacado agente de inteligencia iraquí cinco meses antes del atentado.» No aportó nuevas pruebas, optó por no mencionar que los checos hacía mucho que habían retirado las afirmaciones y pasó por alto las nuevas pruebas que revelaban que la historia era probablemente falsa.

Aun a día de hoy, con toda la información de inteligencia categóricamente en contra, Cheney se muestra impenitente. Preguntado en junio por si el encuentro se había producido, reconoció: «Eso no se ha demostrado nunca.» Después añadió: «No se ha refutado nunca.» Cuando Gloria Borger de la CNBC le preguntó por su afirmación inicial de que el encuentro estaba «muy confirmado», Cheney le espetó: «No, yo nunca dije eso. Nunca dije eso. De ninguna manera.»

Sus palabras textuales en diciembre de 2001: «Está muy confirmado que [Atta] en efecto acudió a Praga y en efecto se encontró con un alto mando del servicio de inteligencia iraquí.»

En otras palabras, Cheney bajó su propio listón. Recurrió no sólo a mentir sobre la historia, sino a mentir sobre haber mentido sobre la historia.

Conclusión: sabían que estaban engañando al país

En su alocución del 17 de marzo de 2003 para preparar al país para la invasión de Irak, el presidente Bush afirmó inequívocamente que existía un nexo entre Irak y al-Qaeda y que no había «ninguna duda de que el régimen iraquí sigue poseyendo y ocultando varias de las armas más letales jamás ideadas».

En el contexto de lo que sabemos ahora que la Casa Blanca sabía en aquel momento, Bush fue insincero de manera deliberada. La comunidad de inteligencia había informado repetidamente a la Casa Blanca de que existían muchas grietas profundas en su argumentación en pro de la guerra. La voluntad del presidente de desoír tales advertencias y emitir esas inequívocas declaraciones demuestra que la administración trazaba con toda la intención una imagen en blanco y negro cuando sabía que los hechos daban como mucho para el gris.

Eso ha acarreado graves consecuencias para todos los americanos. Desde un punto de vista financiero, los contribuyentes estadounidenses han desembolsado más de 166.000 millones para la guerra de Irak, y pronto hará falta más. Desde una perspectiva geopolítica, nuestro país está más aislado que nunca de los aliados y el antiamericanismo está en auge a lo largo y ancho del orbe.

Y estamos menos seguros. Un reciente informe del U.S. Army War College sostiene que «la invasión de Irak ha sido una distracción respecto del más acotado objetivo de derrotar a al-Qaeda». El enviado de las Naciones Unidas Lakhdar Brahimi lo expresó de la siguiente manera: «La guerra de Irak ha sido inútil, ha ocasionado más problemas de los que ha resuelto y ha traído terrorismo.»

Esas afirmaciones están demostradas por los hechos: el Instituto Internacional de Estudios Estratégicos de Londres informa de que al-Qaeda cuenta ahora con 18.000 miembros, después de que muchos nuevos reclutas se hayan incorporado a resultas de la guerra de Irak. No es por casualidad que la Casa Blanca dijo hace poco que el territorio estadounidense afronta la amenaza inminente de un atentado terrorista por parte de una célula de al-Qaeda que sigue activa en Afganistán. Aun así, la administración llegó a retirar fuerzas especiales de Afganistán en 2002 para preparar una invasión de Irak. Por ese motivo, nos las vemos con la absurda situación de no contar con más de 20.000 soldados en Afganistán para dar caza a quienes nos amenazan directamente, cuando en cambio tenemos 140.000 efectivos en Irak, un país que no suponía una seria amenaza antes de la invasión.

Por supuesto, son esos soldados quienes han salido peor parados. Nuestros hombres y mujeres de uniforme están empantanados en un atolladero, obligados a jugarse la vida por una mentira.

A buen seguro, los pensadores neoconservadores y los halcones de la administración Bush seguirán culpando a cualquiera que no sea la Casa Blanca de esos engaños. También dirán que los informes de inteligencia daban un poco de crédito a algunas de las afirmaciones anteriores a la guerra, y es del todo cierto.

Pero nada puede refutar las claras pruebas de que el presidente Bush y otros cargos de la administración exageraron de forma exorbitante los informes que recibieron. Se entregaron a un empeño calculado y bien coordinado por convertir una guerra de su elección en un conflicto percibido como de inminente necesidad.

Y a nosotros nos toca pagar el precio.

«Los defensores de la guerra se benefician
ahora de la reconstrucción de Irak; cabilderos,
asesores de altos cargos y otros promovieron
la invasión y ahora ayudan a las empresas a
procurarse contratos. Ellos no ven
ningún conflicto»

Los Angeles Times

WALTER F. ROCHE Jr. y KEN SILVERSTEIN,
14 de julio de 2004

En los meses y años que condujeron a la invasión de Irak enca-
bezada por Estados Unidos, ellos marcharon juntos en la vanguar-
dia de quienes abogaban por la guerra.

Como representantes de *lobbies*, consejeros de relaciones públicas y asesores confidenciales de altos cargos federales, previ-
nieron contra las armas de destrucción masiva iraquíes, alabaron al
dirigente exiliado Ahmad Chalabi y sostuvieron que derrocar a
Saddam Hussein era una cuestión de seguridad nacional y deber
moral.

Ahora, mientras la lucha continúa, están amasando decenas de
miles de dólares en honorarios por ayudar a sus clientes empresariales a procurarse contratos federales y otras oportunidades financieras en Irak. Por ejemplo, un antiguo asesor del Senado que con-
tribuyó a conseguir fondos federales para los exiliados contrarios a
Hussein que ahora desempeñan un papel activo en los asuntos iraquíes tiene un acuerdo de 175.000 dólares por asesorar a Rumania
en la consecución de negocios en Irak y otros asuntos.

Y la facilidad con la que han pasado de sostener políticas y
aconsejar a altos cargos del Gobierno a ganar dinero con actividades vinculadas con sus políticas y consejos refleja las borrosas
fronteras que a menudo separan los intereses públicos y privados
en Washington. En la mayor parte de casos, las leyes federales sobre conflictos de intereses no se aplican a ex funcionarios o personas que trabajan sólo de asesores.

Larry Noble, director ejecutivo del Center for Responsive Politics, dijo que las actividades de los ex funcionarios y otros que in-

tegran los consejos asesores del Gobierno, aunque no sean ilegales pueden ofrecer la apariencia de conflictos de intereses. «Siembra la duda sobre si el consejo que dan obra más en su beneficio que en el del interés público», dijo Noble.

Michael Shires, profesor de Política Pública en la Universidad de Pepperdine, no está de acuerdo. «Yo no veo ningún problema ético —dijo—. Veo individuos que cuidan de sus propios intereses.»

El ex director de la CIA R. James Woolsey es un destacado ejemplo del fenómeno, al mezclar sus intereses empresariales con lo que defiende como intereses estratégicos del país. Dejó la CIA en 1995, pero sigue siendo un importante asesor del Gobierno en cuestiones de inteligencia y seguridad nacional, incluido Irak. A la vez, trabaja para dos empresas privadas que hacen negocios en Irak y es socio de una compañía que invierte en firmas que ofrecen servicios de seguridad y antiterrorismo.

Woolsey afirmó en una entrevista que no tenía contacto directo con las operaciones relacionadas con Irak de las compañías. Pero como vicepresidente de Booz Allen Hamilton, una asesoría, constó como orador en una conferencia de mayo de 2003 copatrocinada por la empresa en la que unos 80 ejecutivos y más gente pagaron hasta 1.000 dólares por recibir información sobre el panorama económico y las oportunidades de negocios en Irak.

Antes de la guerra, Woolsey fue miembro fundador del Comité para la Liberación de Irak, una organización creada en 2002 a instancias de la Casa Blanca para reunir apoyo público a una guerra en aquel país. También escribió sobre la necesidad de un cambio de régimen y participó en el consejo asesor de la CIA y el Consejo de Política de Defensa, cuyos miembros no remunerados han ofrecido asesoramiento sobre Irak y otras cuestiones al secretario de Defensa Donald H. Rumsfeld.

Woolsey forma parte de un pequeño grupo que revela con inusual claridad la naturaleza interrelacionada del modo en el que puede funcionar el sistema de los *insiders*. Integrados en los mismos círculos sociales, compartiendo a menudo consejos gubernamentales y trabajando con *think tanks* y grupos de presión de opiniones similares, escribieron cartas a la Casa Blanca en las que instaban a la acción militar en Irak, formaron organizaciones que presionaban por la invasión e impulsaron leyes que autorizaran la ayuda a grupos de exiliados.

Desde el inicio de la guerra, a pesar de la violencia y la inestabilidad en Irak, se han volcado en la empresa privada.

Integran el grupo, además de Woolsey:

- Neil Livingstone, ex asesor del Senado que ha trabajado de consejero del Pentágono y el Departamento de Estado y emitido repetidos llamamientos públicos al derrocamiento de Saddam. Encabeza una firma con sede en Washington, GlobalOptions, que ofrece contactos y servicios de asesoramiento a empresas que hagan negocios en Irak.

- Randy Scheunemann, un ex asesor de Rumsfeld que ayudó a redactar la Ley de Liberación de Irak de 1998 que autorizaba la entrega de 98 millones de dólares en concepto de ayuda estadounidense a los grupos de exiliados iraquíes. Fue fundador y presidente del Comité para la Liberación de Irak. En la actualidad ayuda a los estados del antiguo bloque soviético con sus negocios en el país.

- Margaret Bartel, que gestionó el dinero federal canalizado hacia el grupo de exiliados de Chalabi, el Congreso Nacional Iraquí, incluidos fondos para su programa de inteligencia previo a la guerra sobre las supuestas armas de destrucción masiva de Hussein. En la actualidad dirige en la zona de Washington una consultoría que ayuda a aspirantes a inversores a encontrar socios iraquíes.

- K. Riva Levinson, una cabildera y especialista en relaciones públicas de Washington que recibió fondos federales para obtener apoyo al Congreso Nacional Iraquí antes de la guerra. Tiene estrechos lazos con Bartel y en la actualidad ayuda a compañías a abrir puertas en Irak, en parte mediante sus contactos con el Congreso Nacional Iraquí.

Otros propugnadores de la acción militar contra Hussein están aprovechando las oportunidades empresariales en Irak. Dos fervorosos partidarios de la acción bélica, Joe Allbaugh, que dirigió la campaña por la Casa Blanca del presidente Bush en 2000 y después encabezó la Agencia de Gestión de Emergencias Federales, y Edward Rogers Jr., un asesor del primer presidente Bush, hace poco ayudaron a organizar dos compañías para promocionar los negocios en el Irak de posguerra. El gabinete jurídico de Rogers tiene un contrato de 262.500 dólares para representar al Partido Democrático del Kurdistán de Irak.

Sin embargo, ni Rogers ni Allbaugh poseen el perfil público de Woolsey.

Poco después de los atentados del 11 de septiembre, el ex director de la CIA escribió un artículo de opinión en el *Wall Street Journal* en el que decía que un estado extranjero había ayudado a Al Qaeda a preparar los ataques. Citaba a Irak como principal sospechoso.

En octubre de 2001, el vicesecretario de Defensa Paul D. Wolfowitz envió a Woolsey a Londres, donde estuvo a la caza de pruebas que vincularan a Hussein con los atentados.

En la conferencia de Washington de mayo de 2003, titulada «Compañías sobre el terreno: el reto de reconstruir Irak para las empresas», Woolsey habló de cuestiones políticas y diplomáticas que podían afectar al progreso económico. También habló en pro de la decisión de la administración Bush de inclinar los contratos de reconstrucción hacia las compañías estadounidenses.

En una entrevista, Woolsey declaró que no veía ningún conflicto entre propugnar la guerra y a continuación asesorar a empresas sobre los negocios en Irak.

Booz Allen es una subcontrata con un contrato de telecomunicaciones en Irak de 75 millones de dólares y también ha proporcionado asesoramiento en la administración de subvenciones federales. Woolsey afirmó no haber tenido ninguna implicación en ese trabajo.

El ex director de la CIA fue entrevistado en la oficina en Washington del Paladin Capital Group, una compañía de capital riesgo de la que es socio. Paladin invierte en empresas dedicadas a la seguridad y la protección de infraestructuras en el territorio nacional, dijo Woolsey.

También es asesor remunerado del GlobalOptions de Livingstone. Declaró que su trabajo en la empresa no estaba relacionado con Irak.

Bajo la dirección de Livingstone, GlobalOptions «ofrece una

amplia gama de servicios de seguridad y gestión de riesgos», según su página web.

En un artículo de opinión para *Newsday*, Livingstone escribió que Estados Unidos «debería lanzar un programa encubierto masivo concebido para derrocar a Hussein».

En una reciente entrevista, Livingstone dijo que empezaba a tener dudas sobre la guerra, ante todo por el fracaso a la hora de encontrar armas de destrucción masiva. Pero ha sido orador habitual en los seminarios sobre inversión en Irak.

Mientras Livingstone se ha centrado en las oportunidades para americanos, Scheunemann se ha concentrado en ayudar a estados del antiguo bloque soviético.

Scheunemann dirige una firma de cabildeo de Washington llamada Orion Strategies, que comparte domicilio con el portavoz en Washington del Congreso Nacional Iraquí y el ya desaparecido Comité para la Liberación de Irak.

Entre los clientes de Orion se cuenta Rumania, que firmó un acuerdo de 175.000 dólares por nueve meses a principios de este año. Entre otras cosas, el contrato compromete a Orion a promover «los intereses [de Rumania] en la reconstrucción de Irak».

Scheunemann también ha viajado a Letonia, que es un antiguo cliente de Orion, donde se reunió con un grupo empresarial para comentar las perspectivas en Irak.

Pocos abogaron por la guerra con tanta vehemencia como Scheunemann. Tan sólo una semana después del 11 de Septiembre se unió a otros conservadores que enviaron una carta a Bush reclamando el derrocamiento de Hussein.

En 2002, Scheunemann se convirtió en el primer presidente del Comité para la Liberación de Irak, que se apuntó su mayor éxito el año pasado cuando 10 países de Europa del Este respaldaron la invasión estadounidense. Conocidos como los «10 de Vilnius», mostraron que «Europa está unida por el compromiso de acabar con el sangriento régimen de Saddam», dijo Scheunemann a la sazón.

Rehusó comentar sus actividades empresariales relacionadas con Irak, diciendo: «En eso no puedo ayudaros.»

Scheunemann, Livingstone y Woolsey desempeñaron su papel en la promoción de la guerra de Irak principalmente en público.

Bartel y Levinson, en cambio, actuaron sobre todo al abrigo de la opinión pública.

A principios de 2003, Bartel fue nombrada directora de Boxwood Inc., una empresa de Virginia creada para recibir fondos federales para el programa de inteligencia del Congreso Nacional Iraquí.

Hoy, el sector crítico del Parlamento dice que el Congreso Nacional Iraquí proporcionó información incorrecta sobre los esfuerzos de Hussein por desarrollar armas de destrucción masiva y sus vínculos con Ossama Bin Laden.

Bartel empezó a trabajar para el Congreso Nacional Iraquí en 2001. Fue contratada para supervisar su uso de los fondos estadounidenses tras varias auditorías gubernamentales críticas. Empezada la guerra, Bartel fundó una compañía virginiana, Global Positioning. Según ella, el propósito primario de la empresa es «presentarle a sus clientes el mercado iraquí, ayudarles a encontrar potenciales socios locales, organizar reuniones con funcionarios del Gobierno [...] y ofrecer apoyo sobre el terreno para sus intereses comerciales».

Bartel trabaja codo con codo con Levinson, directora ejecutiva dentro de la compañía de cabildeo de Washington BKSH & Associates. Francis Brooke, un importante asesor de Chalabi, dijo que BKSH recibió 25.000 dólares al mes para promocionar el Congreso Nacional Iraquí, y Levinson «hizo un gran trabajo para nosotros».

En 1999, Levinson fue contratada por el Congreso Nacional Iraquí para manejar sus relaciones públicas. Dijo que su contrato con el Congreso terminó el año pasado. Antes de la invasión y en los primeros días de combates en Irak, Chalabi y el Congreso disfrutaron de estrechas relaciones con la administración Bush, pero el contacto se ha enfriado.

Levinson declaró al *Times*: «No vemos ningún conflicto de intereses en aprovechar los conocimientos y contactos en Irak que desarrollamos a través de nuestro anterior trabajo con el CNI para apoyar el desarrollo económico en Irak. A decir verdad, lo vemos como algo complementario a la meta compartida de construir un país democrático.»

«Beneficios de guerra»

The Guardian, extracto de *The Halliburton Agenda*
DAN BRIODY, 22 de julio de 2004

El 12 de enero de 1991, el Congreso autorizó al presidente George H. W. Bush a declararle la guerra a Irak. Apenas cinco días después, empezaba la operación Tormenta del Desierto en Kuwait. Como sucedería en la más reciente guerra del Golfo, Estados Unidos no tardó mucho en anunciar la victoria —hacia finales de febrero había acabado todo—, pero la limpieza duraría más, y fue mucho más cara que la acción bélica en sí. En un acto sin sentido de desesperación y derrota, soldados iraquíes prendieron fuego a más de 700 pozos petrolíferos kuwaitíes, lo que provocó una niebla constante de humo negro y espeso que convertía el día en noche.

Se pensaba que haría falta no menos de cinco años para limpiar el desastre, ya que los lagos de petróleo que rodeaban cada yacimiento ardían sin control y hacían casi imposible acercarse a los pozos en llamas, por no hablar de apagarlos. Pero acabada la lucha, Halliburton maniobró hasta introducirse en las labores de limpieza y reconstrucción que se esperaba que costasen en torno a 200.000 millones de dólares en los siguientes 10 años.

La compañía envió 60 hombres a ayudar en las tareas de extinción de incendios. Entretanto, su filial de ingeniería y construcción Kellogg Brown & Root (KBR) se llevó un contrato adicional de 3 millones de dólares por evaluar los daños ocasionados por la invasión a la infraestructura kuwaití, un contrato cuyo valor se había multiplicado por siete para cuando acabó la participación de KBR. Más significativo aún fue que KBR se llevara un contrato para extraer las tropas de Arabia Saudí una vez que sus servicios ya no fueron necesarios en el Golfo. Halliburton volvía en serio al negocio de la logística militar por primera vez desde Vietnam. El final de la guerra del Golfo vio nada menos que el renacer del negocio de la externalización militar.

La externalización militar no era un fenómeno nuevo. Había empresas privadas que habían contribuido a los esfuerzos bélicos desde mucho antes de que KBR se llevara su primer contrato de construcción naval. Pero la naturaleza de la externalización militar ha cambiado drásticamente en la última década. La tendencia hacia un ejército «recortado» empezó a causa del «dividendo de la paz» al finalizar la guerra fría, y se prolongó a lo largo de la década de 1990. Esa combinación de ejército reducido pero conflicto continuado dio lugar a una nueva industria de empresas militares privadas sin precedentes. Esas compañías asistían al ejército en todas sus facetas, desde la obtención y mantenimiento de armas al adiestramiento de soldados y la logística.

En la década que siguió a la primera guerra del Golfo, el número de contratas privadas empleadas en el campo de batalla y en torno a él se multiplicó por diez. Se ha estimado que en la actualidad existe una contrata privada por cada 10 soldados en Irak. Compañías como Halliburton, que se convirtió en el quinto mayor contratista de defensa de la nación durante los noventa, han desempeñado un papel crucial en esta tendencia.

La historia detrás del «supercontrato» de América empieza en 1992, cuando el Departamento de Defensa, dirigido entonces por Dick Cheney, quedó impresionado con el trabajo realizado por Halliburton durante su temporada en Irak. Consciente de la necesidad de reforzar sus efectivos ante la eventualidad de futuros conflictos de naturaleza parecida, el Pentágono convocó a diversas contratas privadas para pujar por un contrato de 3,9 millones de dólares por redactar un informe sobre cómo una firma privada podría ofrecer apoyo logístico al ejército en caso de posteriores acciones militares.

El informe debía examinar 13 «puntos calientes» distintos de todo el mundo y detallar cómo podrían aportarse servicios muy diversos, desde construir bases a alimentar a la tropa. Al candidato que en potencia ofreciese los servicios detallados en el informe se le exigiría apoyar el despliegue de 20.000 soldados en 180 días. Se trataba de un plan de contingencia vastísimo, el primero de su especie para el Ejército americano.

Treinta y siete compañías se presentaron a concurso para el contrato; lo ganó KBR. La empresa cobró otros 5 millones de dólares ese mismo año por ampliar el plan a otras localizaciones y añadir detalles.

El informe de KBR, que a fecha de hoy sigue clasificado, convenció a Cheney de que en verdad era posible crear un contrato global y concedérselo a una sola empresa. Ese contrato se dio a conocer como Programa de Ampliación Civil de Logística (Logcap) y se lo ha llamado «la madre de todos los contratos de servicios». Ha sido utilizado en todos los despliegues americanos desde su concesión en 1992, a un coste de varios miles de millones de dólares (y sumando). El afortunado receptor del primer contrato Logcap de cinco años fue la mismísima compañía contratada para redactar el plan en primer lugar: KBR.

El contrato Logcap sacó a KBR de su bache de finales de los años ochenta y engordó el balance final de Halliburton a lo largo de los noventa. Se trata, a efectos prácticos, de un cheque en blanco del Gobierno. El contratista obtiene sus ganancias de un porcentaje de beneficios predeterminado que oscila entre el 1 y el 9 %, en función de diversas cláusulas de incentivos. Cuando los beneficios son un porcentaje del coste, cuanto más se gasta más se gana.

Antes de que se secara la tinta del primer contrato Logcap, el Ejército estadounidense fue desplegado en Somalia en diciembre de 1992 como parte de la operación Devolver la Esperanza. Había empleados de KBR antes incluso de que llegara el Ejército, y fueron los últimos en partir. La empresa ganó 109,7 millones de dólares en Somalia. En agosto de 1994 se embolsaron 6,3 millones con la operación Apoyar la Esperanza en Ruanda. En septiembre de ese mismo año, la operación Restaurar la Democracia en Haití cosechó 150 millones de dólares para la compañía. Y en octubre de 1994, la operación Guerrero Vigilante les procuró otros 5 millones.

Fiel al espíritu de «no rechazar ningún trabajo», la compañía construía los campamentos base, suplía a la tropa de comida y agua, combustible y munición, limpiaba las letrinas e incluso les lavaba la ropa. Asistían a las reuniones del Estado Mayor y se les tenía prontamente al día de todas las actividades relacionadas con una misión dada. Se estaban convirtiendo en una unidad más del Ejército estadounidense.

La creciente dependencia de la compañía por parte del Ejército quedó de manifiesto cuando en 1997 volvió a ponerse a concurso el contrato Logcap y KBR lo perdió frente a su rival Dyncorp. El Ejército descubrió que era imposible retirar a Brown & Root de su trabajo en los Balcanes —con mucho la parte más lucrativa del contrato— y por tanto eliminó del acuerdo el trabajo en ese teatro de operaciones para mantenerlo con KBR. En 2001, la compañía volvió a llevarse el Logcap, en esta ocasión por el doble del plazo habitual: 10 años.

Para los no iniciados, el nombramiento de Cheney para los cargos de presidente del consejo de administración, presidente y director general de Halliburton en agosto de 1995 tenía poco sentido. Cheney casi no poseía experiencia empresarial, pues era un político y burócrata de carrera. Los analistas financieros devaluaron las acciones y la prensa económica cuestionó abiertamente la decisión.

Quienes conocen a Cheney lo han descrito con epítetos que van desde «discreto» hasta directamente «anodino», pero la confianza que inspiraba y la lealtad que profesaba lo convirtieron en parte indispensable del ascenso al poder de Donald Rumsfeld. En los años setenta, Rumsfeld fue nombrado jefe de gabinete de la Casa Blanca de Gerald Ford, con Cheney como segundo de a bordo. En aquel entonces, el servicio secreto le asignó a Cheney un nombre en clave que resumía a la perfección su temperamento: «Asiento trasero.»

Pero Halliburton comprendió el valor de Cheney. Con él de director general, la compañía adquirió una considerable influencia en Washington. Hasta el nombramiento de Cheney en otoño de 1995, los resultados empresariales de Halliburton habían sido decentes. Tras la pérdida de 91 millones de dólares en 1993, la compañía había vuelto a la rentabilidad en 1994 con unos beneficios de explotación de 236 millones. Con los nuevos ingresos procedentes del Logcap, Halliburton y su filial premiada, KBR, volvían al buen camino. Aunque el Logcap generaba sólo unos ingresos modestos, fue un éxito en cuanto que reintegró a KBR en la maquinaria militar.

La gran oportunidad llegó en diciembre de 1995, apenas dos meses después de que Cheney asumiera el cargo de director general, cuando Estados Unidos envió miles de soldados a los Balcanes como fuerza de pacificación. Como parte de la operación Fuerza Aliada, KBR fue despachada a Bosnia y Kosovo para apoyar al ejército en sus operaciones en la región. El cometido era amplísimo tanto en objetivo como en tamaño.

Un ejemplo del trabajo realizado por KBR en los Balcanes fue el campamento Bondsteel. Era tan grande que la oficina de contabilidad general de Estados Unidos (GAO) lo comparó con «una pequeña ciudad». La compañía construyó carreteras, generadores eléctricos, sistemas de agua y alcantarillado, alojamientos, un helipuerto, una valla de perímetro, torres de guardia y un centro de detención. Bondsteel es la base militar más grande y más cara desde Vietnam. También se da la causalidad de que está construida en el recorrido del oleoducto transbalcánico de Albanian-Macedonian-Bulgarian Oil (Ambo), el conducto que conecta la rica región petrolífera del mar Caspio con el resto del mundo. El proyecto inicial de viabilidad del Ambo fue obra de KBR.

La entrada de beneficios del Logcap para KBR se hinchó durante el ejercicio de Cheney, pasando de 144 millones en 1994 a más de 423 en 1996, y los Balcanes fueron la fuerza impulsora. En 1999, el Ejército gastaba poco menos de mil millones de dólares al año en el trabajo de KBR en esa zona. El GAO publicó un informe en septiembre de 2000 que hablaba de serios problemas de control de costes en Bosnia, pero KBR conserva el contrato a fecha de hoy.

Entretanto, Cheney estaba ocupado desarrollando los negocios de Halliburton en otras partes del mundo. «Es una falsa dicotomía que tengamos que escoger entre nuestros intereses comerciales y los demás», dijo en [la fundación de investigación de política pública] Cato Institute en 1998, hablando en contra de las sanciones económicas impuestas por la administración Clinton contra los países sospechosos de actividad terrorista. «Nuestro Gobierno le ha cogido el gusto a las sanciones», prosiguió.

En concreto, Cheney se oponía a las sanciones contra Libia e Irán, dos países con los que Halliburton ya hacía negocios a pesar de todo. Más desconcertante aún, sin embargo, era el trabajo que la compañía hacía en Irak. Entre sus temporadas como secretario de Defensa y vicepresidente, Cheney estuvo a cargo de Halliburton cuando ésta sorteaba las estrictas sanciones de la ONU, ayudando a reconstruir Irak y enriqueciendo a Saddam Hussein.

En septiembre de 1998, Halliburton cerró una fusión accionarial de 7.700 millones de dólares con Dresser Industries (la empresa que dio a George H. W. Bush su primer trabajo). La fusión convirtió a Halliburton en la mayor compañía de servicios de yacimientos petrolíferos del mundo. También trajo consigo dos filiales extranjeras que hacían negocios en Irak mediante el controvertido Programa de Petróleo por Alimentos. Las dos filiales, Dresser Rand e Ingersoll

Dresser Pump Co, firmaron contratos de equipos de producción de petróleo por valor de 73 millones de dólares.

Cheney dijo a la prensa durante su campaña a la vicepresidencia de 2000 que tenía una «firme política» en contra de hacer negocios con Irak. Reconoció hacer negocios con Irán y Libia, pero «Irak es otra cosa», aclaró. En ABC TV dijo: «No hemos hecho ningún negocio en Irak desde que la ONU impuso sus sanciones en 1990, y no hacerlos es mi firme política.»

Tres semanas después, Cheney se vio obligado a reconocer sus lazos económicos, pero arguyó que los desconocía. Dijo a los periodistas que no era consciente de los negocios de Dresser en Irak y que, además, Halliburton se había deshecho de las dos empresas en 2000. En el ínterin, las compañías habían ganado negocios por valor de 30 millones más de dólares antes de que las vendieran.

La fusión con Dresser fue, o eso pareció, el logro supremo de los años de Cheney en Halliburton. Pero el vicepresidente dejó a la empresa otros legados. David Gribbin, antiguo jefe de gabinete de Cheney, se convirtió en el principal cabildero de la empresa en Washington. El almirante Joe Lopez, antiguo comandante de la VI Flota, fue contratado en calidad de experto en operaciones gubernamentales de KBR. Juntos, el equipo de Cheney hizo de Halliburton uno de los principales contratistas del gobierno en el país. KBR había casi doblado sus contratos gubernamentales, de 1.200 millones de dólares en los cinco años previos a su llegada a 2.300 millones durante sus cinco años como director general. Halliburton subió como un cohete del puesto 73 al 18 en la lista de principales contratistas del Pentágono.

Después del 11-S, KBR pasó a trabajar en la guerra contra el terrorismo y construyó las 1.000 celdas de detención de la bahía de Guantánamo, Cuba, para sospechosos de terrorismo, a un coste de 52 millones de dólares. El trabajo debía de resultarle familiar: había realizado el mismo cometido exacto 35 años antes en Vietnam. Cuando se desplegaron tropas en Afganistán, también se desplegó a KBR. Construyó bases estadounidenses en Bagram y Kandahar por 157 millones de dólares. Como había hecho en el pasado, KBR tenía hombres sobre el terreno antes de que los primeros soldados llegaran siquiera a la mayoría de destinos. Pusieron los campamentos a punto, alimentaron a la tropa y se encargaron de los residuos. Y lo hicieron como lo habrían hecho los militares: con rapidez, eficiencia y eficacia. Fue un buen trabajo, con sólidos beneficios, pero no se acercó al maná que había supuesto para la compañía la operación de los Balcanes.

Además, Halliburton ganó el contrato para restaurar la infraestructura petrolífera de Irak, un contrato que no se licitó. Se le asignó a Halliburton por conveniencia, porque ellos habían desarrollado el plan para combatir los incendios de petróleo (todos extinguidos, a esas alturas). A pesar del nuevo negocio, las fortunas de Halliburton y su filial no habían prosperado. Las acciones que canjeó Cheney en su apogeo, cuando retomó su carrera política en 2000, desde entonces habían caído en picado. La principal culpable era la fusión con Dresser de 1998, que lastró a la compañía con unas responsabilidades por intoxicación de amianto que a la larga provocaron que dos filiales —una de ellas KBR— tuvieran que suspender pagos.

Cuando Cheney se fue para convertirse en pareja de Bush para la candidatura, se llevó un paquete de indemnizaciones, además de las stock options que se vio obligado a vender por 30 millones de dólares. En septiembre de 2003, Cheney insistía: «Desde que he dejado Halliburton para convertirme en vicepresidente de George Bush, he cortado todos mis lazos con la compañía, me he desembarazado de todos mis intereses financieros. No tengo interés financiero de ningún tipo en Halliburton ni lo he tenido en más de tres años.»

El Servicio de Investigación del Congreso (CRS), un organismo independiente que investiga cuestiones políticas a petición de los cargos electos, dice lo contrario. Cheney ha estado recibiendo un salario diferido de Halliburton en los años posteriores a su salida de la empresa. En 2001 recibió 205.298 dólares. En 2002 cobró 162.392. Está previsto que reciba pagos similares a lo largo de 2005, y tiene en vigor una póliza de seguros que protege los pagos en caso de que Halliburton se hunda. Además, Cheney todavía conserva 433.333 stock options no ejercidas en Halliburton. Se ha comprometido a donar todos los beneficios a entidades benéficas.

«Aquí está la nueva cara del Ejército de Estados Unidos: Lynndie England»

New York Observer

PHILP WEISS, 31 de mayo de 2004

La condena a Lynndie England, la maltratadora de presos, es paralela en cierta medida a la exaltación de Jessica Lynch hace un año. Las dos jóvenes proceden de pequeñas localidades del oeste de Virginia. Los privilegiados que vierten opiniones tan categóricas sobre ellas no son sus iguales; ellos nunca tomarían la decisión de alistarse que adoptaron las dos chicas. Dejando al margen el sórdido horror de Abu Graib, hay algo condescendiente y poco convincente en los retratos de los pobres que hacen la guerra por el resto de nosotros.

La cuestión de la clase social ha ensombrecido la guerra desde el principio, pero de un tiempo a esta parte ha obtenido más atención. Ha dado ímpetu a varias iniciativas en el Capitolio y a un tema del documental antibélico de Michael Moore *Fahrenheit 9/11*: «Es un servicio militar obligatorio por pobreza —ha dicho Rick Jahnkow, que se dedica al reclutamiento antimilitar en California—. La inmensa mayoría de quienes evitan este servicio militar no son la elite, sino personas de clase media o media-alta.»

El tema empezó a filtrarse en la política el año pasado.

«Estábamos mirando las bajas de Tejas en la página web del Departamento de Defensa y nos llamó la atención que "Oye, estos chavales vienen de poblaciones de Tejas que nunca habíamos oído" —ha dicho Robert G. Cushing, un profesor de sociología de Austin retirado que trabaja con el *American-Statesman* de esa ciudad—. No sólo pueblos pequeños, sino pueblos pequeños que no están ni siquiera cerca de las áreas metropolitanas.»

El periódico se embarcó en un estudio de las cifras y descubrió que mientras que uno de cada cinco americanos viven en condados no metropolitanos, casi una de cada tres bajas de Irak procedía de uno de esos condados. Se trata de lugares que no tienen una ciudad que supere los 50.000 habitantes y no están a distancia de trayecto diario de una gran ciudad. Las entrevistas del diario a reclutas de esos lugares han revelado que no pueden encontrar buenos trabajos en sus comunidades y opinan que una educación universitaria está fuera de su alcance: no podrían permitirse el traslado a una comunidad cercana para asistir a una escuela estatal.

El diputado Ike Skelton de Misuri, líder de la minoría del Comité de Servicios Armados del Congreso, se mostró más categórico incluso. El otoño pasado declaró que un 43,5 por ciento de los soldados muertos en Irak procedían de ciudades y pueblos rurales con una población inferior a las 20.000 personas.

Esos jóvenes tienden a ser blancos de zonas rurales. Los otros que se han visto afectados de forma desproporcionada son los negros e hispanos de las zonas urbanas deprimidas.

«He oído a gente que dice: "Esos chicos querían combatir, fueron voluntarios" —dijo Charles Rangel, el veterano congresista de Harlem—. Pero he visto a esos chicos ir al campamento y luego a Irak, y creedme, necesitan la sensación de importancia que da un uniforme. Y están divididos. Me dicen "Congresista, siga luchando contra esta guerra, pero no se preocupe por mí. Voy a hacer que se sientan orgullosos, seré un sargento primero cojonudo".»

El diputado Rangel se pronunció a favor del reclutamiento obligatorio como un medio más equitativo de compartir el riesgo. No tardó en tener noticias del senador Ernest Hollings de Carolina del Sur.

«Fritz Hollings me dijo "Mis paletos las están pasando canutas" —recordaba el congresista Rangel—. En esos pueblos pequeños, si llevas un par de galones en el hombro o distintivos en el cuello eres el amo.»

El tema adquirió un especial patetismo el año pasado en Carolina del Sur, cuando murieron en Irak tres jóvenes del mismo instituto de un pueblecito, Orangeburg-Wilkinson, lo que causó un alboroto en la comunidad.

¿Cuántos institutos de Westchester o el condado de Montgomery, Maryland, tenían unas cifras parecidas? Ninguno; nos habríamos enterado.

Si bien la propuesta del reclutamiento obligatorio no ha llegado a ninguna parte en el Capitolio, el más amplio tema de la justicia ha conseguido un seguimiento en los distritos «rojos», por citar la división entre azul y rojo de las últimas elecciones presidenciales. Un republicano conservador, el senador James Inhofe de Oklahoma, ha refrendado la petición del reclutamiento obligatorio mientras que otro, Chuck Hagel de Nebraska, ha llamado a un debate nacional sobre la cuestión. Entretanto, el Sr. Skelton ha solicitado a la Oficina General de Contabilidad que estudie la composición socioeconómica del Ejército.

Michael Moore también ha hecho acto de presencia en el Capitolio. En una escena de su nuevo documental, el director y provocador aborda a tres congresistas frente al Capitolio e intenta reclutar a sus hijos para el Ejército. Según quienes han visto la película, los congresistas se alejan estupefactos o diciendo chorradas.

El tema va mucho más allá del Congreso. El antirreclutador Rick Jahnkow señala que pueden encontrarse miembros de la sección juvenil del Cuerpo de Entrenamiento de Oficiales en la Reserva (ROTC) en todos los institutos de San Diego menos los tres del adinerado norte de la ciudad.

La misma excepción se repite en las grandes ciudades del Nordeste. La estadística más sorprendente producida por una contrata de recursos humanos del Departamento de Defensa (humrro.org/poprep2002) es que al final de la época de Vietnam, el Nordeste proporcionaba un 22 % del personal del Ejército. Hoy en día esa cifra se ha hundido hasta el 14 %. A lo largo del mismo periodo ha subido el porcentaje de alistamientos procedentes del Sur. Sale a escena Jessica Lynch.

«En muchas comunidades las opciones parecen consistir en quedarse aquí a trabajar en el Burger King o entrar en el Ejército donde puedes empezar una carrera y conseguir dinero para la universidad o adiestramiento para una profesión», ha dicho Nancy Lessin, miembro del grupo contrario a la guerra Military Families Speak Out.

La respuesta evidente a este desequilibrio es que el Ejército siempre ha funcionado de esa manera, como puente para que los grupos despojados asciendan a la clase media. Cumplió ese papel para los grupos étnicos en la Segunda Guerra Mundial y para los negros de la pasada generación. Los pobres siempre tendrán una representación excesiva en las líneas del frente; los cultos casi siempre encontrarán trabajos de papeleo.

Pero la diferencia en Irak es que la selección de los pobres es más pura que nunca. Cierto, un montón de personas adineradas se salvaron del reclutamiento durante Vietnam. Esta vez no tienen ni que preocuparse. Cuando la diputada Susan Tauscher, una demócrata moderada que representa a las acaudaladas comunidades de las colinas cercanas a Oakland, solicitó un aumento de las fuerzas en Irak y presentó proyectos de ley que buscaban un reclutamiento más agresivo, podía confiar en que esas cifras no procederían de su distrito electoral de madres blancas de clase media acomodada.

Y aunque la izquierda afirma a menudo que Irak es una recapitulación de Vietnam, la gran mejora desde el punto de vista del Ejército es la pasividad de quienes se oponen a la guerra. Los datos de las encuestas sugieren que la oposición está muy extendida, pero en los campus impera la calma. No ha habido grandes manifestaciones contra la guerra.

«Todas las manifestaciones se hacen por teléfono», dijo Emile Milne, asesora del congresista Rangel.

Por mucha vehemencia que dediquen a la guerra, los pudientes no se despiertan con pesadillas sobre sus hijos. Si se llamara a los jóvenes privilegiados para que realizaran el mayor sacrificio que una sociedad exige de sus ciudadanos, esta guerra probablemente terminaría en un instante. «Las decisiones sobre esta guerra las toman personas sin nada personal en juego», afirmó Nancy Lessin (que dijo que en tres ocasiones su organización trató de hablar con John Kerry de la guerra, y en tres ocasiones el candidato no encontró tiempo para ellos).

O como dijo el congresista Rangel, «Es más fácil tomar la decisión de ir a la guerra si no esperas que se arme un escándalo».

El reclutamiento por pobreza refleja la gran brecha de la nueva economía. Quienes tienen una formación universitaria considerarían un desperdicio que sus hijos se alistaran en el ejército. No, hay que formarlos al máximo para su participación en la economía global. Mientras tanto, los riesgos altos pueden externalizarse, al nuevo inmigrante de Guatemala o el chaval del gueto que no encuentra empleo. Y como guinda, el ejército ofrece estímulos de decenas de miles de dólares a quienes se alisten, mientras que los editorialistas que propugnan una mayor implicación militar proponen «mejores incentivos» y «mejor marketing» para los reclutas.

Tiene que existir un modo mejor de definir la ciudadanía. El diputado Rangel sirvió (y se congeló) en Corea, y aunque tampoco entonces viera la misión, nunca ha olvidado las lecciones en democracia que le enseñó el ejército: «Entonces teníamos la capacidad de juntar a personas de diferente raza y clase social, y obligarles a que se respetasen de una puñetera vez.»

La guerra de Irak ha sustituido esa sensación de colectivo democrático por la falta de respeto hacia quienes no pueden participar en la nueva economía. Y que no se crea que los ciudadanos de las oligarquías árabes no lo ven. Nos gusta pensar que exportamos la democracia. De momento exportamos el capitalismo despiadado.

En un principio este espacio estaba destinado a la copia de un artículo del *New York Times*.

El 26 de mayo de 2004, en un reconocimiento sin precedentes sobre su cobertura de Irak, el *New York Times* admitió que parte de su «cobertura no fue todo lo rigurosa que debería haber sido». También reconocieron un error en su información sobre la fuente clave respecto del programa de ADM de Irak y sus vínculos con al-Qaeda:

«El *Times* no hizo en ningún momento un seguimiento de la veracidad de esa fuente ni intentos de verificar sus afirmaciones.»

Quería imprimir aquí su *mea culpa*. Sería de esperar que, si el *Times* se arrepentía de verdad del modo en el que había aporreado el tambor de guerra de Bush, me lo habrían permitido copiar. En cambio me negaron su permiso porque, como bien sabe George W. Bush, cuesta mucho decir que lo sientes. Sobre todo cuando te has equivocado.

«Por qué los medios os deben una disculpa sobre Irak»

The Free Lance-Star (Fredericksburg, Virginia)

RICK MERCIER, 28 de marzo de 2004

Los medios de comunicación han terminado con sus grandes mamotretos con ocasión del aniversario de la invasión de Irak, y hay una cosa que se han olvidado de decir: «Lo sentimos.»

Sentimos haber permitido que afirmaciones infundadas guiaran nuestra cobertura.

Sentimos haber sido desdeñosos con los expertos que contradecían las acusaciones de la Casa Blanca contra Irak.

Sentimos haber permitido que una pandilla de desertores iraquíes interesados nos dejara en ridículo.

Sentimos habernos tragado la actuación de Colin Powell en las Naciones Unidas.

Sentimos no haber podido buscarle las vueltas a la administración antes de la guerra, cuando realmente importaba.

Tal vez lo hagamos mejor la próxima vez.

Por supuesto, es absurdo recibir esta disculpa de una persona de tan bajo escalafón en la jerarquía mediática. En realidad deberíais recibirla de los redactores y reporteros de las publicaciones influyentes, como el *New York Times* y el *Washington Post*. Es la elite de la prensa escrita la que más os falló, porque se trata de instituciones en las que hay que confiar para mantener vigilados a los políticos de Washington (los telediarios no pueden realizar el periodismo en profundidad o de investigación que está al alcance de la prensa escrita... cuando hace su trabajo como Dios manda).

En los últimos meses, el *Times*, el *Post* y otros medios de prensa se han decidido a hacer preguntas sobre la calidad de la información prebélica sobre Irak y sobre si la administración podría haber hecho un uso incorrecto de esa información para vender la guerra a los americanos y el resto del mundo.

La mayoría de esas publicaciones, sin embargo, también necesitan llevar a cabo exámenes de conciencia. Desde la cobertura horriblemente distorsionada de la periodista Judith Miller del *Times* (sus pecados fueron en numerosos sentidos mucho peores que los de la plagiaria/fabuladora Jayson Blair) hasta los desconcertantes (¿y tendenciosos?) análisis de los redactores del *Post*, los periodistas de las publicaciones más influyentes de América contribuyeron a garantizar que una mayoría de vosotros fuerais mal informados sobre Irak y el carácter de la amenaza que suponía para vosotros.

¿Taquígrafos o periodistas?

La principal razón de que estuvierais mal informados es que los más importantes medios de prensa escrita estuvieron demasiado dispuestos a creer a la Casa Blanca a pie juntillas. Un estudio publicado este mes por el Centro de Estudios de Seguridad Internacional de la Universidad de Maryland concluye que gran parte de la cobertura sobre Irak y las armas de destrucción masiva anterior a la guerra «reproducía taquigráficamente la perspectiva de la administración incumbente» y ofrecía «muy poco análisis crítico del modo en que los políticos formulaban los acontecimientos, las problemáticas, las amenazas y las opciones políticas». Muy pocas crónicas, afirmaba el estudio, incluían perspectivas que contradijeran la línea oficial.

Un estudio publicado el mes pasado en *The New York Review of Books* llegaba a una conclusión parecida. «En el periodo previo a la guerra, los periodistas estadounidenses mostraron un gran exceso de confianza en las fuentes favorables a la administración. Aquellas con puntos de vista discrepantes —y había más que unas pocas— quedaron marginadas», escribe Michael Massing, un colaborador del *Columbia Journalism Review* que fue autor del estudio.

Gran parte del periodismo emprendedor o de investigación previo a la guerra fue modelado por la inaudita asunción de que las fuentes favorables a la guerra estaban por encima del escrutinio serio. Ése fue en particular el caso de los desertores iraquíes, en quienes se basaron mucho tanto la administración como los medios para describir la amenaza de Saddam.

Como observa Massing, dentro de los círculos de inteligencia existía un encendido debate sobre la veracidad de muchas de las afirmaciones de los desertores, pero de eso poca cosa transcendió a los lectores. En cambio, la prensa fue embaucada repetidas veces por los desertores en nómina del Pentágono que tan ajetreados andaban pasándole a los crédulos periodistas la misma desinformación que le endosaban a la administración.

Los periodistas de Knight Ridder Jonathan Landay y Tish Wells informaron a principios de este mes de que el principal grupo del exilio iraquí, el Congreso Nacional Iraquí, pasó al *Times*, el *Post*, Associated Press (la fuente primaria de noticias mundiales y nacionales de este periódico) y otros medios de prensa numerosas alegaciones sin fundamento sobre el régimen iraquí, que dieron pie a un centenar de artículos en todo el mundo.

Esos artículos, han descubierto los corresponsales de Knight Ridder, realizaban afirmaciones que todavía no han sido fundamentadas pero que contribuyeron a la causa probélica de la administración. Incluían imputaciones tales como que Irak disponía de instalaciones móviles de armas biológicas, que tenía misiles Scud cargados de veneno listos para atacar Israel o que Saddam poseía un agresivo programa de obtención de armas nucleares y había colaborado con al-Qaeda.

La diva de la desinformación del *Times*, Judith Miller, tenía una especial querencia acrítica por el CNI y su líder, Ahmed Chalabi. La primavera pasada, al columnista del *Post* Howard Kurtz le llegó un e-mail interno del *Times* en el que la periodista había escrito: «Llevo unos 10 años cubriendo a Chalabi. Él ha proporcionado la mayoría de las exclusivas de portada sobre ADM de nuestro periódico.»

Cuesta imaginarse una admisión más condenatoria, no sólo a la luz de lo que ahora se sabe sino también por las dudas que muchos analistas de inteligencia (tanto dentro como fuera del Gobierno) tenían antes de la invasión sobre la calidad de la información del CNI.

El *Times* no puede argüir que le fuera imposible conseguir puntos de vista opuestos de integrantes de la comunidad de inteligencia estadounidense. Knight Ridder pudo recurrir a fuentes del funcionariado de inteligencia de carrera que se mostraron consternadas por muchas de las afirmaciones de la administración. En una entrevista con Massing para su estudio, el director de la oficina de Washington de Knight Ridder, John Walcott, explicó la decisión del grupo editorial de emplear esas fuentes «de a pie»:

«Esas personas estaban mejor informadas sobre los detalles de la inteligencia que los ocupantes de los escalafones más altos, y estaban muy preocupados por lo que contemplaban como la malinterpretación deliberada de la inteligencia por parte de la administración, algo que iba desde exagerar los argumentos hasta la invención sin paliativos.»

Knight Ridder ofreció algunos ejemplos de periodismo veraz y equilibrado como resultado de su método, pero los expertos de inteligencia de gama media siguieron siendo una pieza ausente del rompecabezas en la cobertura de la mayor parte de la prensa.

El gran, gran espectáculo de Powell

Existían otras piezas importantes del rompecabezas a las que los medios tenían acceso pero desdeñaron o pasaron por alto.

Pongamos por ejemplo a Hussein Kamel, el yerno de Saddam, que fue el máximo responsable del armamento iraquí hasta su deserción en 1995. El vicepresidente Dick Cheney, el secretario de Estado Colin Powell y, en fin, todo partidario de la invasión lo citó como fuente importante de inteligencia sobre el arsenal de Saddam. Sin embargo, cuando describió las terroríficas armas de Saddam durante las sesiones de interrogatorios posteriores a su deserción, Kamel añadió una cosilla que la administración y sus voceros olvidaron mencionar: todas las armas prohibidas de Irak habían sido destruidas.

Newsweek consiguió la transcripción de la entrevista en la que Kamel realizaba esa afirmación e informó sobre ella unas dos semanas antes de la invasión, pero la revista no concedió a la historia la importancia que se merecía.

Del resto de medios estadounidenses, sólo el *Post* y el *Boston Globe* se hicieron eco de la noticia, según el grupo de supervisión de los medios de comunicación Fairness and Accuracy in Reporting. Ambos periódicos situaron la historia en las profundidades de sus secciones de información general.

El ejemplo de Kamel ilustra un problema común de la cobertura prebélica: aun cuando los periodistas realizaban buen trabajo de investigación, éste a menudo quedaba enterrado. El redactor de plantilla del *Post* Walter Pincus le contó a Massing que los directores de su periódico «atravesaron toda una fase en la que no sacaban en primera página nada que pudiera marcar una diferencia».

El artículo de Massing no deja claro cuándo tuvo lugar esa fase, pero al menos parte debió de coincidir con el periodo posterior a la presentación de Powell ante las Naciones Unidas y anterior al comienzo de la invasión.

El día después del gran espectáculo de Powell, un editorial del *Post* titulado «Irrefutable» proclamaba «difícil de imaginarse que nadie pueda poner en duda que Irak posee armas de destrucción masiva». Las páginas de noticias del *Post*, y las de otras publicaciones prestigiosas, parecían llevar meses trabajando bajo ese presupuesto de partida, pero la actuación de Powell fue la puntilla.

Y aun así las afirmaciones de Powell tenían mucho de discutible: el depósito de municiones que en teoría almacenaba armas prohibidas, los supuestos laboratorios móviles de armas biológicas, los tubos de aluminio que según él Irak había comprado para adelantar su programa de armas nucleares y la aseveración de que existía una conexión entre Saddam y al-Qaeda. Incluso las conversaciones grabadas entre personal militar iraquí que Powell presentó como pruebas de que el régimen intentaba ocultar armas prohibidas provocaron escepticismo entre varios expertos conocedores del protocolo de seguridad iraquí. (Véase el documental de Robert Greenwald *Uncovered: The Whole Truth About the Iraq War* para un disección completa de la presentación de Powell.)

Pero la mayoría de medios de comunicación de masas no estaban interesados en llamar demasiado la atención sobre los puntos flacos de la argumentación de Powell o en realizar más trabajo de investigación para comprobar las afirmaciones del secretario de Estado. En lugar de eso, optaron por lo seguro y se prepararon para la guerra.

«Nos tomaron el pelo»

Este mismo mes, el presidente de Polonia, que cuenta con más de 2.000 soldados en Irak, dijo: «Nos tomaron el pelo» desde la administración en los preparativos para la guerra. Ahora está claro que los principales medios de comunicación hicieron de copiloto para la Casa Blanca durante ese largo y extraño periodo.

Pese a todo, habría que decir un par de cosas en defensa de los medios.

En primer lugar, no es fácil hacer preguntas peliagudas en plena histeria belicista, y los que realicen un buen trabajo en ese campo serán criticados por los überpatriotas. (Doy fe por experiencia personal de que algunos pueden incluso pedir tu cabeza a gritos.)

Segundo, hubo unos cuantos periodistas de los grandes medios que sí plantearon las preguntas peliagudas cuando contaba. Pero había demasiados que no las preguntaban, y algunos que actuaron poco menos que de engranajes en la máquina de propaganda de la Casa Blanca.

Lo más preocupante es que algunos de esos periodistas todavía no se han enterado. Cuando Massing le preguntó a Miller del *Times* —una periodista de investigación que cubre temas de inteligencia— por qué no había incluido en sus artículos más comentarios de expertos en desacuerdo con las afirmaciones de la Casa Blanca, ella respondió: «Mi trabajo no es evaluar la información del Gobierno y oficiar yo misma de analista independiente de inteligencia. Mi trabajo consiste en contarle a los lectores del *New York Times* lo que pensaba el Gobierno del arsenal de Irak.»

Pero incluso un reportero novato debería saber que si el Gobierno le cuenta que el cielo es azul, su trabajo es comprobar si en realidad no será rojo, gris o negro. Y el escepticismo debe ejercerse más que nunca cuando lo que se dirime es si la nación va a ir a la guerra.

Al no aprovechar al máximo sus facultades de pensamiento crítico, Miller y muchos de sus colegas de los medios de prensa de elite no sólo fallaron a sus lectores durante la cuenta atrás para la invasión de Irak, sino que fallaron a nuestra democracia.

Y no hay excusa para ese fallo. Lo único que puede decirse es, Lo Siento.

Rick Mercier es redactor y director del The Free Lance-Star.
Para ponerse en contacto con él: rmercier@freelancestar.com.

«Por qué los medios nos fallaron en Irak»

ORVILLE SCHELL

Cuando, el 26 de mayo de 2004, los directores del *New York Times* publicaron un mea culpa por la tendenciosa información del periódico sobre las armas de destrucción masiva y la guerra de Irak, reconocieron «una serie de instancias en que la cobertura no fue todo lo rigurosa que debería haber sido». También comentaban que desde entonces habían llegado a «desear haber sido más agresivos al contrastar las afirmaciones» realizadas por la administración Bush. Pero todavía nos queda sin respuesta por qué el *Times*, como muchas otras publicaciones de prensa de este país, anduvo tan escaso de escepticismo acerca de las justificaciones de la administración para la guerra. ¿Cómo pudo una política tan poco meditada, basada en fuentes de inteligencia espurias de exiliados, ser aceptada tan a la ligera, abrazada incluso, por tantos miembros de la prensa? En una palabra, ¿qué pasó con el tan cacareado papel de «centinela» de nuestro Gobierno de la prensa, que los Padres Fundadores especificaron con tanta atención?

No hay nada como ver encallarse una máquina bien engrasada para aprender a detectar problemas. Ahora que la administración Bush está abocada a la defensa y los filtradores enfadados del Pentágono, la CIA y el resto de la burocracia de Washington están aireando documentos, secretos y acusaciones a los periodistas, a nuestra prensa se la reconoce más como periodística. Pero eso no debería impedirnos preguntar cómo una prensa «independiente» en un país «libre» pudo permanecer tan paralizada durante tanto tiempo. No sólo falló a la hora de investigar en serio las justificaciones de la administración para la guerra, sino que tomó poco en cuenta la infinidad de voces de la prensa *on-line*, alternativa y mundial que pretendían hacerlo. No era desde luego ningún secreto que nuestros aliados occidentales (y otros países), los administradores de diversas ONG y figuras como Mohamed El Baradei, director de la Agencia Internacional de Energía Atómica, y Hans Blix, director de la Comisión de Supervisión, Verificación e Inspecciones de las Naciones Unidas, tenían puntos de vista bastante diferentes sobre la «amenaza iraquí» antes de la guerra.

Pocos de nuestros medios de comunicación, al parecer, recordaban la perentoria admonición de I. F. Stone: «Si quieres saber sobre Gobiernos, lo único que debes conocer son tres palabras: los Gobiernos mienten.» En los principales medios de comunicación las voces discordantes quedaban sepultadas en las últimas páginas, ignoradas en los artículos de opinión o confinadas a los márgenes, y por tanto privadas del tipo de «respetabilidad» que un importante medio de comunicación puede ofrecer.

Como demostró de forma palmaria la información sobre el camino a la guerra, la guerra en sí y la posguerra, en la actualidad nuestro país está dividido en una estructura mediática de dos escalafones. El más bajo —las publicaciones de nicho, los medios alternativos y las páginas de Internet— da cabida al espectro más amplio de puntos de vista. Hasta que el esfuerzo bélico empezó a frenarse en primavera de 2004, el escalafón más alto —un número relativamente pequeño de grandes medios de comunicación, periódicos y revistas— presentó un ancho de banda de opiniones críticas mucho más limitado y se remitió de manera regular a la visión del mundo de la administración Bush. Los puntos de vista contrarios rara vez llegaban a la superficie.

Como ha señalado recientemente Michael Massing en la *New York Review of Books*, las insinuaciones de la administración Bush de que los críticos eran antipatriotas —el portavoz de la Casa Blanca Ari Fleischer a medida que se acercaba la guerra lanzó a los periodistas la infame advertencia: «Será mejor que la gente vaya con cuidado con lo que dice»— ejerció un innegable efecto paralizador en los medios. El presidente convocó pocas ruedas de prensa y rara vez se sometió a intercambios verdaderamente abiertos. Ya de por sí hermética y disciplinada, la administración utilizó con destreza la amenaza de la denegación de acceso como modo de intimidar a los periodistas que daban muestras de independencia. Para los periodistas, eso suponía el fin de las entrevistas cara a cara y los chivatazos o filtraciones especiales, además de que se los saltaran en las tandas de preguntas y respuestas de las ruedas de prensa y los excluyeran de acontecimientos selectos y viajes importantes.

Tras el inicio de la guerra, se sabe por ejemplo que Jim Wilkinson, un tejano de 32 años que dirigía el Centro de Prensa del Mando Central de la Coalición en Qatar, reprendió a periodistas cuyo trabajo le parecía insuficiente en su «apoyo a la guerra» y «advirtió con insinuaciones a un corresponsal que estaba en una "lista" junto con otros dos periodistas de su periódico». En el mundo de amiguismo de la administración Bush, el periodismo crítico era un billete rápido al exilio.

Un mundo mediático de verdades basadas en la fe

El impulso de controlar a la prensa no nace desde luego con George W. Bush, pero su administración ha demostrado menor inclinación que ninguna que se recuerde a hacerse eco de la famosa declaración de Thomas Jefferson: «Al ser la base de nuestro Gobierno la opinión del pueblo, el primerísimo objetivo debería ser conservar ese derecho; y si de mí dependiera decidir si debíamos tener un Gobierno sin periódicos o periódicos sin Gobierno, no vacilaría ni un momento en optar por lo último.»

La administración Bush siente poca estima por el papel de vigilante de la prensa, en parte porque su propia búsqueda de la «verdad» se ha basado en algo distinto al empirismo. En realidad, ha entronizado un nuevo criterio de veracidad, la verdad «basada en la fe», corroborada en ocasiones por inteligencia «basada en la fe». Para los cargos de esta administración (y no sólo los religiosos, por cierto), la verdad parecía descender de las alturas, una especie de revelación divina que no precisaba de otro escrutinio terrenal. En el caso de nuestro presidente, era así a todas luces de manera literal. Según el periódico israelí *Ha-Arets*, le dijo a Mahmud Abbas, primer ministro palestino del momento: «Dios me dijo que golpeara a al-Qaeda y golpeé, y después me ordenó que golpeara a Saddam, y eso hice.»

Apenas era de extrañar, pues, que un presidente así evitara los periódicos y prefiriera los informes de otras fuentes «más objetivas», a saber, su equipo. A menudo ha hablado de confiar en las «reacciones viscerales» y actuar según «sensaciones instintivas». Tanto en su caso como en el de la mayoría de su administración, la toma de decisiones ha tendido a discurrir no de las pruebas a la conclusión, sino de la conclusión a las pruebas. La lectura, los hechos, la historia, la lógica y la compleja interacción entre el electorado, los medios de comunicación y el Gobierno han sido relegados a papeles secundarios dentro de lo que podría llamarse la formación «fundamentalista» de políticas.

Al igual que el libre intercambio de información desempeña un pequeño papel en la relación entre un creyente fundamentalista y su Dios, también ha poseído un papel marcadamente disminuido en nuestro reciente mundo paralelo de revelaciones políticas divinas. Al fin y al cabo, si uno ya sabe la respuesta a una pregunta, ¿para qué sirven los medios, salvo para transmitir esa respuesta? La tarea a realizar, entonces, es nunca escuchar sino hacer proselitismo del evangelio político entre los no creyentes, transformando por ese expediente en evangelismo lo que una vez fuera un proceso interactivo entre líder y ciudadano.

Aunque en el universo político de Bush la libertad ha sido ensalzada en principio hasta la saciedad, en la práctica ha tenido bien poca utilidad. ¿Qué papel podría desempeñar una prensa libre cuando la revelación se impone a los hechos y las conclusiones están dictadas de antemano? Como es lógico, bajo esas condiciones una prensa inquisitiva se considera una molestia que se interpone entre la administración y aquellos cuya única salvación verdadera reside en incorporarse a una nación de auténticos creyentes. Puesto que había poca necesidad de una oposición (leal o no), y menos que poco respeto por ella, los circuitos de feedback de información en los que la prensa debería desempeñar un papel crucial en cualquier democracia sana dejaron de funcionar. Las sinapsis mediáticas que normalmente transmiten avisos de la ciudadanía al Gobierno quedaron bloqueadas.

Las cadenas de televisión siguieron emitiendo y los periódicos continuaron publicándose pero, olvidados e ignorados, se volvieron irrelevantes, salvo tal vez por su valor de entretenimiento. Como la prensa se ha marchitado, el Gobierno, que ya vivía en un universo de autorreferencia y autoengaño, quedó privado de la capacidad para prever el peligro de su propia política y en consecuencia realizar las correspondientes correcciones.

Un universo en el que las noticias no importan
Karl Rove, el principal asesor político del presidente, declaró a las claras al redactor del *New Yorker* Ken Auletta que los miembros de la prensa «no representan más al público que cualquier otra persona. No creo que ejerzáis una función de control y equilibrio». Auletta concluía que, a ojos de la administración Bush, el

cuerpo de la prensa se había convertido en poco más que otro grupo de presión de intereses especiales. En realidad, el territorio que una vez ocuparan los medios tradicionales se ha visto cada vez más inundado por la actividad de presión, la publicidad y los anuncios de la administración: «cazas de fotos» ideadas con inteligencia, mítines de propaganda de meticulosa producción, «eventos» planeados de antemano, oleadas de anuncios de campaña, y demás. Temerosos de perder más «influencia», acceso y los lucrativos ingresos publicitarios que ofrece ese tipo de mejora de imagen política, los principales medios de comunicación han descubierto que obra en su interés financiero ceder sin poner reparos.

¿Qué dice esta rebaja del papel de los medios de la visión que tiene nuestro gobierno de sus ciudadanos, los soberanos putativos de nuestro país? Sugiere que «nosotros el pueblo» somos vistos no como electores políticos que conferimos legitimidad a nuestros dirigentes, sino como consumidores a los que vender política tal y como los anunciantes venden productos. En el torbellino de ventas, matizaciones, intimidaciones y «disciplina» que ha sido la marca de la casa de Bush durante años, los medios de comunicación tradicionales se han visto cada vez más ahogados, marginados e intimidados. Atacados por ser «liberales» y «elitistas», desestimados como «folloneros» y «protestones» (aun cuando daban bien poca guerra), han sido relegados a los márgenes, cada vez más dubitativos y tímidos sobre su menguante papel en el proceso político.

Se añade una dinámica más (que los intelectuales de sociedades marxistas-leninistas reconocerían de inmediato): los grupos a los que el Estado desdeña y niega legitimidad tienden a interiorizar su exclusión como una forma de culpabilidad, y a menudo sienten una abyecta y automática ansia de buscar la restitución a casi cualquier precio. Es poco de extrañar, pues, que «la prensa tradicional» lo haya pasado mal para lograr formar algo remotamente parecido a una contranarrativa convincente cuando la administración dirigía a una nación aterrorizada y demasiado confiada a la guerra.

Esa variedad mutante de noticias libres de escepticismo no sólo consiguió —al menos por un tiempo— mantener desinformados a amplios sectores de la población, sino que además corrompió la capacidad de funcionamiento de los altos cargos. Con demasiada frecuencia se encontraban viendo simplemente un espejo de feria de su propia creación y se imaginaban estar viendo la realidad. Como señaló incluso el conservador *National Review*, la administración Bush posee «una lamentable capacidad para creerse sus propias relaciones públicas».

En este mundo de «noticias» mutantes, los circuitos de información se han convertido en autopistas de un solo sentido, y un consejero de seguridad nacional, un secretario de gabinete o un fiscal general han pasado a ser polemistas bien gestionados y programados con la misión de «atenerse al mensaje», para mejor justificar cualquier cosa que el Gobierno haya hecho o esté a punto de hacer. Puesto que estas campañas actuales para «dominar el entorno de los medios», como le gusta decir al Pentágono, utilizan toda la sofisticación y tecnología desarrolladas por los expertos en comunicaciones desde Edward Bernays, sobrino de Sigmund Freud que fue el primero en casar los conceptos de la psicología con la comercialización de mercancías, son mucho más seductoras que las noticias a la vieja usanza. En verdad, en Fox News podemos ver el matrimonio definitivo entre noticias y relaciones públicas en un manantial de ingeniosa propaganda tan bien envuelto que la mayoría no lo distinguen de la realidad.

Durante tres años y pico nos han gobernado unas personas que no creen que las noticias, en el sentido tradicional, desempeñen un papel constructivo en nuestro sistema de gobierno. En la actualidad, se encuentran momentáneamente en retirada, apartados del frente de las verdades basadas en la fe por sus propias pifias basadas en la fe. Pero no nos equivoquemos, su terrorífico experimento continuará si los americanos lo permiten. Un éxito completo significaría no sólo que la prensa renunciara a su papel esencial de vigilante, sino que —una idea mucho más sombría—, incluso si se negara a hacerlo, se viera relegada a un lugar donde ello carecería de importancia.

A medida que la guerra de Irak se fue convirtiendo en un atolladero desértico, la prensa pareció despertar con retraso y adoptar una perspectiva más escéptica hacia el ya resquebrajado conjunto de políticas de la administración Bush. Pero si un episodio sangriento, caro y catastrófico como la guerra de Irak es necesario para recordarnos el importante papel que desempeña la prensa en nuestra democracia, algo va gravemente mal en el modo en el que ha llegado a funcionar nuestro sistema político.

Orville Schell es decano de la Graduate School of Journalism de la Universidad de California, Berkeley. Este artículo está adaptado del prefacio a una antología de artículos del New York Review of Books sobre la cobertura de los medios de la guerra de Irak a cargo de Michael Massing. Será publicado en breve como un libro corto, Now They Tell Us, The New York Review of Books, 2004.

«Nunca más»
La escritora india Arundhati Roy sostiene que son las exigencias del capitalismo global las que están conduciendo a Occidente a la guerra con Irak

Manchester Guardian Weekly

ARUNDHATI ROY, 9 de octubre de 2002

Hace poco, se ha tachado de «antiamericanos» a aquellos que criticaban las acciones del Gobierno de Estados Unidos (entre los que me cuento). El antiamericanismo se encuentra en proceso de ser consagrado como ideología. El *establishment* americano suele emplear el término para desacreditar y definir, no de manera falsa —pero sí tal vez inexacta— a sus críticos. En cuanto se califica a uno de antiamericano, lo más probable es que se le juzgue antes de oírle y el argumento se pierda en el maremágnum del orgullo nacional herido.

¿Qué significa ese término? ¿Que se está en contra del jazz? ¿O que uno se opone a la libertad de expresión? ¿Que no se disfruta de Toni Morrison o John Updike? ¿Que se tiene un conflicto con las secuoyas gigantes? ¿Significa que no se admira a los centenares de miles de ciudadanos americanos que se manifestaron contra las armas nucleares, o los millares de opositores a la guerra que obligaron a su Gobierno a retirarse de Vietnam? ¿Significa que se odia a todos los americanos?

Esa taimada refundición de la música, la literatura y la arrebatadora belleza física del país, los placeres sencillos de la gente sencilla, con las críticas a la política exterior del Gobierno de Estados

Unidos es una estrategia deliberada y extremadamente eficaz. Es como un ejército en retirada que se refugia en una ciudad muy poblada, con la esperanza de que la perspectiva de alcanzar a blancos civiles disuada al enemigo de disparar.

Llamar a alguien antiamericano y, de hecho, ser antiamericano no sólo es racista sino un fracaso de la imaginación. Una incapacidad de ver el mundo en términos diferentes a los que el sistema ha fijado para uno: si no nos amas, nos odias. Si no eres bueno, eres malo. Si no estás con nosotros, estás con los terroristas.

El año pasado, como muchos otros, cometí el error de burlarme de aquella retórica nacida del 11 de Septiembre, que desdeñaba por ridícula. Me he dado cuenta de que no lo es. En realidad se trata de un ladino impulso de reclutamiento para una guerra peligrosa y mal concebida. Todos los días me consterna comprobar la cantidad de gente que cree que oponerse a la guerra en Afganistán supone apoyar el terrorismo.

Lo que más presente tiene todo el mundo, por supuesto, sobre todo en Estados Unidos, es el horror de lo que se ha llegado a conocer como 11-S. Casi 3.000 civiles perdieron la vida en aquel letal atentado terrorista. El dolor sigue siendo hondo, la ira sigue encendida y una guerra extraña y mortífera se libra en el mundo. Sin embargo, todas las personas que han perdido un ser querido saben a buen seguro que ninguna guerra, ningún acto de venganza limará los dientes de su dolor o les devolverá a sus seres amados. La guerra no puede vengar a quienes han muerto. La guerra es sólo una brutal profanación de su recuerdo.

Avivar una guerra más —esta vez en Irak— manipulando el dolor de las personas, envolviéndola para especiales de televisión patrocinados por corporaciones que venden detergentes o zapatillas de deporte, es abaratar y devaluar el dolor, vaciarlo de sentido. Presenciamos un saqueo de hasta los más íntimos sentimientos humanos con fines políticos. Es algo terrible y violento que un Estado le haga eso a su pueblo.

El Gobierno de Estados Unidos dice que Saddam Hussein es un criminal de guerra, un cruel déspota militar que ha cometido genocidio contra su propio pueblo. Se trata de una descripción bastante fidedigna. En 1988 arrasó centenares de pueblos del norte de Irak y asesinó a millares de kurdos. En la actualidad sabemos que ese mismo año el Gobierno estadounidense le proporcionó 500 millones de dólares en subsidios para la compra de productos agrícolas americanos. El año siguiente, en cuanto hubo completado con éxito su campaña genocida, el Gobierno americano dobló su subsidio a los mil millones. También le proporcionó semillas de germen de alta calidad para ántrax, así como helicópteros y material de uso dual que podía emplearse para fabricar armas químicas y biológicas.

Resulta que mientras Saddam llevaba a cabo sus peores atrocidades, los gobiernos estadounidense y británico eran sus fieles aliados. Entonces, ¿qué cambió?

En agosto de 1990 Saddam invadió Kuwait. Su pecado fue no tanto cometer un acto de guerra sino actuar con independencia, sin órdenes de sus amos. El despliegue de independencia fue bastante para alterar la ecuación de poder en el Golfo. De modo que se decidió exterminar a Saddam, como una mascota que ha vivido más que el afecto de su amo.

¿Y si Irak tiene un arma nuclear? ¿Justifica eso un ataque preventivo de Estados Unidos? Estados Unidos tiene el mayor arsenal de armas nucleares del mundo. Es el único país del mundo que ha llegado a utilizarlas contra poblaciones civiles. Si Estados Unidos tiene justificación para lanzar un ataque preventivo contra Irak, en fin, cualquier potencia nuclear tiene justificación para efectuar un ataque preventivo contra cualquier otra. La India podría atacar Pakistán, o viceversa.

Hace poco, Estados Unidos desempeñó un importante papel en el proceso que obligó a la India y Pakistán a dar marcha atrás cuando estaban al borde de la guerra. ¿Tanto le cuesta seguir su propio consejo? ¿Quién es culpable de lanzar moralinas vacías? ¿O de predicar la paz mientras libra la guerra? Estados Unidos, que George Bush ha definido como «la nación más pacífica de la Tierra», lleva en guerra, con un país u otro, los últimos cincuenta años.

Las guerras nunca se libran por motivos altruistas. Suele lucharse por la hegemonía, por los negocios. Y luego, por descontado, está el negocio de la guerra. En su libro sobre la globalización, *The Lexus and the Olive Tree*, Tom Friedman dice: «La mano oculta del mercado jamás trabajará sin un puño oculto. McDonald's no puede florecer sin McDonnell Douglas. Y el puño oculto que mantiene el mundo seguro para que florezcan las tecnologías de Silicon Valley se llama Ejército, Fuerzas Aéreas, Marina y Cuerpo de Marines de Estados Unidos.» Tal vez lo escribió en un momento de vulnerabilidad, pero ciertamente es la descripción más sucinta y precisa del proyecto de la globalización corporativa que he leído.

Después del 11 de Septiembre y la guerra contra el terror, la mano y el puño ocultos han perdido su pantalla y ahora vemos a las claras la otra arma de Estados Unidos, el libre mercado, que cae sobre el mundo en vías de desarrollo con una sonrisa prieta y poco sonriente. La Labor que Nunca Termina es la guerra perfecta de América, el perfecto vehículo para la interminable expansión del imperialismo americano.

A medida que crece la disparidad entre los ricos y los pobres, el puño oculto del libre mercado afronta el trabajo que le viene a la medida. Las corporaciones multinacionales al acecho de «chollos» que ofrecen enormes beneficios no pueden obtenerlos en los países en desarrollo sin la connivencia activa de la maquinaria estatal. Hoy en día, la globalización corporativa necesita una confederación internacional de Gobiernos leales, corruptos y preferiblemente autoritarios en los países más pobres, para imponer reformas impopulares y aplastar los motines. Necesita una prensa que finja ser libre. Necesita tribunales que finjan administrar justicia. Necesita bombas nucleares, ejércitos permanentes, leyes de inmigración más duras y vigilantes patrullas costeras para asegurarse de que sólo el dinero, las mercancías, las patentes y los servicios están globalizados, y no el libre desplazamiento de las personas, el respeto a los derechos humanos, los tratados internacionales sobre discriminación racial o armamento químico y nuclear, o sobre emisiones de gases de efecto invernadero, cambio climático o, Dios no lo quiera, justicia. Es como si el más mínimo gesto hacia la responsabilidad internacional fuera a echar por tierra todo el invento.

Cerca de un año después de que la guerra contra el terror tuviera su pistoletazo de salida oficial en las ruinas de Afganistán, las libertades se están recortando en país tras país con el pretexto de proteger la libertad, y se están suspendiendo las libertades civiles con el pretexto de proteger la democracia. Se está definiendo todo tipo de disenso como «terrorismo». El secretario de Defensa de Estados Unidos, Donald Rumsfeld, dijo que su misión en la guerra contra el terror era convencer al mundo de que debe permitirse a los americanos seguir con su estilo de vida. Cuando el rey enloquecido da un pisotón, los esclavos tiemblan en sus dependencias. Así pues, me cuesta decirlo, pero el estilo de vida americano sencillamente no es sostenible. Porque no reconoce que existe un mundo más allá de Estados Unidos.

Por suerte, el poder tiene caducidad. Cuando llegue el momento, a lo mejor este imperio, como otros antes que él, se excederá en su ambición e implosionará desde dentro. Se diría que ya han aparecido grietas estructurales.

El comunismo de corte soviético fracasó, no porque fuera intrínsecamente maligno, sino porque tenía defectos. Permitía que unos pocos usurparan demasiado poder: el capitalismo de mercado del siglo XXI, de estilo americano, fracasará por los mismos motivos.

PARTE VI

VIÑETAS Y FOTOGRAFÍAS

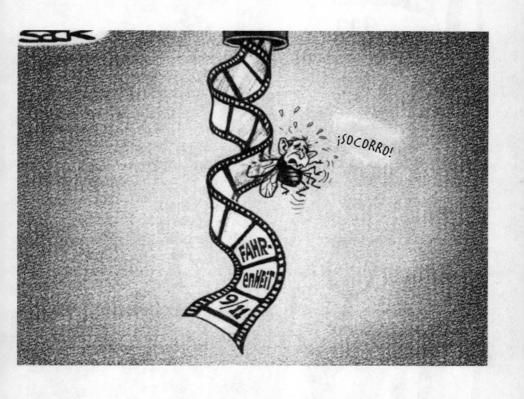

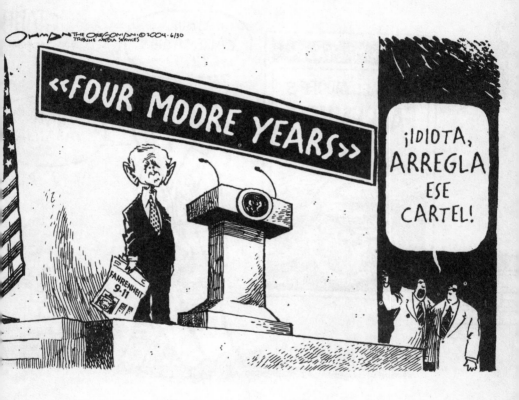

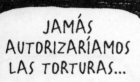
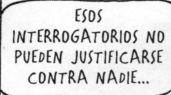

La marquesina del Grand Lake Theater de Oakland, California. El propietario del cine se negó a aplicar la calificación R para mayores de diecisiete años.

¡Qué gran historia! Un grupo de amigos quedó tan emocionado después de ver la película que todos aflojaron la mosca y alquilaron una avioneta para que paseara este mensaje («*Sacad la cabeza de la arena; ved Fahrenheit 9/11*») por encima de las playas de Delaware y Maryland el fin de semana del Cuatro de Julio.

GET YOUR HEAD OUT O

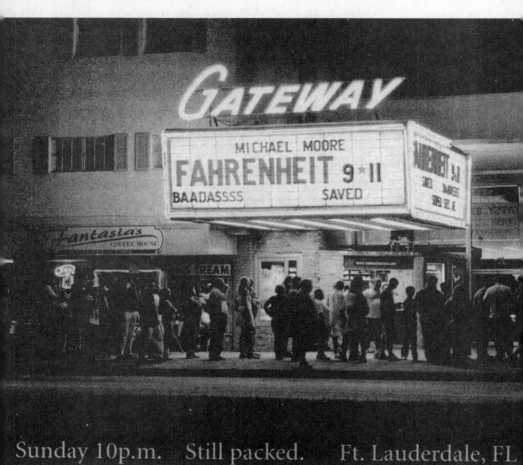

Sunday 10p.m.   Still packed.   Ft. Lauderdale, FL

Incluso en una hermosa noche de Ft. Lauderdale, los espectadores hacen cola a lo largo de toda la manzana con la esperanza de ver la película el fin de semana de su estreno.

La gente hacía cola durante horas esperando las entradas ese primer fin de semana, creando una escasez que provocó lo que podría haber sido la primera reventa de una entrada de cine de la historia.
«¿Tenéis una entrada de sobra para *Fahrenheit 9/11*?
Me gustaría comprarla(s) Gracias»

Un abarrotado día del fin de semana del estreno en el Westwood Crest Theater de Los Ángeles.

Una abarrotada noche del fin de semana del estreno
en el Westwood Crest Theater de Los Ángeles.

CRÉDITOS

Todas las obras reproducidas con permiso.

Jean Heller: «TIA Now Verifies Flight of Saudis». © *St. Petersburg Times*, 2004.

Denis Hamill: «Moore's Message Delivered, Big-Time», *New York Daily News*, L.P., reproducido con permiso.

Mike LaSalle: «Persuasive and Passionate. Fahrenheit 9/11 is Both», *San Francisco Chronicle*.

Danny Duncan Collum: «Michael Moore Brings the War Home», *Sojourner's Magazine*, (800) 714-7474, <www.sojo.net>, reproducido con permiso.

Frazier Moore: «Fahrenheit 9/11: Luring TV Viewers to the Theater for News», reproducido con permiso de Associated Press.

Shailagh Murray: «Fahrenheit 9/11 Has Recruited Unlikely Audience: U.S. Soldiers», reproducido con permiso de *Wall Street Journal*. © 2004 Dow Jones & Company, Inc. Todos los derechos mundiales reservados. Número de licencia 1056581051946.

Joel Bleifuss: «Framing Michael Moore», *In These Times*, <inthesetimes.com>.

David Sirota y Christy Harvey: «The Knew...», *In These Times*, <inthesetimes.com>.

Dan Briody: «The Halliburton Agenda».© 2004 Daniel Briody. Reproducido con permiso de John Wiley & Sons, Inc.

Desson Thomson: «Fahrenheit 9/11: Connecting with a Hard Left». © 2004, *The Washington Post*.

Dana Milbank: «Plane Carried 13 Bin Ladens». © 2004, *The Washington Post*.

ÍNDICE

OTROS TÍTULOS DEL AUTOR

ESTÚPIDOS HOMBRES BLANCOS

Es una divertida sátira política que revela, entre otras cosas, cómo el «presidente» Bush robó unas elecciones contando sólo con la ayuda de su hermano, de su primo, los compinches de sus padres, un fraude electoral y unos jueces mansos; cómo los ricos siguen siendo ricos mientras nos obligan a que vivamos en un miedo permanente a los malos resultados económicos; y cómo los políticos se han aliado con el mundo de los grandes negocios.

Estúpidos hombres blancos es una obra lúcida y vigorosa cuya lectura no deja indiferente. Para los estadounidenses supone la condena despiadada de su actual Gobierno y de la hipocresía de una sociedad que incluso ha intentado censurar la obra que ahora tiene en las manos. Para los demás, es un espejo de lo que también sucede en otras partes el mundo o una advertencia en clave de humor de lo que podría pasar.

¿QUÉ HAN HECHO CON MI PAÍS, TÍO?

Tras el clamoroso éxito internacional de su última obra, *Estúpidos hombres blancos*, y de *Bowling for Columbine*, el documental más visto en la historia del cine, Michael Moore vuelve de nuevo a la carga y sin pelos en la lengua con *¿Qué han hecho con mi país, tío?* Una sarcástica y despiadada cruzada con una clara misión: acabar de una vez por todas con el mandato de George W. Bush, el hombre que se coló en la Casa Blanca gracias a los compinches de su papá. Moore no deja títere con cabeza e invita al lector a ponerse manos a la obra para tratar de salvar al mundo de uno de los hombres más poderosos y nocivos del planeta.

¡TODOS A LA CALLE!

En esta época de reducciones de plantilla y favoritismos políticos, conseguir una estabilidad laboral, un nivel de vida pasable y una buena jubilación se está convirtiendo en misión imposible. Con la misma ironía de *Estúpidos hombres blancos* y de *¿Qué han hecho con mi país, tío?*, el polémico director de *Fahrenheit 9/11* sigue en su línea en *¡Todos a la calle!*, y en esta ocasión ataca sin piedad a los peces gordos de la política y el mundo de la empresa mostrando sin pudor sus puntos débiles.